Bruna Scolezi

DESENHO ARQUITETÔNICO

GILDO A. MONTENEGRO
Arquiteto
Professor do Curso de Arquitetura
da Universidade Federal de Pernambuco

DESENHO ARQUITETÔNICO

PARA CURSOS TÉCNICOS DE 2.º GRAU
E FACULDADES DE ARQUITETURA

4.ª EDIÇÃO, REVISTA E ATUALIZADA

EDITORA BLUCHER 50 anos

www.blucher.com.br

4ª edição – 2001
8ª reimpressão – 2010

EDITORA EDGARD BLÜCHER LTDA.
Rua Pedroso Alvarenga, 1245 – 4º andar
04531-012 – São Paulo, SP – Brasil
Tel.: (11) 3078-5366
e-mail: editora@blucher.com.br
site: www.blucher.com.br

ISBN 978-85-212-0291-2

Impresso no Brasil *Printed in Brazil*

FICHA CATALOGRÁFICA

Montenegro, Gildo A.
M783d Desenho arquitetônico / Gildo A. Montenegro – 4ª edição --
São Paulo: Blucher, 2001.

Bibliografia.
ISBN 978-85-212-0291-2

1. Desenho arquitetônico

78-0128 17. CDD-744.424
18. -720.28

Índices para catálogo sistemático:

1.Desenho arquitetônico 744.424 (17.) 720.28 (18.)

Agradecimentos

a Cleber Mendes de Aguiar, Lívio José da Silva e Maria da Glória Santos Laia, professores de olho vivo, por sugestões que enriqueceram muitas páginas;
ao meu ex-desenhista, ex-aluno, ex-colega de trabalho, o arquiteto e eventual parceiro Cleo R. Costa Leite, sempre pronto a me ajudar; a Hélio Pereira e Hélio Marinho, desenhistas experientes que ajudaram o livro em edições anteriores;
a Niepce C. Silveira, um Arquiteto com o A de Artista, por sua sugestiva capa das edições anteriores;
a Nadine M. Loureiro e a Juliana, mãe e filha, uma arquiteta e a outra estudante disto, por dúzias de sugestões;
a Edgard Blücher, editor de faro aguçado, responsável pela transformação de uma apostila mimeografada neste livro sempre renovado;
a Patrícia Siqueira, ex-aluna agora arquiteta, que com competência e paciência diagramou esta edição;
a TODOS os meus ex-alunos (que não sabem o quanto me ensinaram...) e a todos os que me incentivaram com palavras ou atos.

Sem vocês este livro teria perdido
muito de seu conteúdo.

Conteúdo

Na página inicial de cada capítulo o leitor encontra o resumo da matéria tratada. Eventualmente o rodapé será utilizado para destacar algum ponto do texto.

1 Introdução

É bom lembrar que ...

• O Desenho Arquitetônico, feito à mão, é artesanato em plena Era da Tecnologia, mas ...

• Já existem máquinas, ligadas a computadores, que desenham levantamentos topográficos completos, planos urbanísticos e projetos de Arquitetura, inclusive apresentando cortes, fachadas e perspectivas externas e de interiores, na posição que for escolhida para o observador ou mostrando o objeto em movimento.

• O Desenho Arquitetônico não é a representação ideal de um projeto. Seu defeito maior é mostrar pedaços de um projeto que deverá ser visualizado completo em uma imagem mental (síntese).

Tomei por base minha experiência, primeiro como desenhista e mais tarde como professor universitário dessa matéria, ao redigir e desenhar um curso que obedece à seqüência da aprendizagem, o que nem sempre coincide com a ordem lógica dos assuntos.

Este livro nasceu de uma edição particular que os alunos chamavam de apostila e que o apoio dos amigos fez esgotar-se. Atendendo a sugestões, refiz e ampliei o trabalho inicial. O livro é, pois, obra reformulada em edições sucessivas e foi feito com a intenção de informar e de orientar o futuro desenhista; nada mais. Se a universidade, em alguns casos, ao longo de 5 anos não consegue formar um Arquiteto, como teria eu a pretensão de fazer um arquiteto em pouco mais de 100 páginas? Além de absurdo, seria ilegal.

Deixo de apresentar bibliografia pois é impossível citar livros dos quais eu usei uma ou duas frases, guardadas na memória, sem fichas e sem arquivo. Por outro lado, muitos assuntos não se encontram em qualquer outro livro de Desenho Arquitetônico, nacional ou estrangeiro.

Ao explanar um assunto os autores tendem a colocá-lo nos cornos da lua e alguns julgam o seu conteúdo o mais importante de todos. Outros, generosamente, procuram (e)levar sua obra àquelas alturas. Neste sentido, eu sou uma ovelha negra por dois motivos:

1. Meu livro é incompleto. Ora porque eu não sei de tudo, ora porque engrossaria demais o livro. Conversando, um dia, com uma diretora da Secretaria de Educação do Estado de Pernambuco, ela disse (não uma; duas vezes!) que seu trabalho era tão bom que não via como melhorá-lo (!). Não tenho tamanha pretensão; e este livro é exatamente o contrário! Está aí para ser melhorado, riscado, corrigido. Com a colaboração do leitor isto ficará mais fácil de ser realizado.

Desenho Arquitetônico: os dedos fazendo artesanato ou apertando botões do computador? Os pontos fracos do desenho como representação técnica. As origens e os objetivos deste livro. Por que é necessário conhecer bem as regras do desenho.

2. O Desenho Arquitetônico (assunto) tem deficiências e, como Desenho, está longe de ser a representação ideal de um projeto arquitetônico.

Não estou sozinho neste ponto de vista; outros arquitetos concordam comigo ou vice-versa. Como é o caso de Frank Lloyd Wright, o talentoso arquiteto norte-americano que, em sua autobiografia, lembra a existência de enorme diferença entre arquitetura pensada, imaginada, e arquitetura desenhada. O desenho, digo eu, é chato (bidimensional), taquigráfico (simbólico), não reflete a escala humana, é estático (não muda seus pontos de vista), não denota o espaço (sobretudo o interior, nos grandes edifícios), não mostra as cores nem a luz, nem os cheiros e os sons. O projeto arquitetônico é a casca seca e miniaturizada de uma fruta; ainda que possa crescer e ter vida, ao ser construído e servir de abrigo às pessoas.

Diz-se que os arquitetos antigos não faziam projetos; embora houvesse um plano preconcebido (esboço e, algumas vezes, maquete), a idéia amadurecia durante a construção e as eventualidades da obra eram vividas pelo arquiteto e pelos artesãos. O projeto de hoje, detalhado até os parafusos, é o diagrama de uma montagem e não passa de uma idéia imaterial.

Exatamente por possuir tais deficiências, o Desenho Arquitetônico deve ser dominado até os seus pormenores mais sutis. O futuro arquiteto terá de conhecer a fundo a gramática (regras) do desenho a fim de se expressar fácil e rapidamente na linguagem do traço. Para dominar a linguagem simbólica, ele necesssita conhecer sua origem e pensar criticamente as normas e convenções; somente assim o desenhista poderá optar conscientemente por esta ou aquela convenção ou norma ou, quebrar, conscientemente, as regras, quando for o caso.

AOS FUTUROS ARQUITETOS

Assim fazendo, o futuro arquiteto evita tropeçar em falhas gráficas que podem custar tempo, dinheiro e aborrecimentos. Por isto, em alguns escritórios, o arquiteto NUNCA ERRA. Neles, o desenhista é como o mordomo: sempre leva a culpa.

Com estas palavras, está dado o pontapé inicial para o jogo de aprendizagem em que o leitor é o participante mais efetivo. Eu fico na margem do campo, depois de tê-lo sinalizado e aparado a grama; fico de prontidão, como o massagista.

Com licença: minha esposa leu apenas este trecho e tenho de explicar-lhe que isto é sentido figurado: “Nada a ver com as jogadoras. Fique tranqüila...” E, acrescento: muito menos com eles...

Recife, 2001

2 Material e instrumentos de desenho

O escritório de desenho ou o ateliê de arquitetura pode ter uma bonita placa e, lá dentro, deverá contar com equipamentos diversos, instrumentos e materiais de desenho e — o mais importante — **gente** que saiba usá-los bem!

No comércio encontram-se pranchetas mais sofisticadas tendo contrapesos e gavetas, abajur de iluminação, e também banco com encosto, que realmente poupa os rins... nos intervalos.

Há, ainda, quem prefira chamar de prancheta o tampo (ver figura), reservando o nome de mesa para o apoio (pés).

O tampo ou prancheta serve de apoio para a folha de desenho. Há quem diga que o tampo em posição vertical provoca menos cansaço no desenhista; seguramente, podemos informar que nos desenhos de formato grande esta é a posição mais cômoda. Quando o tampo é usado na posição vertical, torna-se necessário colocar ao lado do desenhista uma bancada ou mesa para depositar o material de desenho.

Prancheta

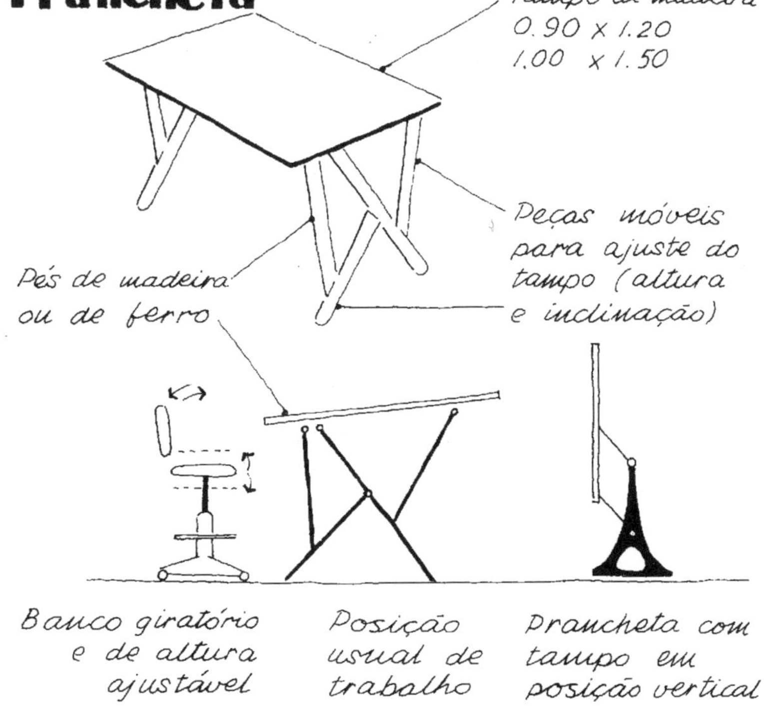

RESUMO:
O escritório de arquitetura e seu equipamento: prancheta, iluminação, régua-tê e régua paralela, régua graduada, esquadros, lápis, compasso, borracha, transferidor, curva-francesa, tinta nanquim, caneta de estilete. A bagagem do desenhista.

O tampo da prancheta deve ser forrado com plástico fosco, não do tipo com brilho, de cor verde (ou creme) em tonalidade clara. O plástico branco fosco pode ser usado, embora apresente o inconveniente de sujar-se com facilidade. O plástico deve ser aplicado bem estirado, sem deixar bolhas ou ondas, sendo grampeado na ***face inferior*** do tampo e **nunca** em suas bordas laterais ou na face superior.

Alguém já sugeriu que o tampo da prancheta fosse feito de material translúcido: vidro fosco ou acrílico leitoso. Vantagem: a iluminação — ou parte dela — seria feita por baixo, sem criar *sombras* sobre o desenho. Enquanto esta prancheta não é fabricada, vejamos alguma coisa sobre a...

Se a luz vem da direita, provoca sombra da mão e dos esquadros, escurecendo o campo de trabalho e prejudicando a visibilidade. Se a luz estiver colocada em nossa frente, reflete-se no papel diretamente para a nossa vista, provocando em pouco tempo o cansaço visual. Portanto...

Para trabalhos prolongados a lâmpada indicada é a de tipo/marca "Solar", incandescente e de vidro azulado. Na lâmpada incandescente comum predominam as radiações infravermelhas, uma das causas do cansaço visual. A lâmpada fluorescente comum, apesar de seus últimos aperfeiçoamentos, não é recomendada para trabalhos onde se exigem acuidade visual e atividade prolongada. Da mesma forma, a lâmpada do tipo "Solar" tem defeito: emite mais calor do que as lâmpadas comuns, apresentando-se, assim, com menor rendimento luminoso do que estas.

Iluminação

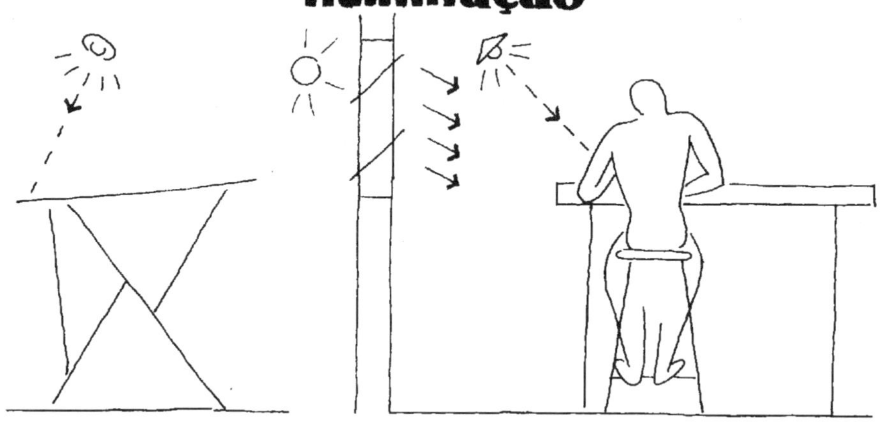

Régua-tê

Régua paralela

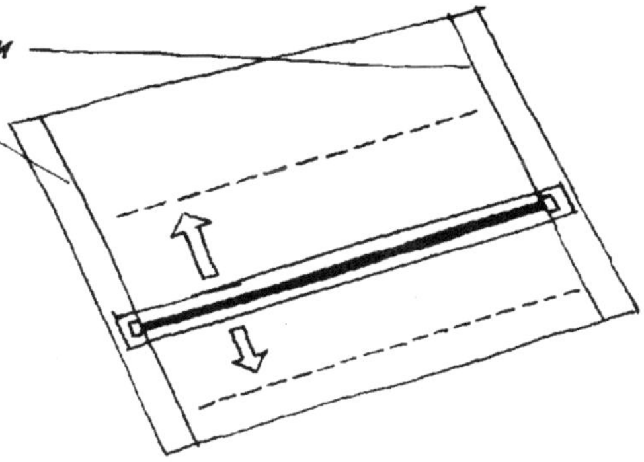

A régua-tê serve, principalmente, para traçar linhas paralelas horizontais.

A régua-tê, ou simplesmente o tê, é também usada como apoio dos esquadros no traçado de verticais e de oblíquas. É o que mostram as figuras da página 20.

Ao comprar uma régua-tê de cabeça móvel, verifique se a parte móvel pode ser retirada. Em geral, trabalhamos quase exclusivamente com a cabeça fixa e poderemos, portanto, retirar a peça móvel de modo a tornar a régua mais leve e cômoda.

O substituto mais moderno da régua-tê é a régua deslizante presa por fios paralelos nas bordas superior e inferior do tampo. Apresenta o inconveniente de não permitir a colocação de objetos sobre a prancheta, pois eles poderiam tocar num dos fios de náilon ou na régua tirando o paralelismo dos traços.

Uma boa régua graduada será, de preferência, opaca. Assim, a própria régua encobre traços do desenho, deixando à mostra apenas aqueles que se deseja medir. Desaconselhamos, pois, a régua transparente. A graduação em meios milímetros causa dificuldades de leitura e, também, o mau hábito de riscar a régua com o lápis, provocando sujeira ou estragos. A graduação em polegadas poderá ser usada para leitura de desenhos feitos no sistema inglês de medidas, em desuso.

A escala ou escalímetro revela-se uma faca de dois gumes: facilita a medição de desenhos em escalas diferentes, mas exige grande atenção para que se **utilize** apenas a graduação correta. Por outro lado, vicia o desenhista, que acaba por perder o hábito de passar as medidas ou cotas de uma escala para outra. Acreditamos que, na maioria dos casos, o escalímetro é instrumento perfeitamente dispensável.

Régua graduada

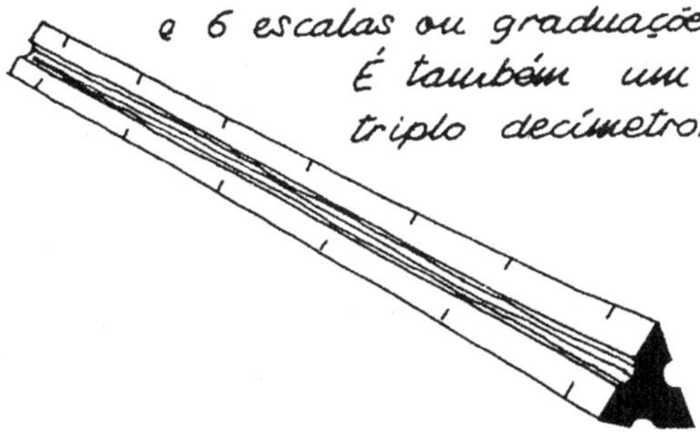

Esquadros

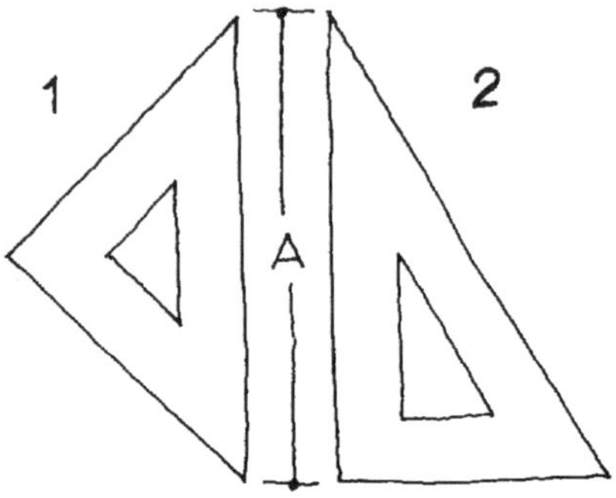

No par de esquadros a hipotenusa de 1 é igual ao cateto de 2:

1 - Esquadro de 45°
2 - Esquadro de 60° e de 30°
Recomenda-se para A o comprimento 30 a 37 cm.

O desenhista fará, periodicamente, a limpeza dos esquadros, da régua-tê e da régua graduada. Usa-se apenas água e sabão neutro (sabão de coco); evitar substâncias abrasivas, detergentes e solventes. Lavar bem e enxugar levemente com pano fino ou lenço de papel de modo a não afetar as graduações da régua.

Da mesma forma que criticamos a régua graduada **transparente,** devemos rejeitar o esquadro **graduado.** Os motivos são os mesmos citados na página anterior.

O desenhista deverá escolher entre três tipos de **lápis:**
A – lápis para desenho técnico: prisma sextavado de madeira com grafite no eixo.
B – lapiseira ou porta-minas: usando minas (grafites) permutáveis vendidas separadamente. Está em desuso e só é encontrada em boas lojas.
C – lapiseira profissional: usa minas de plástico (polímeros) em substituição ao grafite.

Todos estes tipos apresentam diferentes graus de dureza das minas ou grafite, como se vê no quadro-resumo da página seguinte.

A – O lápis de madeira exige duas operações antes do uso;
1 – desbaste ou corte da madeira;
2 – lixamento da ponta da mina ou grafite.

B – Esse tipo somente exige a segunda operação para o preparo da ponta.

Lápis

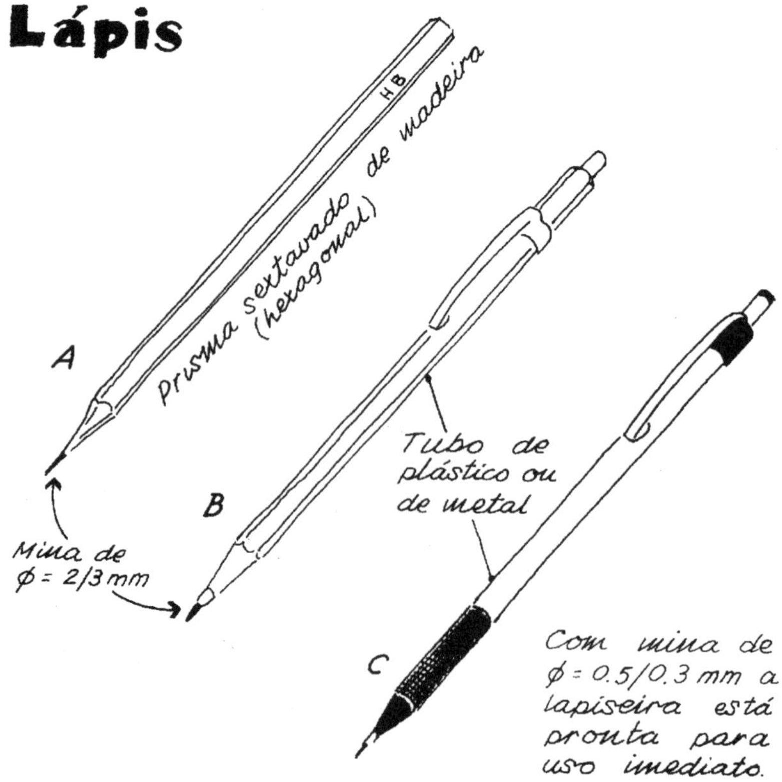

Em geral encontramos variação nos produtos de fabricantes diferentes. Assim, um grafite tipo B poderá estar muito próximo do HB de outro fabricante e ambos se assemelharem ao lápis comum de número 1 ou 2. Os números 1, 2 e 3 correspondem à graduação do lápis comum ou escolar, de dureza bem mais variável que a dos lápis técnicos; por este motivo os lápis comuns não devem ser usados em trabalhos profissionais.

O compasso serve para traçar circunferências. Quando ele não possui articulações a agulha e o lápis encontram o papel em direções oblíquas: ao ser traçada a circunferência, o pequeno furo do centro vai se alargando. Isto não acontece se a agulha ou ponta seca fura o papel perpendicularmente, como se vê nas figuras. Portanto, a ausência de articulação caracteriza o compasso de qualidade inferior.

Outros tipos de compasso: ver Museu do Desenho no Capítulo 22.

Graduação dos grafites	Macio	Médio	Duro	Duríssimo
	6B-4B-2B-B	HB	F-H-2H	3H...9H
Para que serve	Não pode ser usado em desenhos técnicos	Ver observações na página 13	Uso normal em desenhos técnicos	Não é usado sobre papel

Compassos

E' essencial que sejam de boa qualidade.

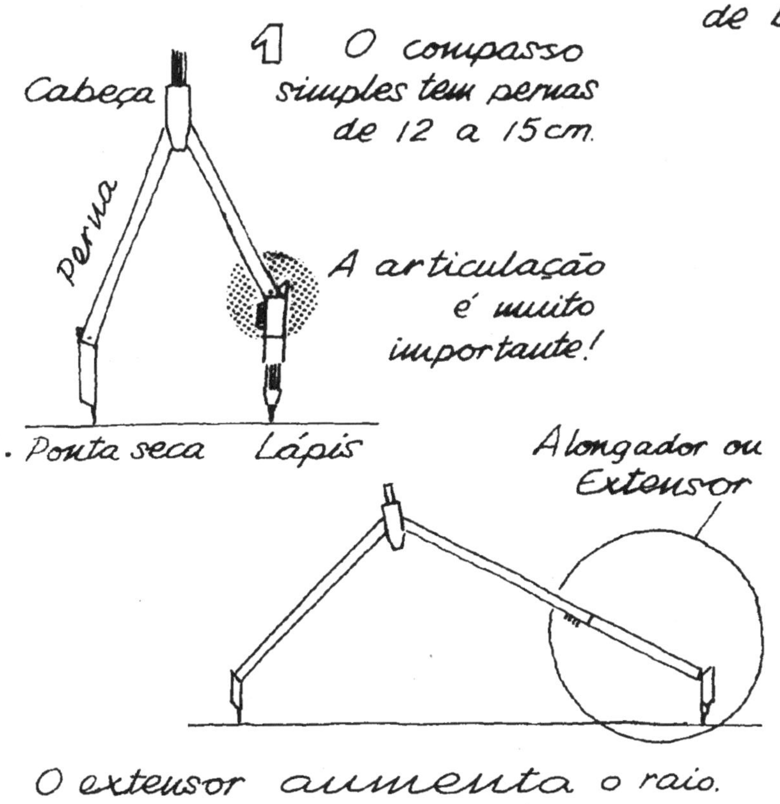

OBSERVAÇÃO:
Veja no Museu do desenho, no Capítulo 22: outros tipos de compassos, tinteiros de nanquim, tira-linhas, caneta Grafos, etc.

Borracha

Curva-francesa

A **borracha** é um material fantástico, quero dizer: aparentado aos fantasmas. Desaparece com a maior facilidade e surge nos lugares mais imprevistos: debaixo do papel, na prancheta vizinha e até mesmo na casa do colega... Noutros países o material é chamado de **apagador** ou raspador e atualmente ele é fabricado em plástico, fibra de vidro e até de borracha.

É impossível orientar o principiante na escolha pois existem borrachas, digo, apagadores para todos os gostos: branco, verde, cinzento, vermelho, prismático, cilindríco, enrolado, com sabor de morango, etc. Experimente, se possível, antes de comprar.

Falaremos agora de três instrumentos **úteis,** mas não de primeira necessidade para o desenho de arquitetura.

As curvas-francesas são fabricadas em plástico transparente e encontram-se à venda em diversos tamanhos e modelos. A curva universal ou régua flexível é encontrada em vários tipos: ver Museu do Desenho no Capítulo 22.

Transferidor

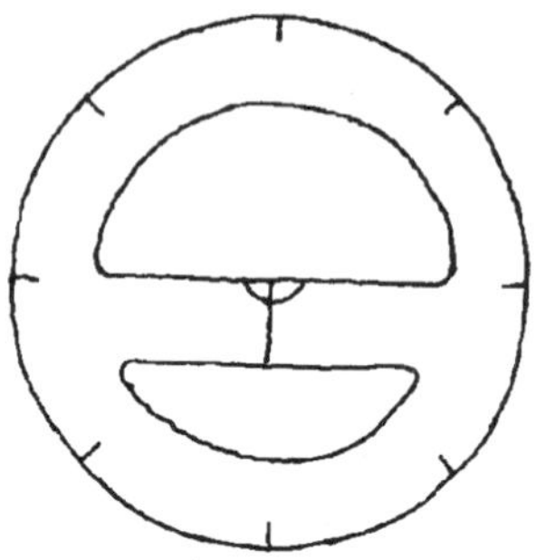

O transferidor deve ter a graduação em traços finos e bem legíveis; o tamanho poderá variar de 15 a 25 cm de diâmetro.

Curva Universal

ou régua flexível

Tinta Nanquim

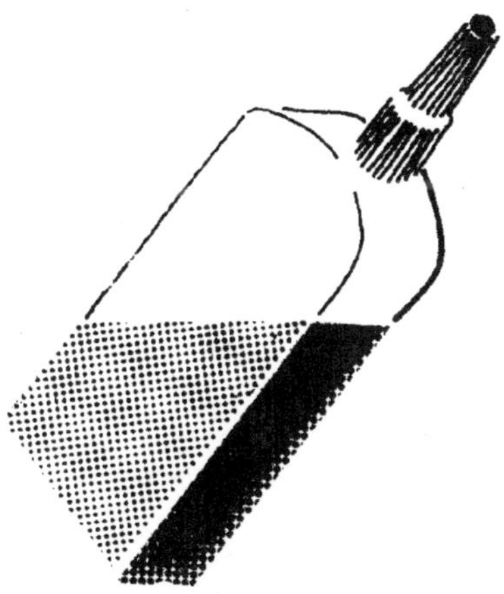

A tinta nanquim é vendida em recipientes de plástico flexível e em vidros. Existe tinta mais fluida, apropriada para as penas de traço fino. A tinta comum, quase sempre, pode ser tornada mais **fluida** com a adição de água destilada ou álcool absoluto. O nanquim de boa qualidade, depois de aplicado no papel, seca e torna-se brilhante; ele não deve soltar-se do papel (descascar) e nem se dissolver quando atingido por água, pois é indelével. O nanquim colorido possui substâncias corrosivas e por isso, após sua utilização, os instrumentos devem ser muito bem limpados.

Caneta de estilete

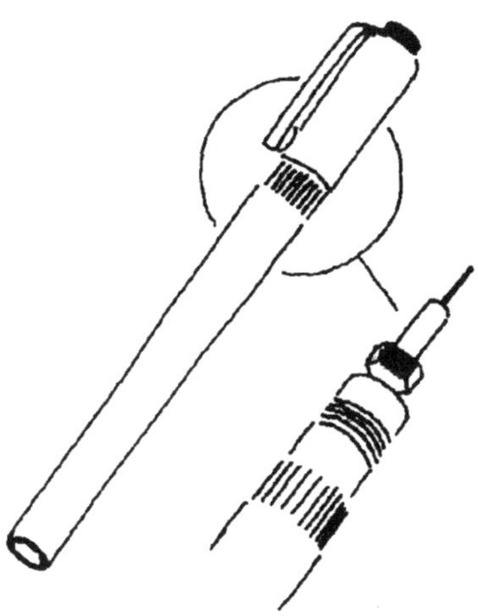

É atualmente a mais usada. A caneta de estilete é desmontável e se presta bem para o desenho à mão livre onde seja dispensável a variação de espessura do traço.

Desmontam-se as penas para sua substituição ou limpeza, que se faz periodicamente com ultrassom ou, mais comumente, usando água e detergente especial para isto. O fio interno das penas mais finas corre o risco de empenar e estragar-se ao serem elas desmon-

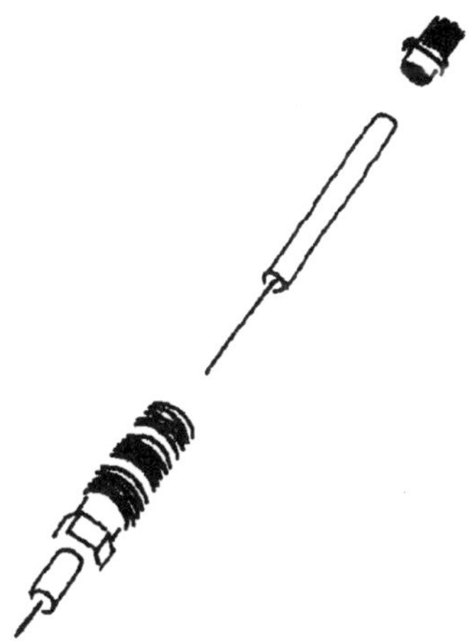

tadas ou remontadas. Os fabricantes recomendam que elas sejam lavadas sem desmontar; na prática, isto corresponde a uma limpeza incompleta e mal feita.

A graduação das penas corresponde à espessura de seu traço em milímetros; assim, a pena 0,8 faz traços de 0,8 milímetro de espessura.
Há vários modelos e outros tantos fabricantes de canetas. O mais engraçado na compra é quando você descobre que uma pena sobressalente corresponde a 98% do preço de uma caneta nova.
A pena 0,1 entope com relativa facilidade e muitos desenhistas preferem trabalhar com as penas 0,2 a 0,8 ou até 1,2.

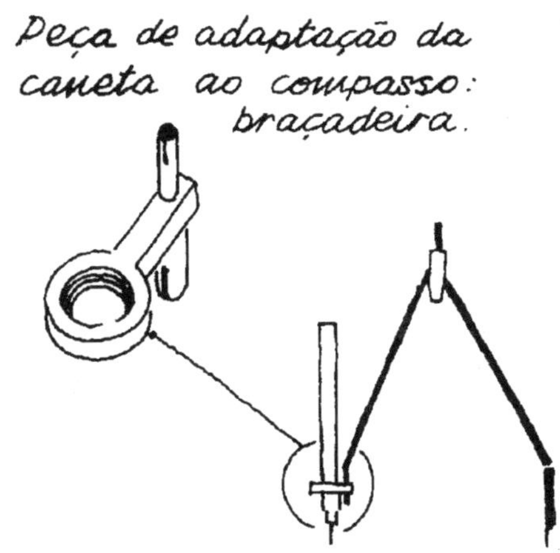

O instrumental de desenho mais completo nada representa se não estiver nas mãos de um desenhista dono de conhecimentos técnicos e disposto a praticar até ao ponto ótimo.

O estudo da Geometria não cabe neste livro. Apresentamos aqui uma lista dos conhecimentos que um bom profissional de desenho deve possuir.

De **Geometria Bidimensional**:

1 - Ângulo e bissetriz. Retas paralelas, perpendiculares e oblíquas.
2 - Triângulos e quadriláteros: construção, linhas principais, classificação.
3 - Circunferências e tangentes. Concordância.
4 - Áreas e superfícies.
5 - Sólidos geométricos e volumes.

Isto é o mínimo!

De **Geometria Descritiva** o desenhista deverá deverá ter noções de:

6 - Projeções mongeanas ou ortogonais.
7 - Representação isométrica.
8 - Representação cavaleira.
9 - Planificação de sólidos.

Será excelente se o desenhista estudar outros assuntos:

10 - Sombras.
11 - Perspectiva cônica.

Os itens 6, 8 e 9 estão explicados em nosso livro de Geometria Descritiva.

Os assuntos dos itens 7, 8, 9 ,10 e 11 estão no livro *Perspectiva dos Profisionais*, de nossa autoria.

Em continuação vamos admitir que o leitor tenha noções dos itens 1 a 6. Porém, mais importante do que isto, é a capacidade de utilizar bem a sua bagagem de conhecimentos (ver figura abaixo), de experiência e, sobretudo, manter a disposição para aprender.

3 Como usar os instrumentos de desenho

Para começar, verifique a prancheta e a iluminação. Em seguida, corte o papel no tamanho necessário (não esqueça as margens).

Onde colocar o papel?

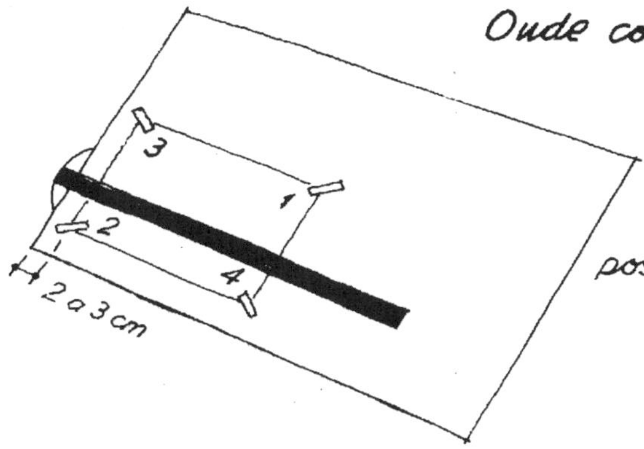

Esta é a posição correta!

O papel bem próximo da cabeça do tê.

Cole com fita adesiva, seguindo a numeração. A fita adesiva do tipo crepe é indicada.

Aqui está errado! Observe o desvio ou folga na extremidade da régua-tê.

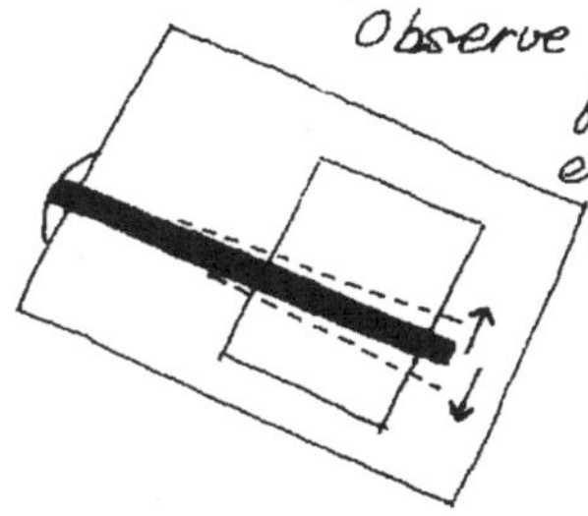

Muita gente acha que é difícil ser um bom desenhista. De fato, uma parte dos que começam um curso de desenho desiste por julgar que "não dá para a coisa". Vamos deixar bem claro que se o desenhista espera fazer-se da noite para o dia, como com um bilhete premiado de loteria, está muito enganado. Um desenhista se faz com doses elevadas de três coisas: persistência, treinamento e observação. As duas primeiras dependem quase exclusivamente de cada um. A observação, aliada a uma boa memória visual, é tão importante para o desenhista como uma orientação segura. É isto que você vai encontrar neste livro.

Não pense que os pequenos detalhes – que virão em seguida – sejam coisas tolas e dispensáveis. Todos nós encontramos chutadores de bola, às pencas, em qualquer lugar.

No entanto, Pelé só existe um. Leia, grave e aplique todas as recomendações para ser um bom desenhista, fazendo trabalhos rápidos e da **melhor qualidade**.

RESUMO:
Ter bons instrumentos é meio caminho andado, mas é preciso utilizá-los bem. A colocação do papel, o uso correto das réguas, do lápis, dos esquadros, do compasso, tudo influi. E (é claro!...) a iluminação. Prepare o ambiente e sente-se corretamente para se sentir bem. Se você cometeu um erro nem tudo está perdido: veja como; mas evite repeti-lo. O supercomputador EDO e alguns exercícios.

lápis

deve ter ponta cônica:

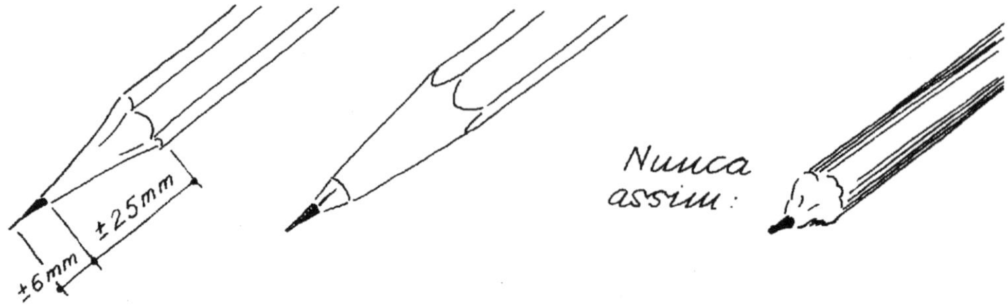

VOCÊ SABE SEGURAR O LÁPIS?

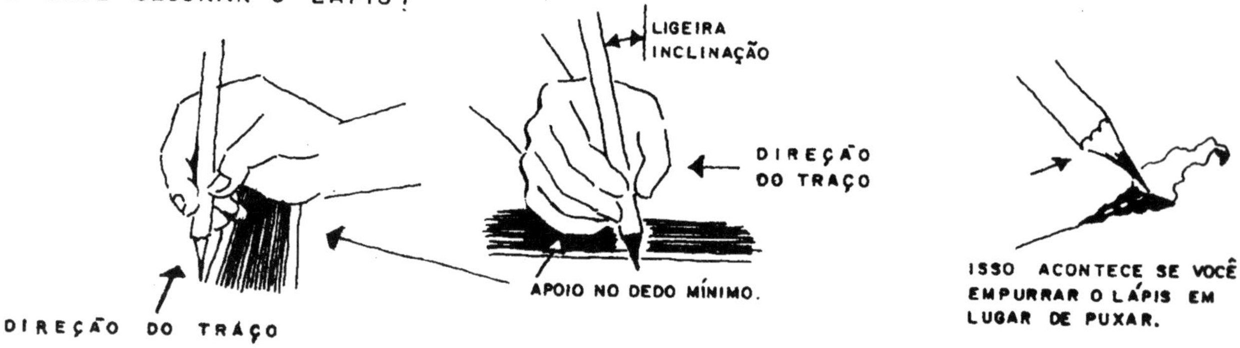

O lápis deve ser segurado entre o polegar e o dedo indicador a cerca de 4 a 5 centímetros da ponta, de modo que a mão fique apoiada no dedo mínimo e a ponta do lápis esteja bem visível.

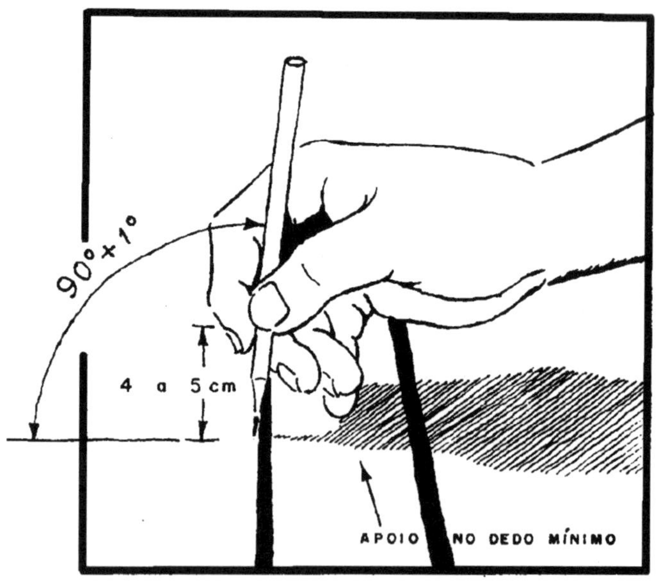

Sempre **puxar** o lápis e nunca empurrar.

Põe-se o lápis encostado no esquadro ou na régua-tê em posição quase perpendicular ao papel, com pequena inclinação no sentido do movimento.

O uso de grafite macio leva ao desgaste rápido de sua ponta cônica, que será repetidamente lixada e, o que é muito pior, suja os instrumentos (atrito) e logo depois os dedos e o papel. Um **desenho sujo é a pior recomendação** para o desenhista. Não há motivo para usar grafite B em desenho técnico!

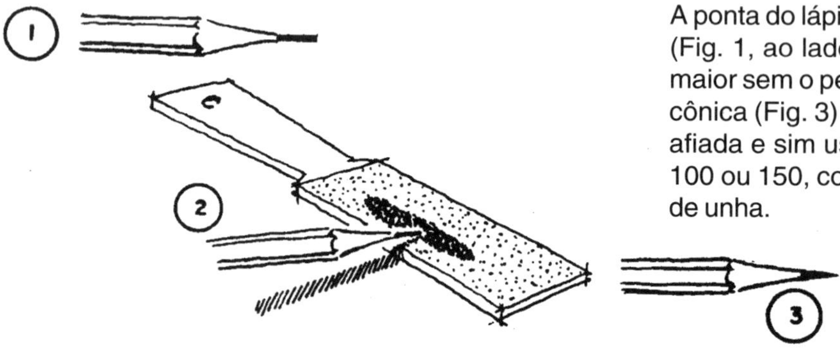

A ponta do lápis deve estar aparente pelo menos 5 mm (Fig. 1, ao lado); um grafite duro pode ter uma ponta maior sem o perigo de quebrar com facilidade. A ponta cônica (Fig. 3) não deve ser feita com gilete ou lâmina afiada e sim usando lixa fina (Fig. 2) para madeira nº 100 ou 150, colada sobre uma superfície dura, ou lixa de unha.

Para desenhar sobre papel-manteiga (ver Capítulo 5) use o grafite F ou H. Pode-se **tolerar** o uso do HB somente para o desenho de letras e também quando se usa o grafite de 0,5 mm de diâmetro.

Para desenhar sobre papel vegetal ou papel *canson* e similares, usar grafites mais duros como o H ou 2H. O grafite de 0,5 mm de diâmetro faz traços de espessura quase uniforme.

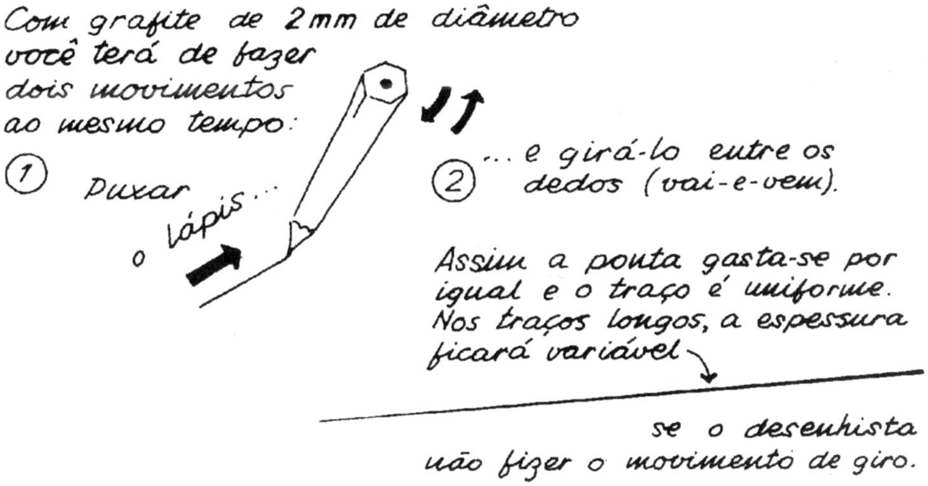

O TRAÇO SEM UNIFORMIDADE É DESAGRADÁVEL. E O DESENHO FEITO COM UM SÓ TIPO DE TRAÇO FICA SEM VIDA POR FALTA DE CONTRASTE.

A linguagem simbólica dos traços está no CAPÍTULO 11

VOCÊ SABE COMO FAZER TRAÇOS FINOS, MÉDIOS E **GROSSOS?**

QUANDO A TV ESTÁ ASSIM...

... VOCÊ AJUSTA PARA...

TODOS ELES SÃO FEITOS COM PONTA CÔNICA FINA.

COMO É QUE PODE?

O TRAÇO GROSSO É A SOMA DE VÁRIOS TRAÇOS FINOS:

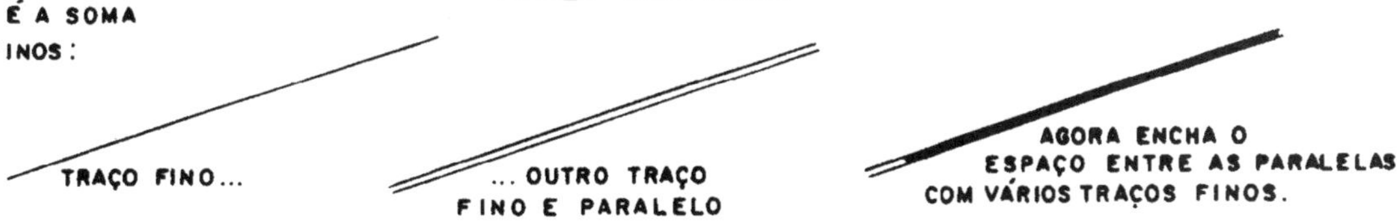

PORTANTO: O traço grosso não depende de fazer mais força

Para acentuar (tornar mais grossa) uma linha é preferível não apertar o lápis contra o papel e sim, repassar duas ou três vezes o mesmo traço.

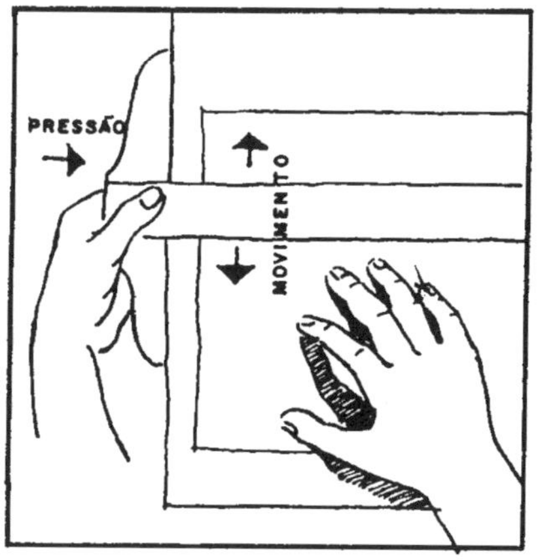

A haste da régua-tê não pode ultrapassar de 3 mm de espessura (altura), ...

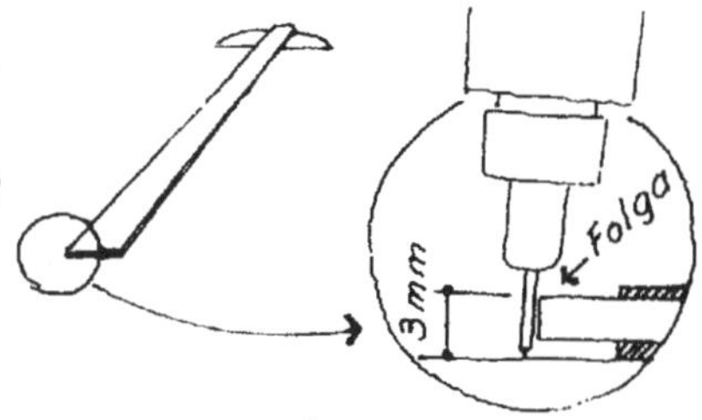

... para evitar que a caneta ou lapiseira encontre a borda da haste ANTES de tocar no papel; portanto, sem riscar.

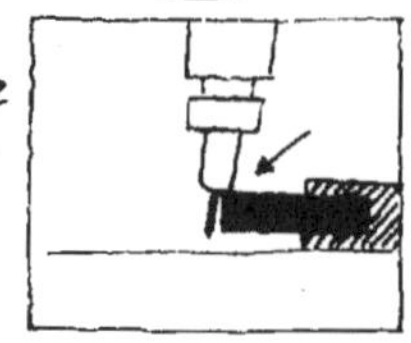

A Régua-tê

é manejada com a mão esquerda.

O tórax fica paralelo à direção do traço

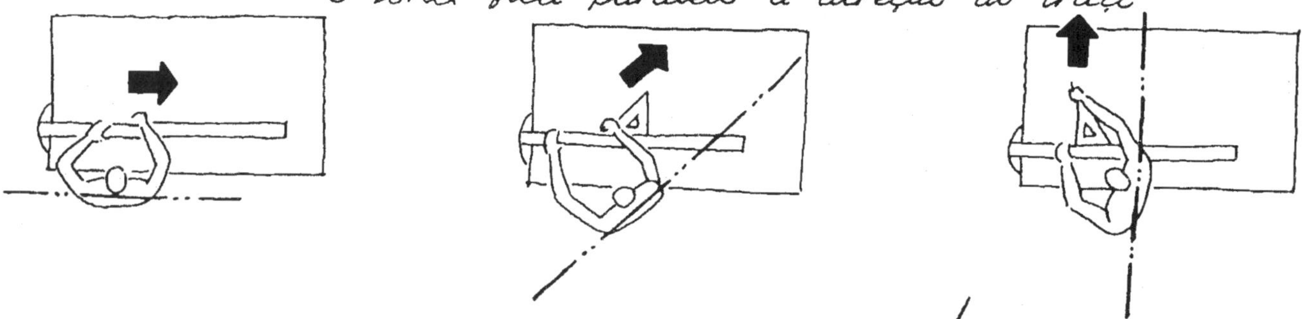

Não se usa o tê apoiado na borda inferior para traçar verticais.

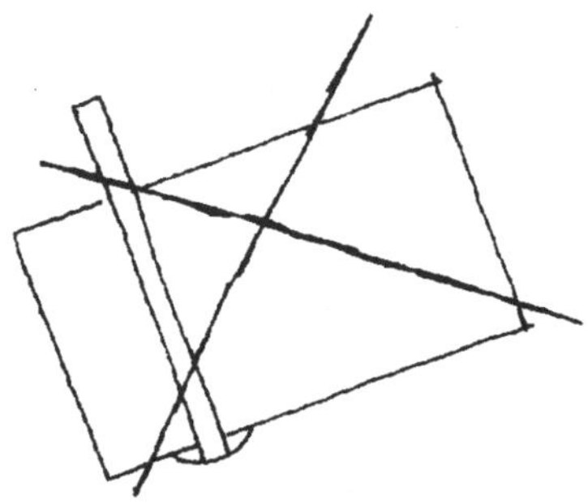

Régua paralela

ou régua para traçar paralelas...

fios de náilon

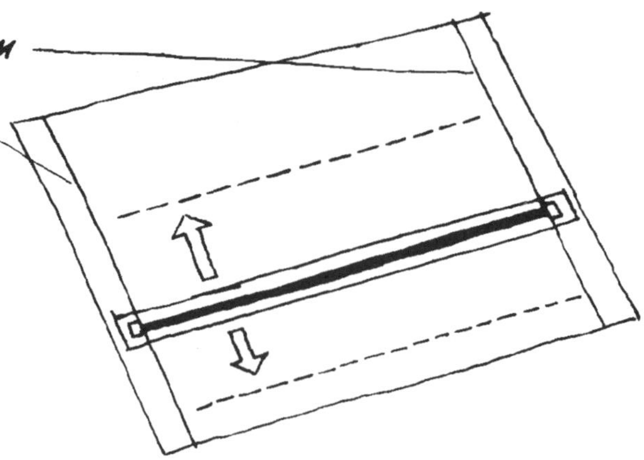

Ambas são réguas com bordas transparentes ou totalmente transparentes.

Comprimento 0.80/1.20

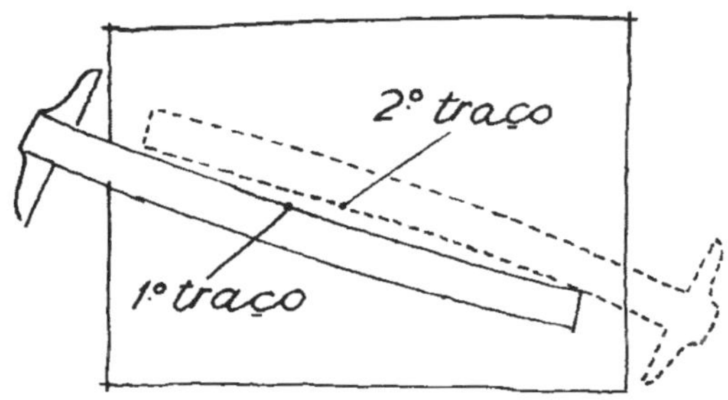

Quando se usa a cabeça móvel do tê deve-se ter o cuidado de — depois de apertar o parafuso de fixação — movimentar a régua-tê e depois retornar para a reta que serviu de diretriz a fim de verificar se a nova direção é realmente paralela ou se houve desvio.

A verificação do tê se faz desenhando um segmento de reta sem usar a cabeça do tê; inverte-se, depois — como na figura ao lado — o instrumento para que sua cabeça fique no lado direito e traça-se nova reta. Se os dois traços coincidem, isto é, confundem-se, a régua é retilínea.

A Régua graduada

É um instrumento de medição e não deve ser utilizada como apoio para traçar retas. Marque as medidas por meio de pequenos traços sobre uma reta já desenhada e nunca por meio de pontos isolados

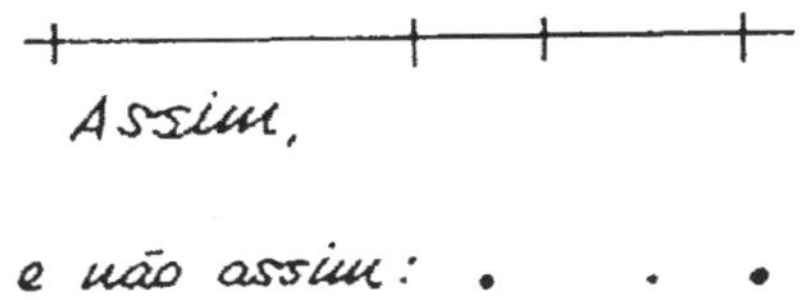

Se você marca um segmento, depois outro e mais outro, está acumulando pequenos erros em cada medição e, no final, há vários milímetros a mais.

No desenho abaixo encontra-se o processo correto para marcar medidas sobre uma reta; faz-se à parte a soma de cada medida com a anterior e marca-se este total, conservando fixo o zero da régua graduada.

É um erro usar a régua graduada como apoio para traçar retas; o lápis suja a régua, gasta a graduação e a linha não é regular por falta de apoio do lápis. A gravação dos traços da graduação chega, às vezes, a causar ondulações no traçado. Outro erro comum é usar a régua como lâmina para cortar papel: o atrito aquece o plástico, derretendo-o e a régua fica com falhas, como a figura mostra.

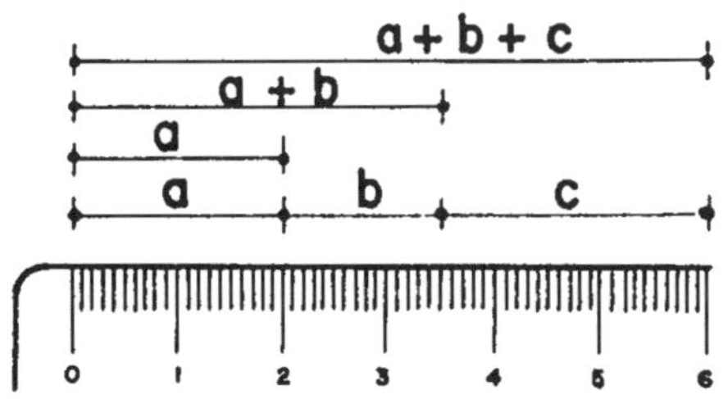

PROCESSO CERTO: A RÉGUA FIXA!

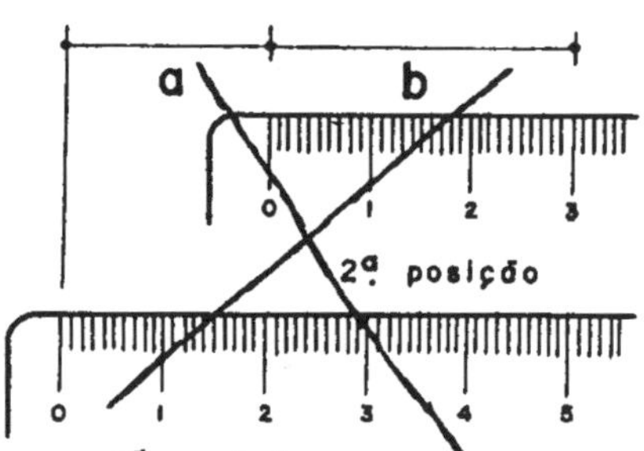

PROCESSO ERRADO

Em desenhos de precisão a régua deve ficar inclinada, aproximando a graduação e o papel. Pode-se, ainda, fechar um olho para maior segurança da medição.

Esquadros

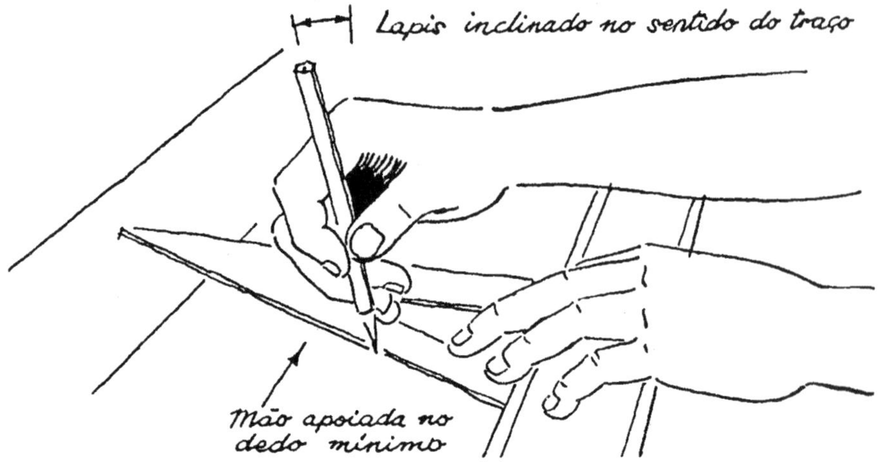

Usa-se o esquadro apoiando-o na régua-tê (ou em seu par) para o traçado de retas paralelas. As figuras mostram a posição das mãos, segurando esquadros, régua-tê e lápis, sendo vistas de cima na figura menor e de lado, na figura maior.

ESQUADROS

1- TRAÇADO DE **PARALELAS**

A PALMA DA MÃO FIXA UM ESQUADRO, O OUTRO SERÁ MOVIMENTADO PELOS DEDOS.

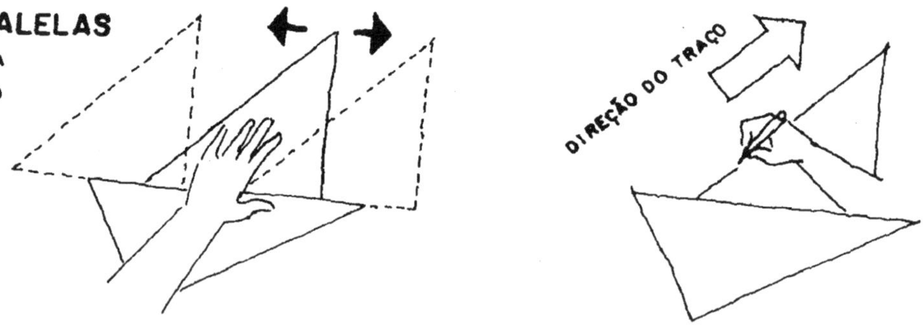

2- TRAÇADO DE **PERPENDICULARES**

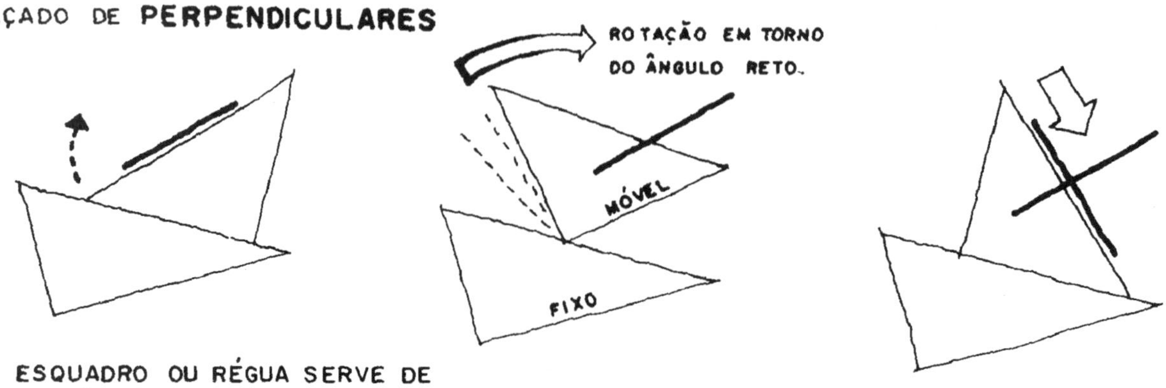

UM ESQUADRO OU RÉGUA SERVE DE APOIO, NÃO SENDO MOVIMENTADO.

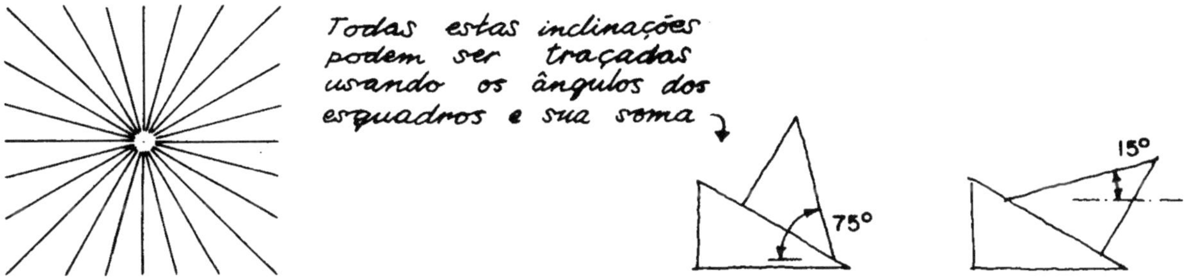

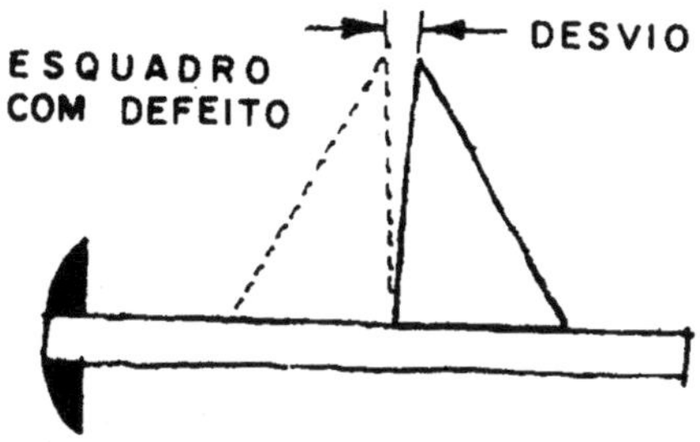

A verificação do ângulo reto de um esquadro é feita apoiando um cateto sobre o tê e traçando o cateto que ficou na vertical; inverte-se, agora, o esquadro de modo que o vértice que estava à direita passe para a esquerda e risca-se por cima do primeiro traço. O esquadro é de precisão se os dois traços se confundem.

IMPORTANTE :

1 - Antes de começar o trabalho, limpar a prancheta.
2 - Apontar todos os lápis, inclusive os compassos.
3 - No desenho a tinta, limpar as penas e verificar se as canetas estão abastecidas e em funcionamento (não entupidas).
4 - Não usar a borda inferior da régua-tê. Nunca.
5 - Não espetar o compasso: nem na prancheta, nem na régua graduada.
6 - Não voltar atrás sobre um traço.
7 - Não usar o triplo decímetro como apoio para traçar retas.
8 - Não cortar o papel usando uma lâmina ou faca sobre a prancheta e não usar como guia a régua-tê.
9 - Não usar o compasso para alargar furos.
10 - Lavar periodicamente com água e sabão os esquadros, a régua-tê e o triplo decímetro.

Tudo isso é importante mas sua ***saúde*** *vale* ***muito mais!***

PROVIDENCIE BOA ILUMINAÇÃO!

O olho humano vê bem as coisas colocadas a MAIS de 30 centímetros de distância, não menos. Se você põe o rosto junto da prancheta está FORÇANDO A VISTA! Vá ao oculista.

E VEJA COMO VOCÊ SENTA:

BALANÇO

CORCUNDA

COMPACTO

ESCORADO

AQUI ESTÁ CERTO:

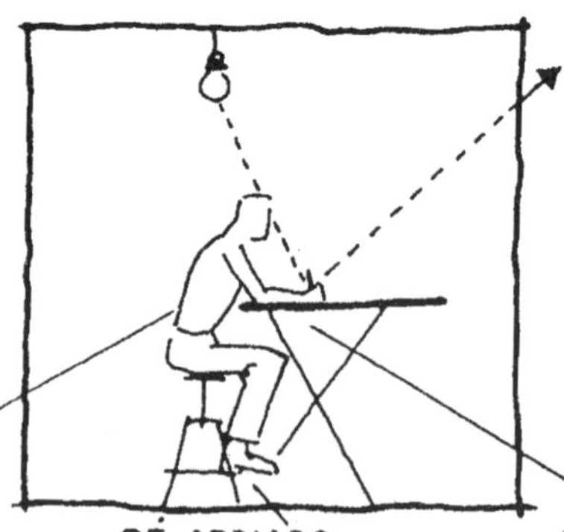

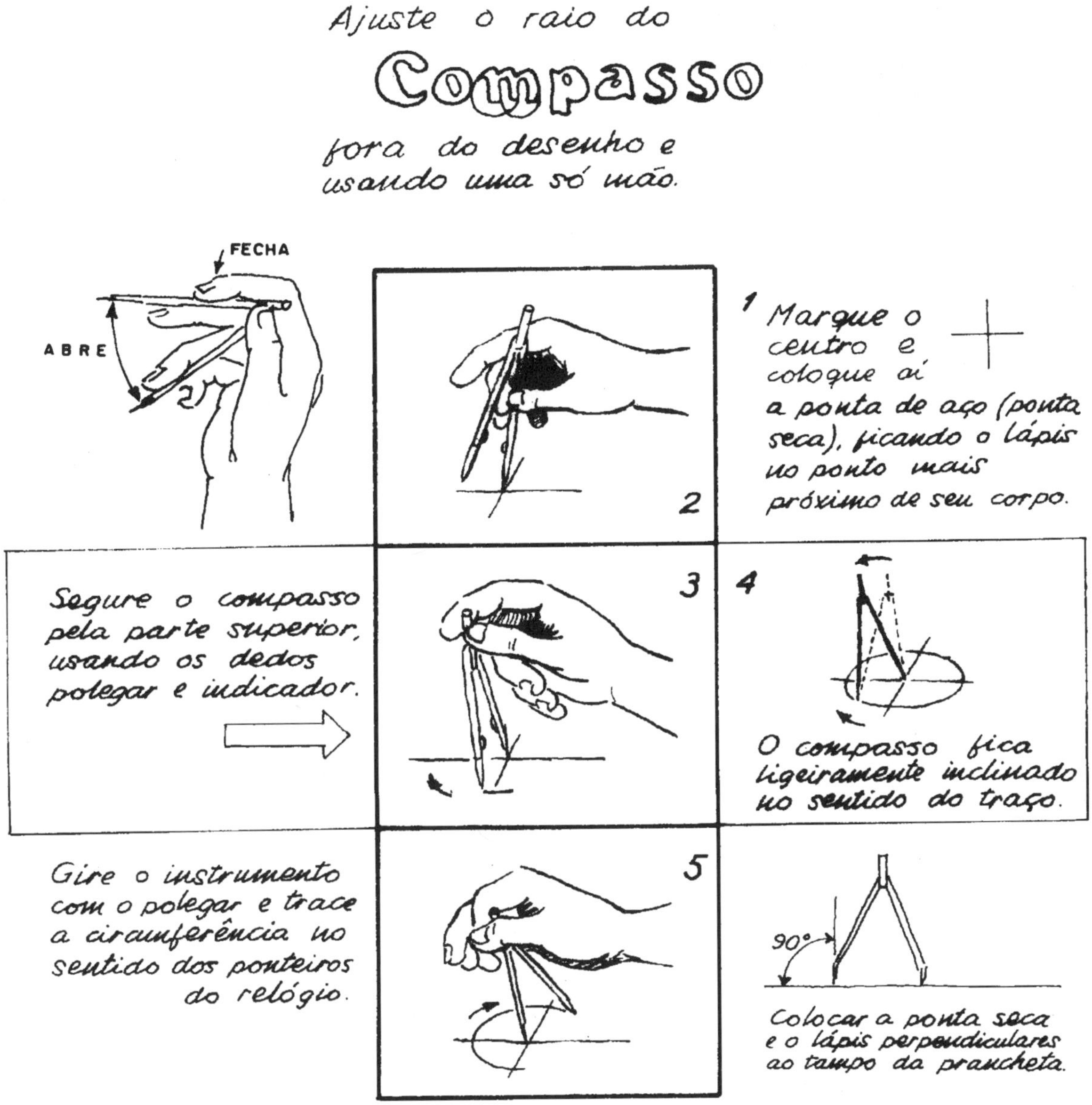

A figura desta página, no alto à esquerda, mostra de que maneira o compasso tem seu raio ajustado por meio dos dedos indicador, médio e anular da mão direita. Da esquerda, para canhotos. Para o traçado de arcos usa-se o polegar e o indicador, como mostra a seqüência de figuras ao lado. A finalidade da articulação no compasso foi explicada na página 11.

Os bons compassos têm a agulha ou ponta seca afiada nos dois extremos, sendo que uma das pontas apresenta um rebaixo; ele evita que a agulha se aprofunde demasiadamente, como acontece quando se traçam várias circunferências com o mesmo centro.

A maneira de usar o compasso balaustrino é mostrada no Museu do Desenho, Capítulo 22.

Para usar o extensor, as instruções são as mesmas dadas acima, exceto a maneira de segurar o compasso: a mão esquerda mantém a ponta seca no centro da circunferência e a mão direita movimenta a outra extremidade do compasso que tem a caneta ou o tira-linhas.

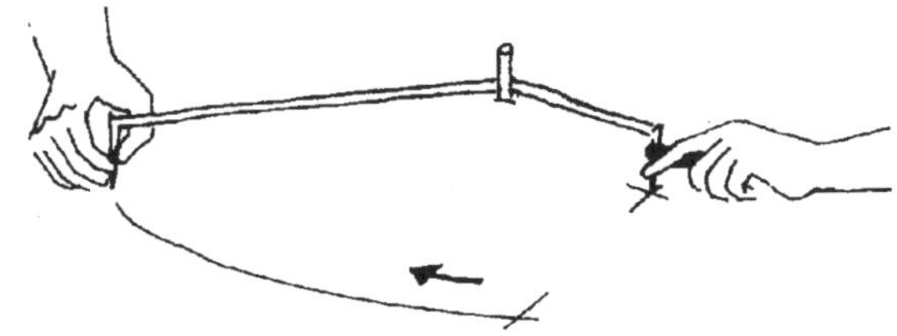

Erros & Correções

Erro muito comum.

Pode ser provocado por excesso de tinta (no tira-linhas) ou por caneta em posição errada:

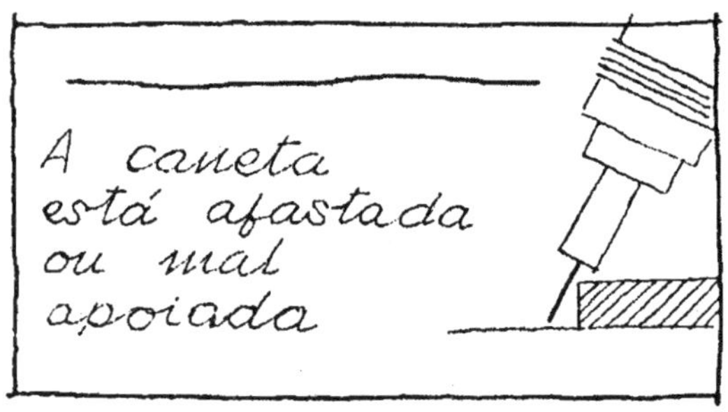

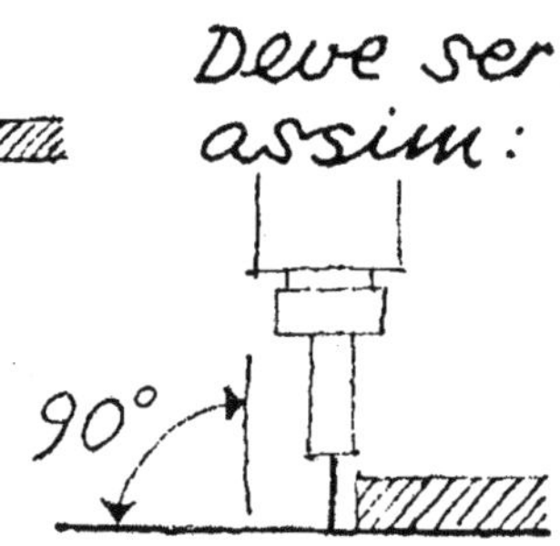

Restos de borracha no papel são outra causa de b borrões.

Quando houver erro ou borrão no desenho a tinta em papel vegetal...
se possível, coloque um PANO para absorver a tinta. Não é aconselhável utilizar papel em um borrão de tamanho grande.

- deixe secar bem.
- raspe de leve com uma lâmina afiada fazendo um movimento rápido de vai-e-vem.
- passe a borracha para tinta no local raspado.
- remova o pó com escova.
- agora desenhe normalmente.

Um instrumento pouco usado pelos desenhistas é a raspadeira, espécie de faca curta e muito afiada. Por ter perdido a qualidade, ela foi substituída pela lâmina de barbear, por pincel de fibras de vidro ou por apagador elétrico. O apagador ou raspadeira elétrica é um pequeno motor tendo uma haste (eixo) onde se adapta a borracha de tinta ou de lápis. Deve ter sido inventado pelo mesmo preguiçoso que criou a escova de dentes elétrica! O pincel de fibras de vidro é eficiente; tem como inconveniente os pequenos pedaços de fibra de vidro que penetram nos dedos, lembrando a "querida" dor de dentes, e que são muito difíceis de serem extraídos. Finalmente, a prosaica e versátil lâmina de barbear do tipo antigo, é outra solução; ela faz milagres na mão do desenhista habilidoso, desde que o papel não seja ordinário.

Antes de apresentar uma série de exercícios para desenvolver a habilidade manual e a visão do desenhista na utilização dos **tradicionais** instrumentos de desenho,vamos falar de um outro objeto. O leitor deve ter percebido na frase anterior o destaque da palavra tradicionais, pois existe uma aparelhagem mais recente que **substitui** e engloba **todos eles.**

Trata-se da Gráfica Computacional, tradução mais correta e mais adequada que a designação vulgar de computador gráfico. Não existe ainda computador gráfico, pois todos eles são analíticos. Assim, Gráfica Computacional significa que os traços são feitos com apoio e orientação do computador.

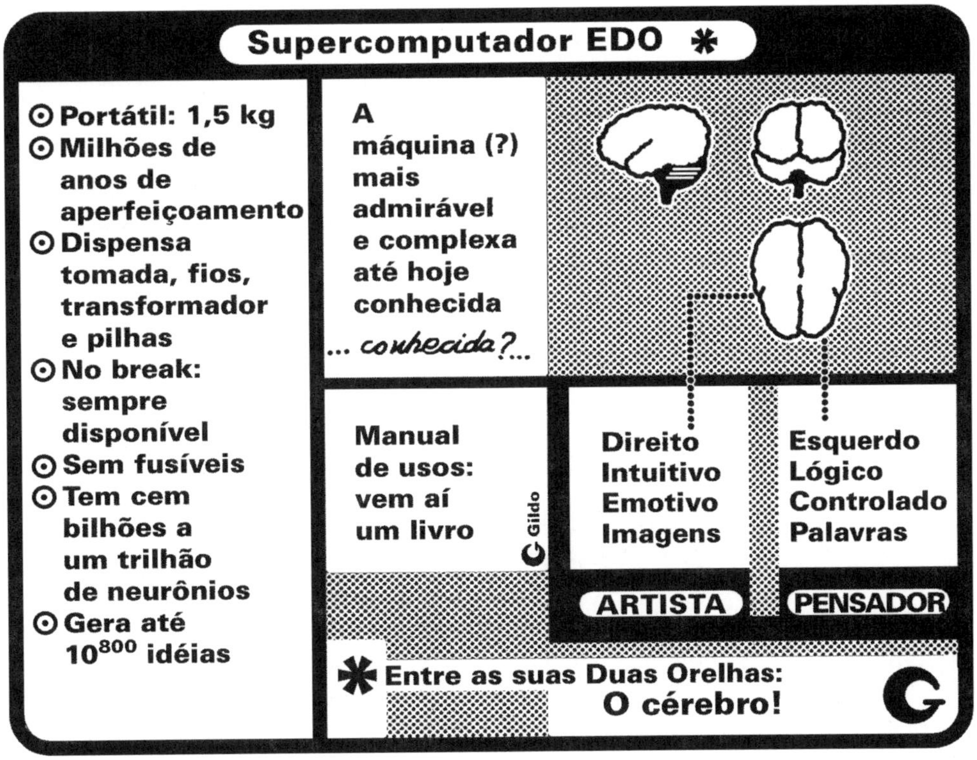

Exercícios

As figuras desta página devem ser desenhadas ampliando seu tamanho para o dobro. As setas da primeira figura indicam o sentido do traçado das linhas. Desenhar a lápis observando a espessura dos traços: finos, médios e grossos. No desenho definitivo, traçar em primeiro lugar as curvas e, em seguida, as retas. O desenho deve ser claro, limpo e preciso.

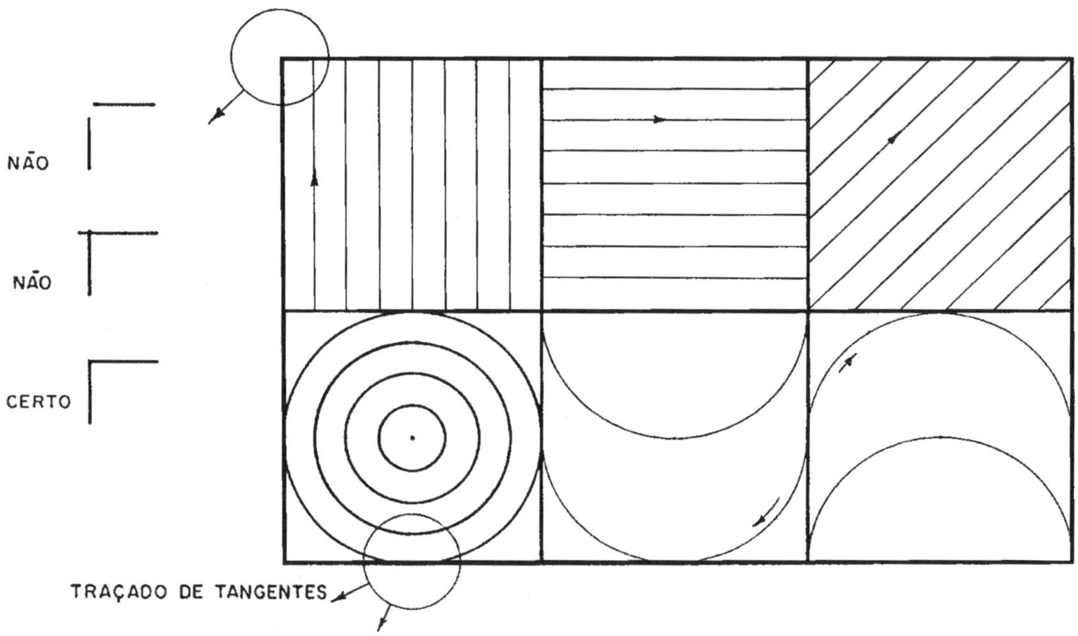

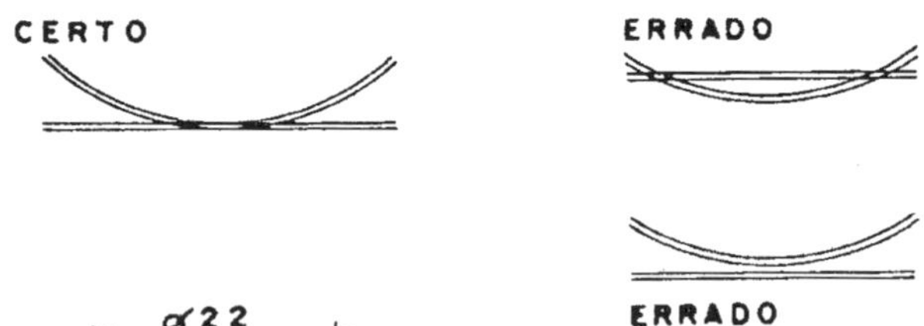

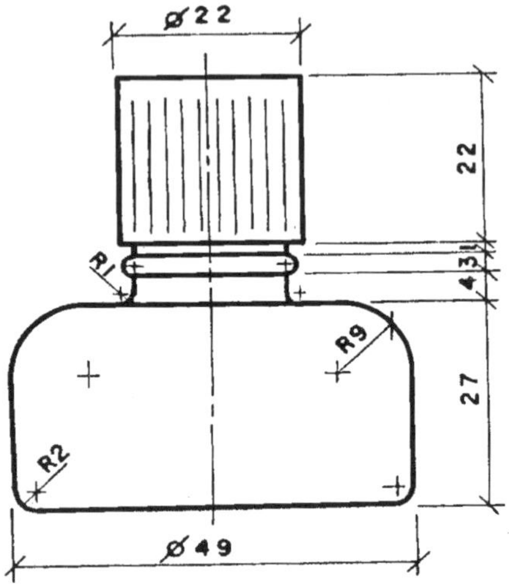

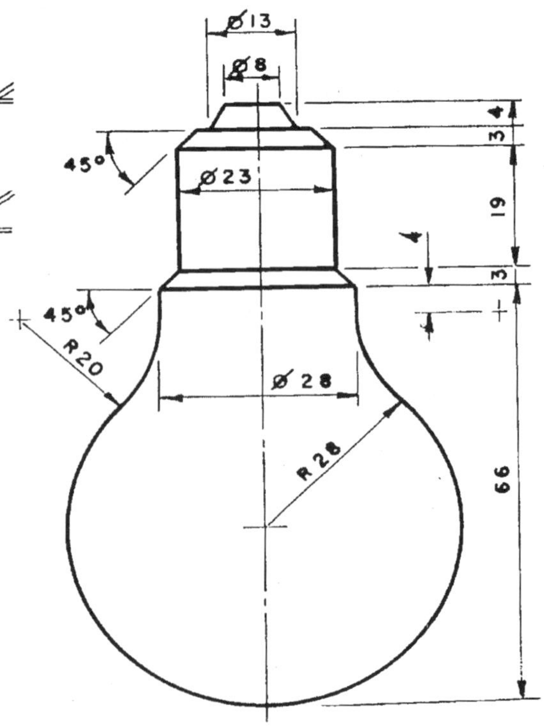

4 Normas de desenhos técnicos

O Desenho Técnico não pode sujeitar-se aos gostos e caprichos de cada desenhista, pois será utilizado por profissionais diversos para chegar à fabricação de um objeto específico: máquina, cadeira ou casa.

A NBR 10067 (Princípios gerais de representação em desenho técnico) difere apenas em detalhes das normas usadas em quase todos os países do mundo.

As normas técnicas francesas têm as iniciais NF; as alemãs são as DIN (*Deutsche Industrie Normen* ou Normas da Indústria Alemã). As nossas são as NBR - Normas Brasileiras Registradas; o número identifica uma norma específica. Trata-se, então, de norma discutida e aprovada. Nossas normas não têm força de lei; contudo, devem ser adotadas por escritórios particulares, por firmas e por repartições, pois são baseadas em pesquisas e são racionais, tendo por objetivo a unificação e a ordem.

Apesar da seriedade com que a ABNT (Associação Brasileira de Normas Técnicas) estuda cada norma, existem aqueles que preferem adotar padrões particulares, voltando, assim, à situação de séculos passados, quando cada um tinha convenções próprias e ninguém se entendia. Enfim, em cada cabeça uma sentença, diz o provérbio. Contudo, a decisão de criar padrões técnicos individuais no limiar do século XXI diz muito mal dessa cabeça ou desse cabeçudo. Vamos ser coerentes e adotar as normas; no Brasil as NBR.

No desenho arquitetônico o traço grosso é feito com 0,6 ou 0,8 mm na escala de l: 50 e 0,5 ou 0.6 mm na escala de 1:100.
Este assunto é complementado nos capítulos 10 e 11.

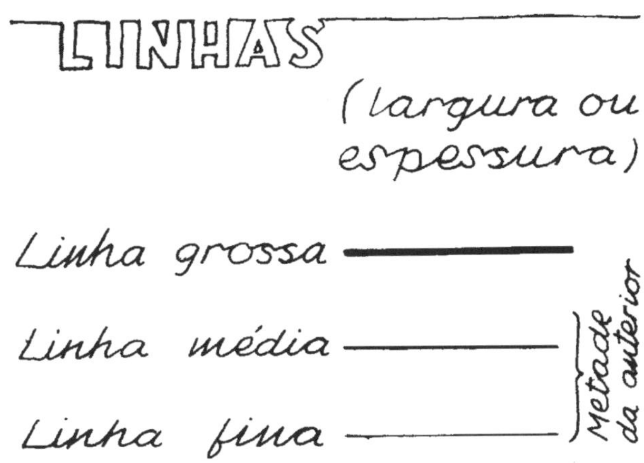

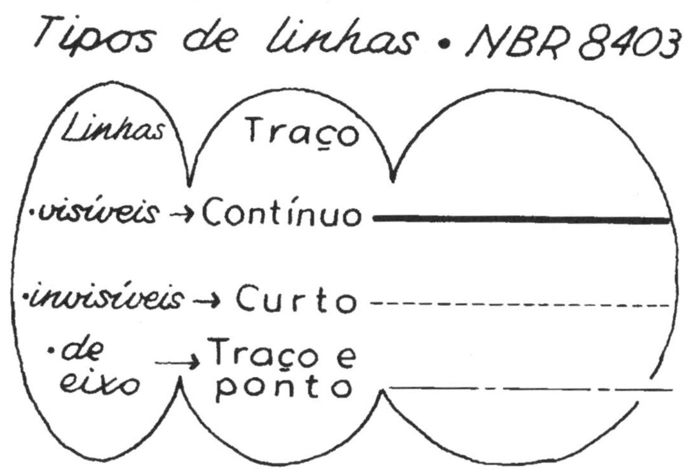

RESUMO:
Para que servem as normas. Normas brasileiras e estrangeiras. Tipos de linhas. Formatos de papel e dobramento de cópias.

FORMATO e dimensões do papel (NBR 10068)

O ponto de partida é o formato A0 (lê-se A zero) que tem 1 m^2 de superfície e os lados na razão $1 : \sqrt{2}$.

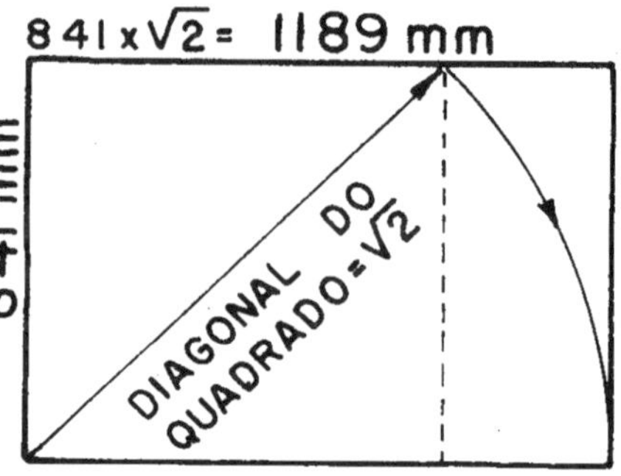

FORMATO A0 · ESCALA 1:30

Subdivisão do formato A0: todos os formatos são semelhantes e resultam da multiplicação ou da divisão por 2.

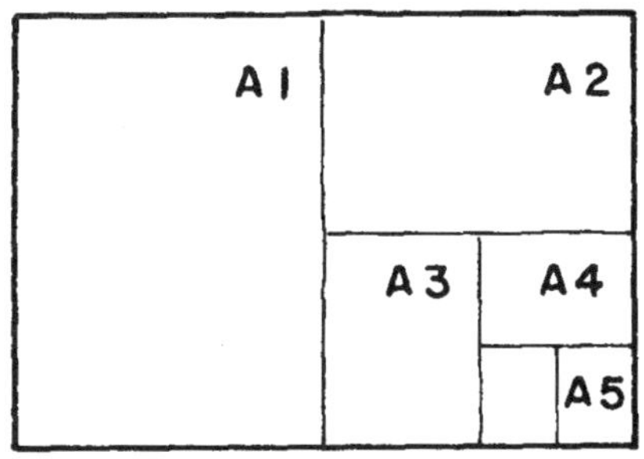

O formato A1 tem 0,50 m^2 (1/2 metro quadrado) e corresponde à divisão do formato A0 em duas partes; o formato A2 tem 0,25 m^2 (1/4 de metro quadrado) e origina-se da divisão do formato A1 em duas partes. A escolha do formato do papel não pode ficar a critério de cada um. Deve-se considerar:

1 -- Um desenho feito num determinado tamanho e reduzido por processo fotográfico à metade de seu tamanho original terá sua escala igualmente reduzida à metade. Isto significa que cada formato deve ter a metade das dimensões do anterior, havendo múltiplos e submúltiplos.

2 -- Os formatos-padrões devem levar em consideração as dimensões dos papéis (rolos e folhas) vendidos no comércio.

3 -- As cópias são pagas em função da superficie em metro quadrado de papel. É, pois, vantajoso que os formatos tenham 1 m^2, 1/2 m^2, 1/4 m^2, etc.

O desenhista deve procurar fazer todas as pranchas de um projeto com um formato único, isto é, com as mesmas dimensões. Quando isto não for possível, procurar-se-á, pelo menos, ajustar as pranchas em **dois** formatos. A experiência ajudará muito na escolha do formato ideal.

Dimensões de pranchas **Medidas em milímetros**

Referência	X	Y	a
2A0	1189	1682	15
A0	841	1189	10
A1	594	841	10
A2	420	594	7
A3	297	420	7
A4	210	297	7
A5	148	210	5

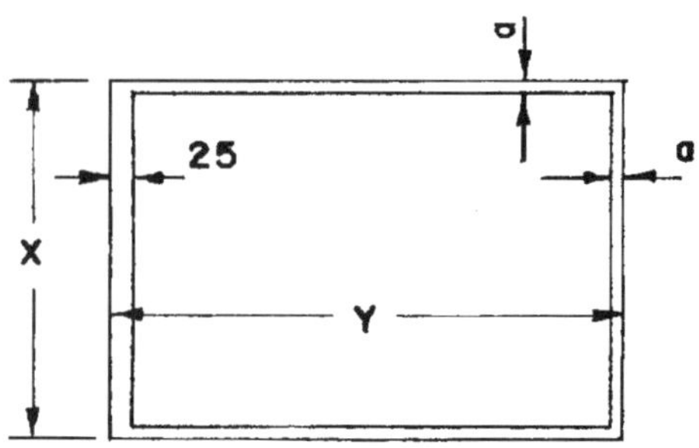

DOBRAMENTO

A3
297x420

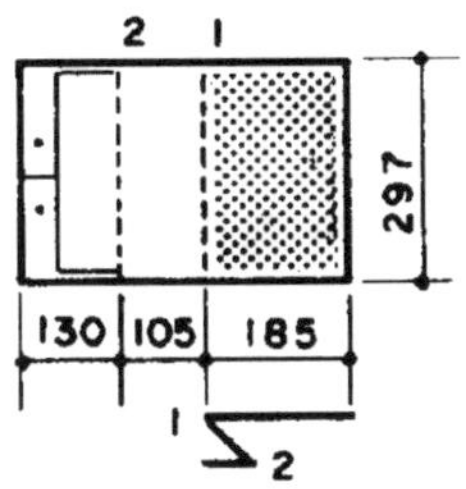

A2
420x594

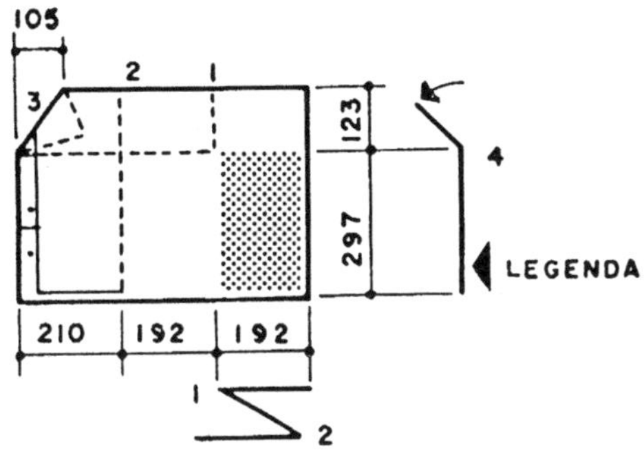

A1
594x841

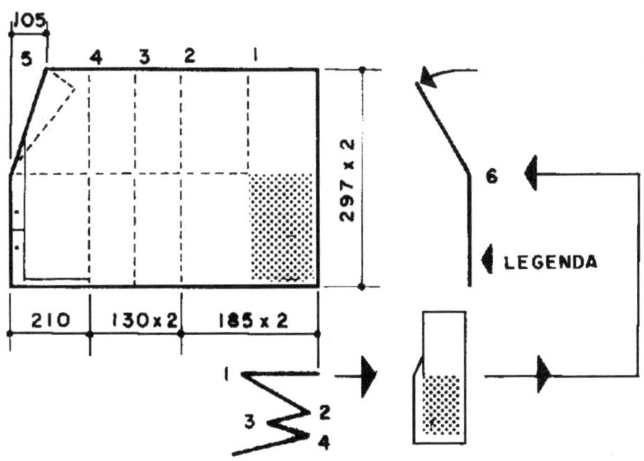

Os desenhos originais são guardados em rolos ou abertos; se forem dobrados deixam manchas nas cópias e podem rasgar-se. Assim, somente as cópias são dobradas. A NBR 6492 mostra uma seqüência de dobramento que aqui aparece com mais detalhes. As figuras a seguir mostram o dobramento praticado nos desenhos que levam seu título no canto inferior direito. Do menor ao maior:

A0
841x1189

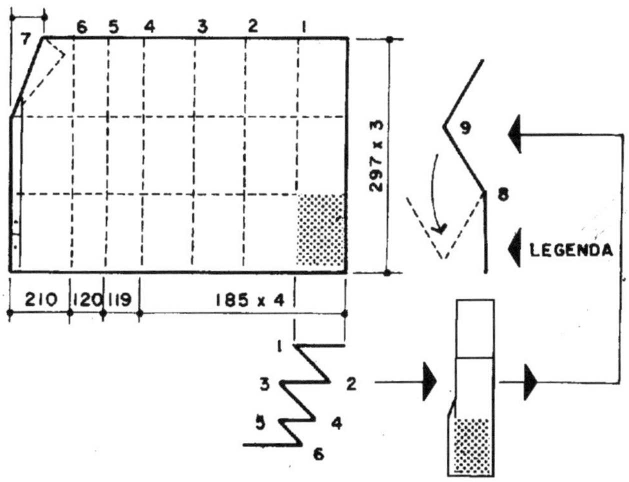

MEDIDAS EM MILÍMETROS

5 Tipos de desenhos e de papéis

O começo de um projeto. Projeto ou planta? Onde fica a Criatividade? As etapas de um projeto. Tipos de papel.

COMO NASCE O PROJETO?
Quando alguém pretende construir uma escola, um hospital ou uma casa surge a necessidade de fazer o projeto. Sem projeto não há possibilidade de ser determinado o custo da construção, a quantidade de tijolos, de telhas, de azulejos, de cimento, etc., nem o tempo que deverá durar a construção.

Devemos esclarecer a diferença entre **projeto** e **planta**. A planta ou as plantas são os desenhos, rolos de papéis ou os disquetes onde está representado aquilo que se deseja construir, que é o projeto.
Portanto, o projeto é uma idéia, é o resultado da imaginação criadora, ao escolher entre centenas de fatores aqueles que devem prevalecer. A habilidade e o conhecimento serão as bases para equilibrar a Arte e as Ciências Técnicas no projeto.

Se o cliente é uma pessoa aberta, sociável, acostumada a receber amigos, a casa será completamente diferente daquela onde o proprietário é um estudioso, retraído, que gosta de ouvir música sozinho; ela será clara, aberta para o terreno amplo ao seu redor, de cores vivas ou será discreta, dando para um pátio interno? Será rodeada de terraços ou terá grandes vidraças para proteger do clima externo? Ficará no meio do lote ou será encostada num dos lados? A sala se prolonga pelos terraços e jardins? A cozinha ficará melhor na frente ou lá atrás? Os quartos ficarão voltados para os fundos ou ou para a rua? A sala terá a mesma altura da cozinha?

Existem dezenas de perguntas deste tipo para serem respondidas quando o arquiteto começa a esboçar o projeto. E todas as respostas devem ser justificadas ou 'sentidas'; por que é assim e não assado? Aquilo de abrir um livro de projetos ou uma revista e dizer que deseja "uma casa igual a esta" é falta de imaginação, no mínimo. Isto nada tem a ver com projeto e com Arquitetura. Arquitetura é, antes de tudo, criação. (*)
O resultado de copiar ou plagiar o que se publica ou aquilo que já existe pode ser uma coleção de plantas, mas nunca um projeto!

Em resumo: fazer uma planta está ao alcance de qualquer pessoa , de qualquer profissão. Elaborar um projeto é uma coisa mais séria e o arquiteto — ainda que tenha muita experiência e capacidade — precisa parar, pesquisar, pensar, imaginar, riscar, discutir e tornar a riscar. Duas, três, dez, vinte vezes. Ou não se trata de um Arquiteto.

(*) Eu gostaria que alguém explicasse por que, nos cursos de Arquitetura, não se estuda a Criatividade. É óbvio que todos somos criativos! Mas isto não é desculpa para não desenvolver ainda mais a Criatividade, como se vê em nosso livro sobre *A Invenção do Projeto*. Fecha o parêntesis.

RESUMO:
A origem de um projeto e para que ele serve. Diferença entre projeto e planta. Um projeto para cada caso. As etapas de um projeto. Tipos de papel.

AS ETAPAS de um projeto e os tipos de desenho

1 – Os estudos preliminares

Cabe ao cliente dizer os objetivos que pretende alcançar com sua construção, fornecer um programa ou lista de necessidades, fixar quanto poderá gastar e em quanto tempo. No diálogo entre o arquiteto e o cliente vão surgindo problemas e soluções. Ao mesmo tempo, o arquiteto estará fazendo suas pesquisas e anotações de modo a orientar suas primeiras 'bolações' ou idéias. Pouco a pouco o projeto vai tomando forma em esboços que se sucedem e em novas discussões e esboços. A tal ponto que pode ocorrer o fato de um esboço já descartado, poucos dias depois, não mais ser entendido ou 'interpretado' pelo próprio arquiteto que o riscou. Esta é uma das razões por que os esboços são 'passados a limpo' (revisados).

Alguns arquitetos mais desligados desenham nos forros de prancheta, nas mesas de bar, em caixas de fósforo, nas margens de jornais, nos guardanapos de papel e nos similares da outra extremidade.
A idéia do projeto arquitetônico passa por muitos estudos até que chega à sua primeira representação gráfica, que é também um esboço. E recebe vários outros nomes: croqui, croquis, borrão, estudo preliminar, rascunho, etc.
Os esboços, em geral, são feitos em 'papel-manteiga'.

2 – O ANTEPROJETO

O esboço é 'passado a limpo' — como se diz — e daí surge o anteprojeto. (Atenção: a turma que esqueceu a alfabetização anda escrevendo 'ante-projeto'!) Que vem a ser a SEGUNDA representação gráfica do projeto. Anteprojeto é um desenho feito à mão livre ou com instrumento; é desenho de apresentação para apreciação pelo cliente e, por isto, repleto de cores, com perspectivas internas e externas e outros recursos disponíveis. Em geral é feito sobre papel opaco de marcas como Piraí, Canson, Fabriano, Ingres, Schoeller e similares. Pode-se optar por apresentar o anteprojeto sob forma de disquete, englobando tudo o que o computador oferece. Depois de discutido o anteprojeto, fazem-se as pazes, logo que possível, e vem a terceira fase.

3 – O PROJETO

O projeto ou plano geral ou projeto definitivo é desenhado com instrumento, na prancheta, ou digitado no computador para posterior impressão. O projeto normalmente é submetido à aprovação de entidades públicas e servirá de orientação para orçamentos e para a construção. A representação do projeto é o assunto principal deste livro.

4 – OS DETALHES E PROJETOS COMPLEMENTARES

O projeto completo ou projeto executivo deve ser acompanhado de detalhes construtivos (portas, janelas, balcões, armários e outros) e de especificações de materiais e de acabamentos (pisos, paredes, forros, peças sanitárias, coberta, ferragens, etc.). Com estes dados preparam-se o orçamento, o cronograma de obras, os projetos de instalações (elétrica, telefônica, hidro-sanitária,etc.), o projeto estrutural e o mais que vier a ser necessário.

Todos estes projetos são representados em desenhos chamados 'originais' que chegam à obra sob forma de 'cópias'. Elas são feitas em papel heliográfico, em copiadoras a seco (tipo xerox) ou na impressora do computador (*plotter*). A cópia heliográfica pode ser na cor azul, preta ou marrom.

Mapoteca vertical ou de folhas suspensas

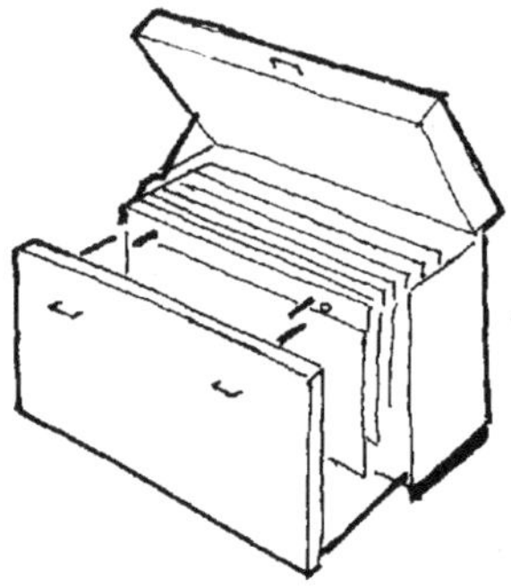

Mapoteca horizontal ou de gavetas.

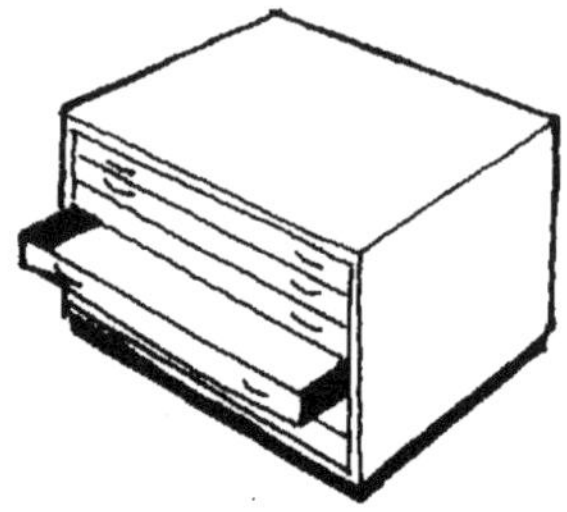

Os desenhos originais são guardados em tubos ou em mapotecas. As cópias são dobradas e colocadas em pastas.

Os desenhos originais são guardados em tubos ou em mapotecas, enquanto que as cópias são dobradas e colocadas em pastas.

Quando não há padronização pelos órgãos públicos (em geral, a Prefeitura Municipal) o tipo de armário para arquivamento definirá o local para colocação do chamado 'carimbo', que vem a ser o título e a discriminação do conteúdo da folha de desenho.

Assim, para a mapoteca vertical, a posição indicada é o canto superior direito da folha ou prancha de desenho, pois trata-se do local mais acessível à vista ao ser aberto o móvel. Quando se utiliza a mapoteca de gavetas, o carimbo será colocado no ângulo inferior direito.

As dimensões e os dizeres do carimbo serão indicados no Capítulo 12, item G.

TIPOS DE PAPEL

Papel opaco – branco ou em cores. Por não serem transparentes, estes papéis são mais utilizados para os desenhos coloridos. Em geral o anteprojeto é feito neste tipo de papel para valorizar as cores e a apresentação. As marcas e tipos mais comuns foram mencionadas na página anterior; podemos acrescentar o chamado 'papel madeira', o tipo gesso ou cartão ou '*guache*' e outros que se encontram disponíveis nas lojas e papelarias, em mostruários e estoques.

As dimensões variam: para uns, 50 x 70 cm; para outros, 1,00 x 0,70 m. Ambos com variação, para menos, em torno de 4 cm.

Papel-manteiga – É um papel vegetal (ver adiante) mais fino, semitransparente e fosco. O tipo brilhante, usado para embrulhar manteiga e frios em geral, é totalmente inadequado para desenho. O papel-manteiga é utilizado para esboços, estudos e detalhes; aceita bem o nanquim, o lápis HB até F, o hidrocor e não se presta para aquarela, aguada e guache. Por se tratar de papel fino, não permite correções no desenho feito a nanquim, salvo raras exceções. É vendido em folhas de 1,00 x 0,70 m ou em rolos de 20 metros com largura de 1,00 m. Seu peso (gramatura) fica na faixa de 10 a 45 gramas por metro quadrado.

Papel vegetal – É semitransparente, semelhante ao papel-manteiga, sendo mais espesso; seu peso varia de 50 a 120 g/m^2, sendo o mais usado o de 90 g/m^2. Serve para desenhos a lápis com grafite duro (F, H ou 2H) ou com nanquim. Aceita o hidrocor mas não a aquarela ou o guache. Não deve ser dobrado pois deixa manchas nas cópias e acaba por rasgar-se. É o mais indicado para o desenho de projetos por sua resistência ao tempo e por permitir raspagens e correções. É vendido em rolos de 20 metros com largura de 1,10 m ou 1,57 m e, também, nos formatos recomendados pela ABNT, tendo as margens já impressas.

Papel heliográfico -- É encontrado nas cores azul ou preta, mais raramente na cor marrom. Uma de suas faces é tratada por processo químico que a torna sensível à luz, reagindo em presença do amoníaco. Esta reação se faz em máquinas copiadoras e acaba por revelar (fixar) os traços do original. Somente desenhos feitos em papel-manteiga ou vegetal podem ser copiados por este processo. Existem diversos tipos de 'papel' (base) heliográfico: o legítimo papel, o aluminizado e o poliéster, sendo que o papel tem variações do mais fino ao mais espesso.

6 Escalas numéricas e gráficas

No exercício do Capítulo 3 aparecem uma lâmpada e um tinteiro representados com suas medidas reais, isto é, em sua verdadeira grandeza. Contudo, muitos objetos não podem ser desenhados em suas medidas reais; você já pensou em desenhar um automóvel em seu tamanho verdadeiro? Certamente você teria de colar muitas folhas de papel e... desenharia onde? Sobre o chão? Ou colaria sobre uma parede? E se fosse um destes gigantescos prédios de apartamentos da gloriosa civilização industrial?

A maçaneta de uma porta pode ser desenhada em seu tamanho verdadeiro →

VISTA SUPERIOR ESCALA 1:1 OU ESCALA NATURAL

A maçaneta pode ser desenhada em tamanho reduzido:

ESCALA 1:5

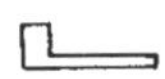

ESCALA 1:10

ESCALA É A RELAÇÃO ENTRE CADA MEDIDA DO DESENHO E A SUA DIMENSÃO REAL NO OBJETO.

Cada 1 cm do desenho representa 5 cm da peça

Para desenhar nesta escala divide-se por 5 a verdadeira grandeza das medidas.

As escalas de redução são escritas com o numerador igual à unidade:

$$\frac{1}{5} = \frac{D}{R}$$

D ← UMA MEDIDA NO **D**ESENHO

R ← A MESMA MEDIDA FEITA NO OBJETO (**R**EAL)

RESUMO:
O que é escala? Para que serve? Tipos de escala: numérica, gráfica, simples e escala de transversais. Exercícios práticos.

As escalas de redução recomendadas pela NBR 6492 (Representação de projetos de arquitetura) são:

1:5 1:50 1:500	1:75	1:10 1:100	1:2 1:20 1:200	1:25 1:250

Além das escalas de redução existem as escalas de AMPLIAÇÃO. As minúsculas peças de um relógio não podem ser desenhadas na escala natural e, muito menos, na escala de redução. Elas terão de ser ampliadas como na figura ao lado.

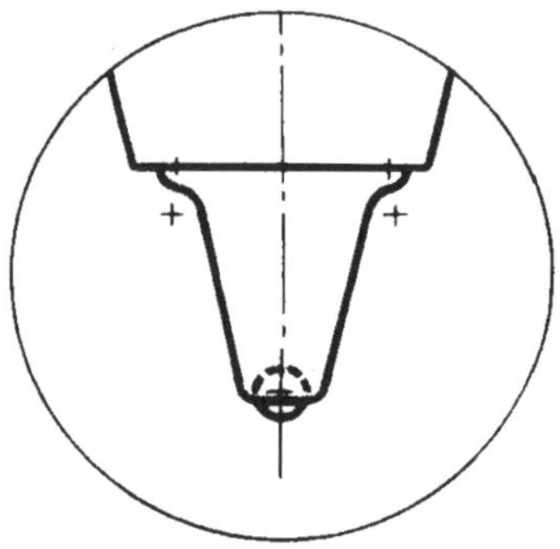

A ponta de uma esferográfica pode ser desenhada na escala de 10 : 1, isto é, uma escala de ampliação.

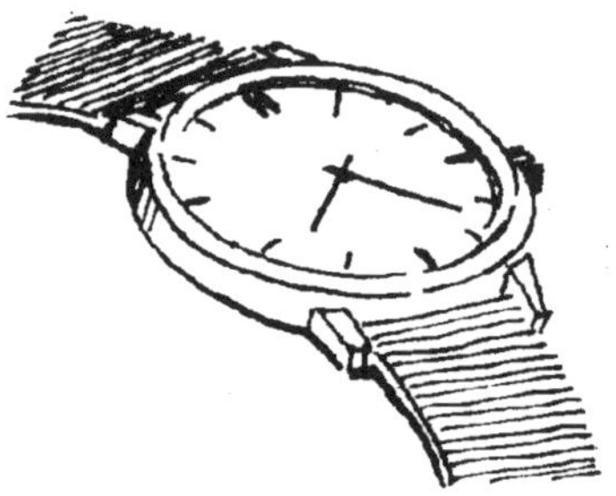

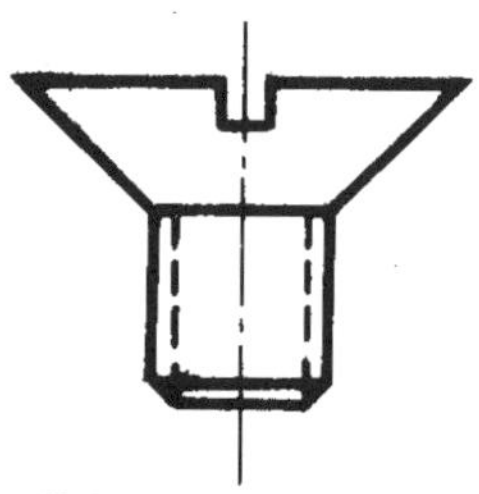

PEÇA DO RELÓGIO DE PULSO

ESCALA 1:1

ESCALA 20:1 REPRESENTAÇÃO SIMPLIFICADA

É claro que, quando se faz a redução ou ampliação fotográfica de um desenho, sua escala fica alterada. Uma casa desenhada na escala de 1:50, reduzida fotograficamente para 75% de seu tamanho, ficará representada na escala de 1:66,6 = 1:50 x 0,75. Deve-se, pois, ter o cuidado de conferir as escalas numéricas indicadas em livros e revistas. Este trabalho é dispensável quando o desenho vem acompanhado de uma **escala gráfica**.

As escalas de ampliação recomendadas são 2:1, 5:1, 10:1, 20:1 e 50:1, de acordo com a NBR 8196 que trata do emprego de escalas em Desenho Técnico. As escalas de redução e de ampliação são chamadas de **numéricas** ou **métricas**.

As escalas devem ser lidas 1 : 50 (um por cincoenta), 1 : 25 (um por vinte e cinco), 10 : 1 (dez por um), etc. Em desenhos antigos podemos encontrar, por exemplo, a escala de 0,05 (que se lê: cinco centésimos). Se fizermos as operações vamos encontrar:

$$0{,}05 = \frac{5}{100} = \frac{1}{20}$$ ou seja, 1:20 na anotação atual

ESCALA GRÁFICA é a representação da escala numérica.

A escala gráfica correspondente a 1:50 é representada por segmentos iguais de 2 cm, pois 1 metro ÷ 50 = = 0,02 m = 2 cm.

O primeiro segmento à esquerda é dividido em 10 partes iguais a fim de permitir a leitura de grandezas que possuam um ÚNICO algarismo decimal.

Imaginemos um desenho que tem ao seu lado a escala gráfica; sendo ambos reduzidos ou ampliados por processo fotográfico, para qualquer tamanho, suas dimensões serão lidas imediatamente, bastando copiar numa tira de papel a escala gráfica e aplicá-la sobre a figura.

A escala gráfica da página anterior é a **escala simples**. Admitindo desenhada a escala simples de 1:20 não teríamos condição de marcar com precisão a medida de 1,75 m, por exemplo, pois esta escala apresenta **uma única decimal** e a medida dada tem duas delas. Nestes casos, podemos recorrer à **escala de transversais**.

Como se constrói a escala de transversais para 1:20? Inicialmente desenhamos a escala simples sendo, neste caso, a divisão principal igual a 5 cm ou 1:20 = 0,05 m = 5 cm. Fazemos traços verticais para baixo de cada uma das divisões principais; sobre eles marcamos um segmento **qualquer** a ser dividido em dez partes iguais por meio de retas horizontais. Transportamos as divisões do primeiro segmento da escala simples para a horizontal do extremo inferior. Desenhamos linhas oblíquas, isto é, **transversais** ligando cada divisão da horizontal superior com a divisão **anterior** na horizontal inferior. Está concluída a escala de transversais.

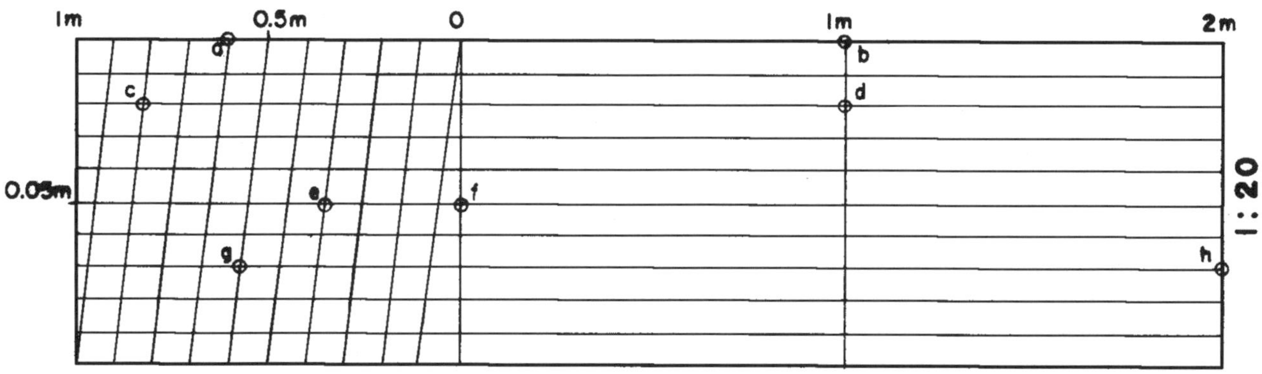

A leitura da escala se faz baseada em:

- Divisões que representam a unidade de medida (número inteiro).
- Divisões do primeiro segmento da escala simples que correspondem a décimos (1:10) do inteiro.
- Horizontais que correspondem a centésimos (1:100) do inteiro.

Assim temos:

1) O segmento ab representa 1,60 m.
2) O segmento cd corresponde a 1,82 m, sendo o algarismo 1 lido na divisão principal, o 8 na divisão decimal superior e o 2 na segunda horizontal (c) que corresponde a 2 centésimos.
3) O segmento ef mede 0,35 m.
4) O segmento gh mede 2,75 m.

RESUMO

- Escalas
  - Numéricas
    - De redução
    - De ampliação
  - Gráficas
    - Simples
    - Transversais

Cada folha de desenho ou prancha deve ter indicada em seu título as escalas utilizadas nos desenhos, ficando em destaque a escala principal. Além disto, cada desenho terá sua respectiva escala indicada junto dele.

1) Uma rua está desenhada com 12 milímetros de largura e mede 24 metros. Qual é a escala do desenho?
2) Num projeto desenhado em escala de 1:50 a altura de um prédio mede 18 cm. Qual é a verdadeira grandeza desta altura?
3) Uma sala mede 6,20 x 3,80 m. Num desenho feito na escala de 1:50 quais serão as medidas da sala (em centímetros)?
4) Um objeto foi desenhado no formato A2 e em escala de 1:25. O desenho é, em seguida, reduzido fotograficamente para o formato A4. Qual é a escala de redução destes formatos? Qual a nova escala do desenho? Qual é o comprimento em centímetros, na redução, de uma aresta do objeto que mede 4,20 m em sua verdadeira grandeza?
5) Construir a escala de transversais para o título de 1:25 e nela indicar os comprimentos gráficos correspondentes a 2,93 m, 1,32 m e 0,45 m.
6) Construir a escala gráfica de 1:20.000 e indicar os comprimentos de 1.870 m, 2.180 m e 1.710 m.
7) Representar na escala de 1:10 os formatos de A1 até A4. Ver figura e dimensões no Capítulo 4.

5.

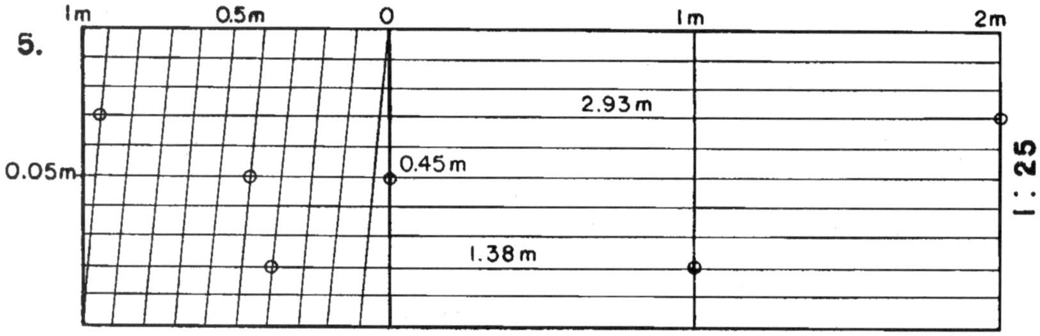

6.

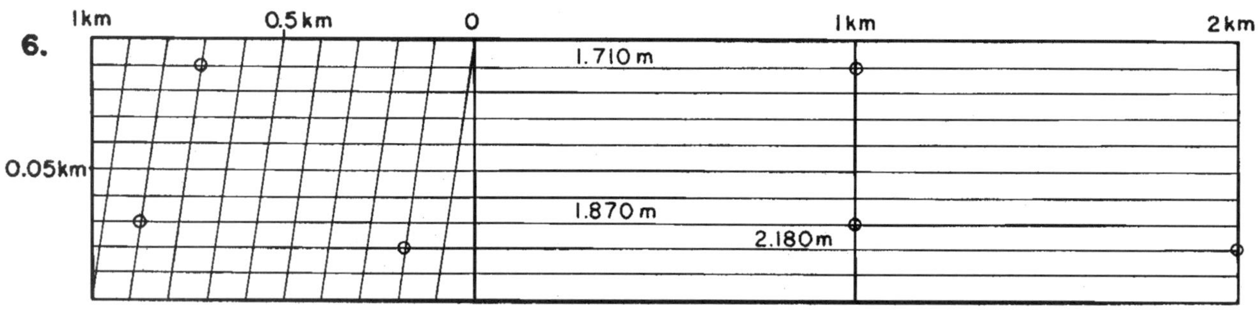

7.

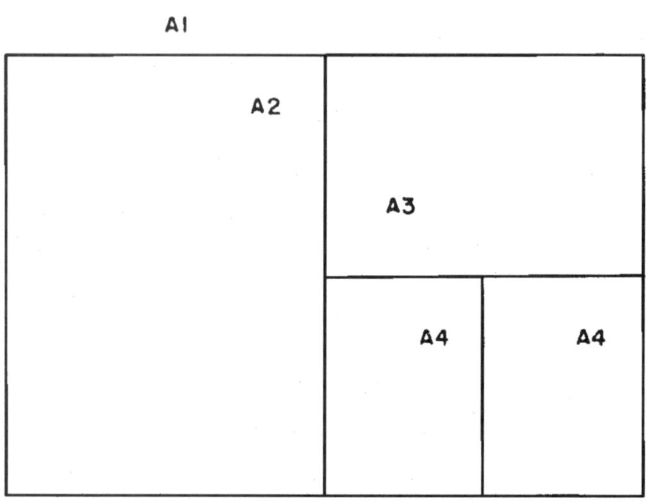

Respostas

1) Medida no desenho: D = 12 mm
Medida real: R = 24 m = 24.000 mm
Portanto: $\frac{D}{R} = \frac{12}{24.000} = \frac{1}{2.000}$
Resposta: escala de 1:2.000.
2) 9 m.
3) Sala de 12,4 x 7,6 cm.
4) Redução de 1:2 nas medidas (formatos), portanto 1:4 nas áreas; escala de 1:50; comprimento 8,4 cm.

Respostas 5, 6 e 7: ver desenhos.

7 Letras e algarismos Caligrafia técnica

LETRAS E ALGARISMOS PODEM SER DO TIPO **FANTASIA** USADAS EM PUBLICIDADE, EMBALAGENS, LOGOTIPOS, ETC.

ou do tipoTÉCNICO, também chamado tipo bastão, utilizado tradicionalmente no Desenho Técnico.

abcdefghijklmnopqrstuvwxyz 1234567

ABCDEFGHIJKLMNOPQRSTUVWXYZ89

As letras complementam as figuras e, por isto, serão feitas depois de concluído o desenho.

RESUMO

Desenho Técnico também exige boa apresentação e não dispensa a companhia de letras e de algarismos. Normógrafo e caligrafia técnica feita sem instrumentos. Tipos de caligrafia.

Para o desenho de letras regulares, todas iguais, use o

Normógrafo ...

... TIPO "ARANHA" COM RÉGUAS DE LETRAS GRAVADAS

É O TIPO MAIS CARO E O DE MELHORES RESULTADOS

A norma para Representação de Projetos de Arquitetura ou NBR 6492 recomenda que a dimensão das entrelinhas (espaçamento) e a altura das letras seja igual ou superior a 2 milímetros. Isto corresponde à régua de normógrafo nº 80 CL ou 80 C.

2)

Régua do normógrafo	Altura da Letra em milímetros	Pena (em milímetros)
60 CL	1 5	0,2 ← Usada apenas em expoente: m^2 1.80^5 30^7
80 CL	2 0	0,2
100 CL	2 5	0,3
145 CL	3 0	0,4
175 CL	4 5	0,8

O símbolo CL corresponde à régua com letras maiúsculas e minúsculas, além de algarismos. As réguas do tipo C contêm apenas maiúsculas e algarismos. As letras vêm do inglês *Capital* (maiúsculo) e *Little* (minúsculo).

Pode parecer estranho, contudo, as normas brasileiras de Desenho Arquitetônico não são compatíveis com as de Desenho Técnico, em alguns pontos. Além disto, a NBR 8402 (Caracteres para escrita em Desenho Técnico) apresenta duas formas A e B de caligrafia, mostradas adiante, que não se encontram ainda nos normógrafos comercializados.

Voltemos às normas para projetos de arquitetura ou NBR 6492. Para o desenho **MANUAL** de letras e de algarismos...

1) a caligrafia inclinada **não é recomendada**;
2) a altura mínima é de 3 milímetros;
3) o espaçamento entre linhas deve ser igual ou superior a 3 mm;
4) a norma apresenta como exemplo uma caligrafia **personalizada** que não reproduzimos neste livro.

abcdefghijklmnopqrstuvwxyz01234567

ABCDEFGHIJKLMNOPQRSTUVWXYZ 89

ABCDEFGHIJKLMNOPQRSTUVWXYZ

abcdefghijklmnopqrstuvwxyz01

23456789

Fora de normas, no **DESENHO DE LETRAS...**

Espessura do traço } 1/7 da altura

Espaçamento entre...
... letras 1/7 a 2/7 h
palavras linhas } 4/7 h

...,se feito a mão livre, dá-se preferência ao TIPO inclinado, onde pequenos desvios serão menos visíveis.

No tipo vertical, logo se percebem as falhas.

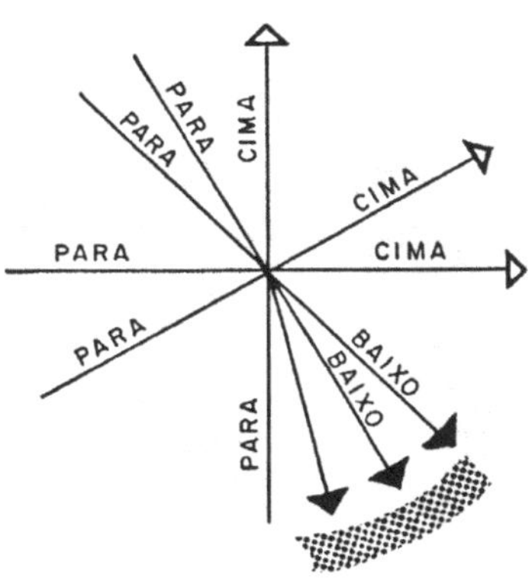

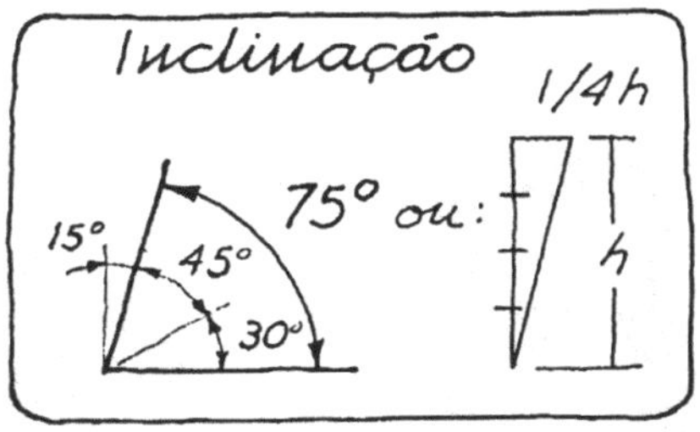

...evitar as muito GRANDES, que possam "aparecer" mais do que o próprio desenho.

Na página seguinte tem ✚

Para o desenho de letras de grande tamanho devem-se traçar quadrículas, como nos exemplos abaixo feitos com a caligrafia da NBR 6492, que mantém o tipo da antiga NB-8R.

Quando o desenho é feito a lápis pode-se usar espessura mais fina do que a recomendada para as letras. O normógrafo dá excelente acabamento e uniformidade às letras e algarismos mas, em geral, toma mais tempo. O principiante deve observar que o bom desenhista faz deslizar a 'aranha' (lembra uma valsa!) sem forçar, sem empurrar o instrumento.

Um dos melhores exercícios para o desenhista habituar-se a traçar letras e algarismos com rapidez e regularidade é decalcar em papel-manteiga um texto escrito em máquina de escrever.

Somente depois de conhecer bem o traçado das letras normalizadas é que o desenhista de arquitetura deve partir para **criar** sua 'caligrafia' própria com letras de imprensa, isto é, se não adotar a caligrafia técnica.

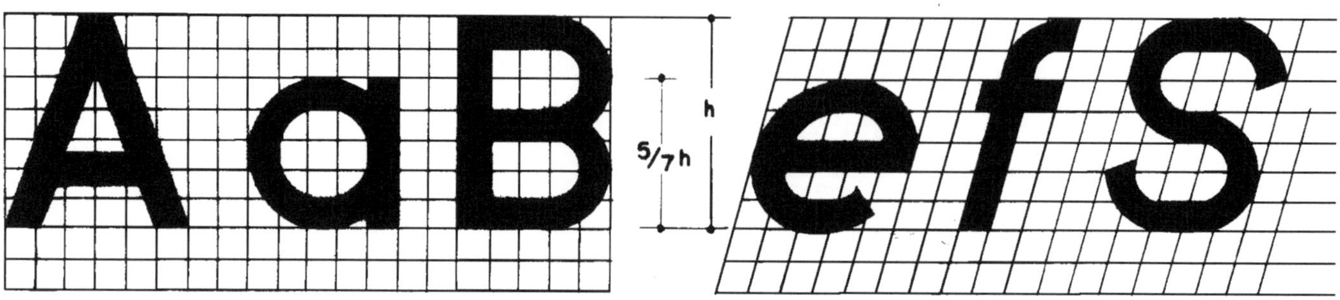

8 Dimensionamento

Colocação de cotas no desenho

cotas são os números que correspondem às medidas.

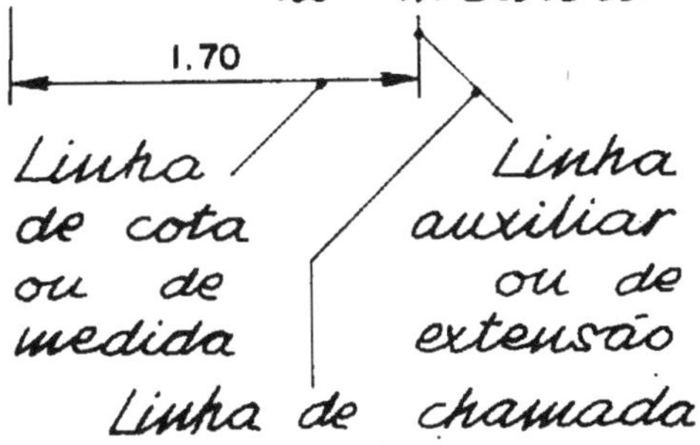

A unidade usada é o **METRO** ou o milímetro, que é menos utilizado. O centímetro fica reservado para as medidas inferiores a UM METRO (1 m). Nos três casos, a cota será escrita **sem o símbolo** da unidade de medida (m, mm ou cm). Quando se utiliza o METRO, os algarismos de milímetros são indicados sob forma de **expoente**, como no exemplo da página 37.

Os desenhos de Arquitetura, como os demais desenhos técnicos, devem trazer corretamente indicadas todas as suas medidas. Qualquer medida errada ou mal indicada costuma dar prejuízos e aborrecimentos.

Como escrever as cotas:

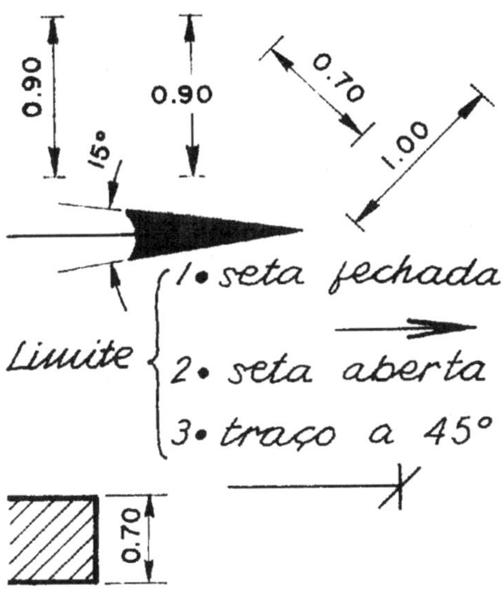

No desenho ao lado aparecem as indicações corretas de cotas em diversos exemplos. As cotas devem ser escritas acompanhando a direção das linhas de cota. Qualquer que seja a escala do desenho, as cotas representam a verdadeira grandeza das dimensões. É importante evitar o cruzamento de linhas de cota. Os algarismos das cotas são colocados ACIMA da linha de cotas, quando a linha é contínua; se a linha é interrompida, a cota ocupa o intervalo desta interrupção.

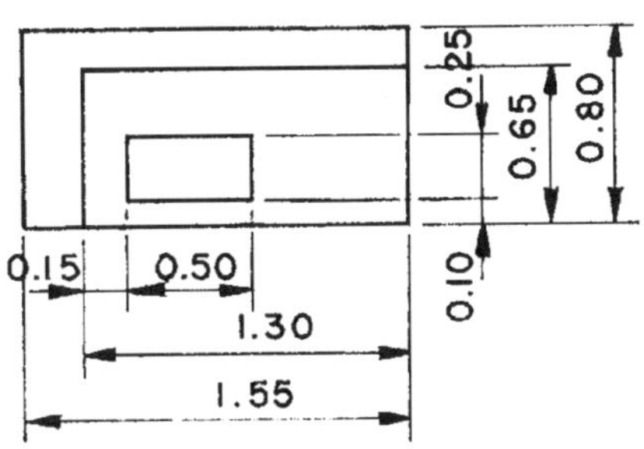

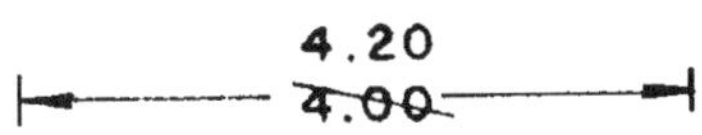

Para corrigir ou modificar uma cota: cruzar a medida anterior por um traço oblíquo e escrever a nova cota.

RESUMO:
Como e onde colocar as medidas do objeto desenhado. Regras e exemplos. Os erros mais comuns. Um teste para sua capacidade de observação.

Existem outras regras igualmente importantes:

1 - As cotas de um desenho ou projeto devem ser expressas em uma única unidade.

2 - Uma cota não deve ser cruzada por uma linha do desenho.

3 - As linhas de cota são desenhadas paralelas à direção da medida.

4 - A altura dos algarismos é uniforme dentro do mesmo desenho. Em geral usa-se a altura de 2,5 a 3 mm.

5 - No caso de divergência entre cotas da mesma medida em desenhos diferentes prevalece a cota do desenho feito em escala maior. Por exemplo: se há divergência de cotas numa medida indicada nas escalas de 1:10 e 1:200, será considerada válida a cota escrita no desenho feito na escala de 1:10.

Não se deve interromper uma linha de cota e sim, a própria peça:

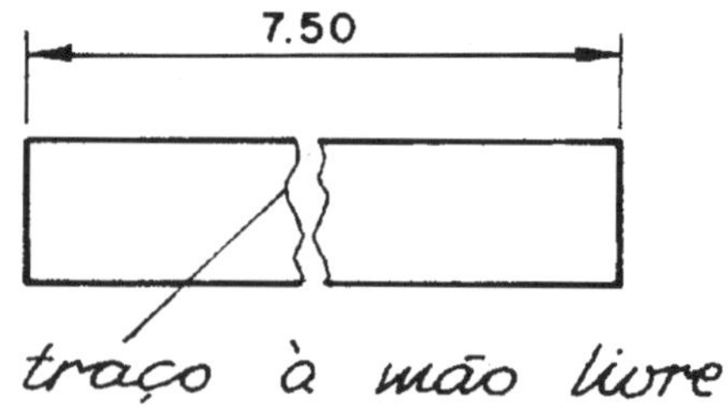

Outra opção

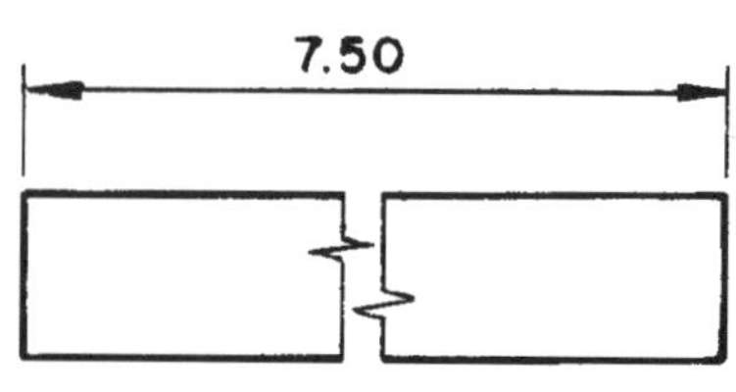

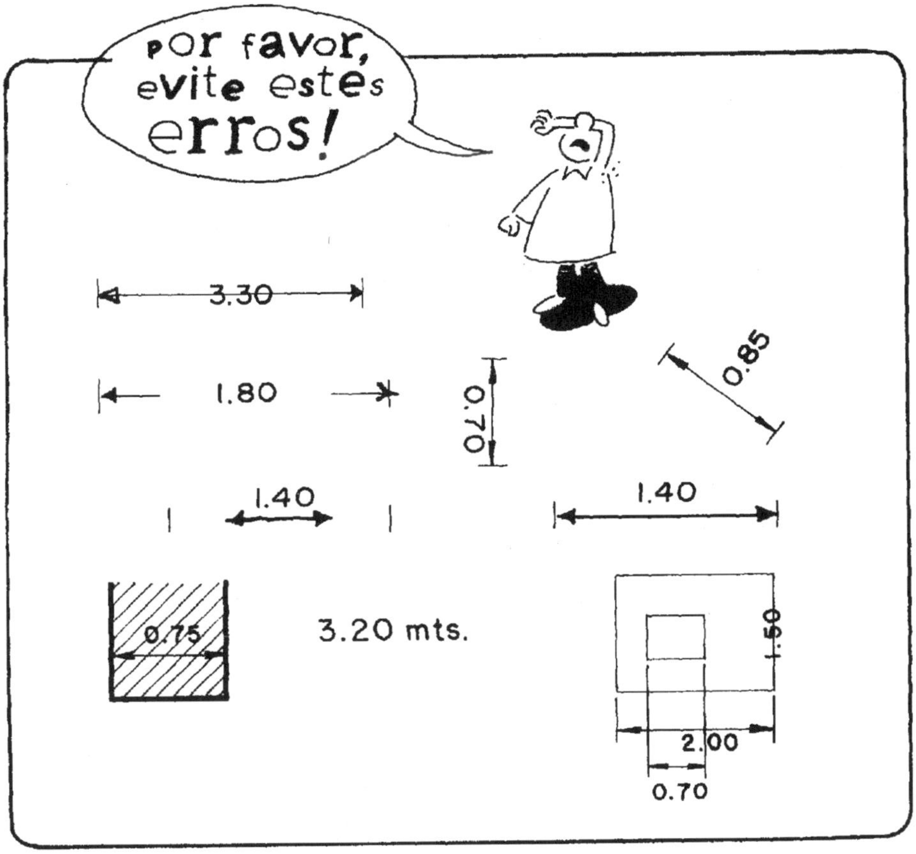

EXERCÍCIO

Teste sua capacidade de observação observando os erros cometidos na figura acima.

Respostas lidas da esquerda para a direita e de cima para baixo:

1) A medida 3.30 está cruzada por linha de cota. 2) Os algarismos de l.80 estão muito afastados da linha de cota. A seta da esquerda é diferente da da direita. 3) A cota 0.70 deveria ser escrita de baixo para cima e à esquerda da linha de modo a ser lida pelo lado direito desta página. 4) A cota 0.85 deveria ser escrita paralelamente à linha de cota ou com interrupção dela. 5) A linha de cota correspondente a 1,40 está desenhada com traço grosso; as setas deveriam ter suas extremidades sobre as linhas auxiliares. 6) A segunda cota de 1.40 deveria ter sua linha de cota em traço fino. 7) A cota 0.75 deveria ser escrita fora da figura. Quando se torna necessário escrever uma cota dentro de uma área hachurada (com traços paralelos) deve-se interromper o hachurado ao redor de letras e algarismos. 8) A abreviatura de metro é m, letra minúscula sem ponto final, sem ***t*** e sem ***s***! É a ***lei*** metrológica brasileira. 9) No último desenho, a cota 1.50 está cruzada por uma linha da figura. As linhas auxiliares da cota 0.70 cruzam a cota de 2.00. E as medidas 2.00 e 0.70 estão colocadas abaixo da linha de cota, quando deveriam estar acima desta linha.

9 Sistemas de representação

AS PROJEÇÕES ORTOGONAIS DA GEOMETRIA DESCRITIVA SÃO USADAS NO DESENHO ARQUITETÔNICO APENAS MUDANDO OS TERMOS TÉCNICOS.

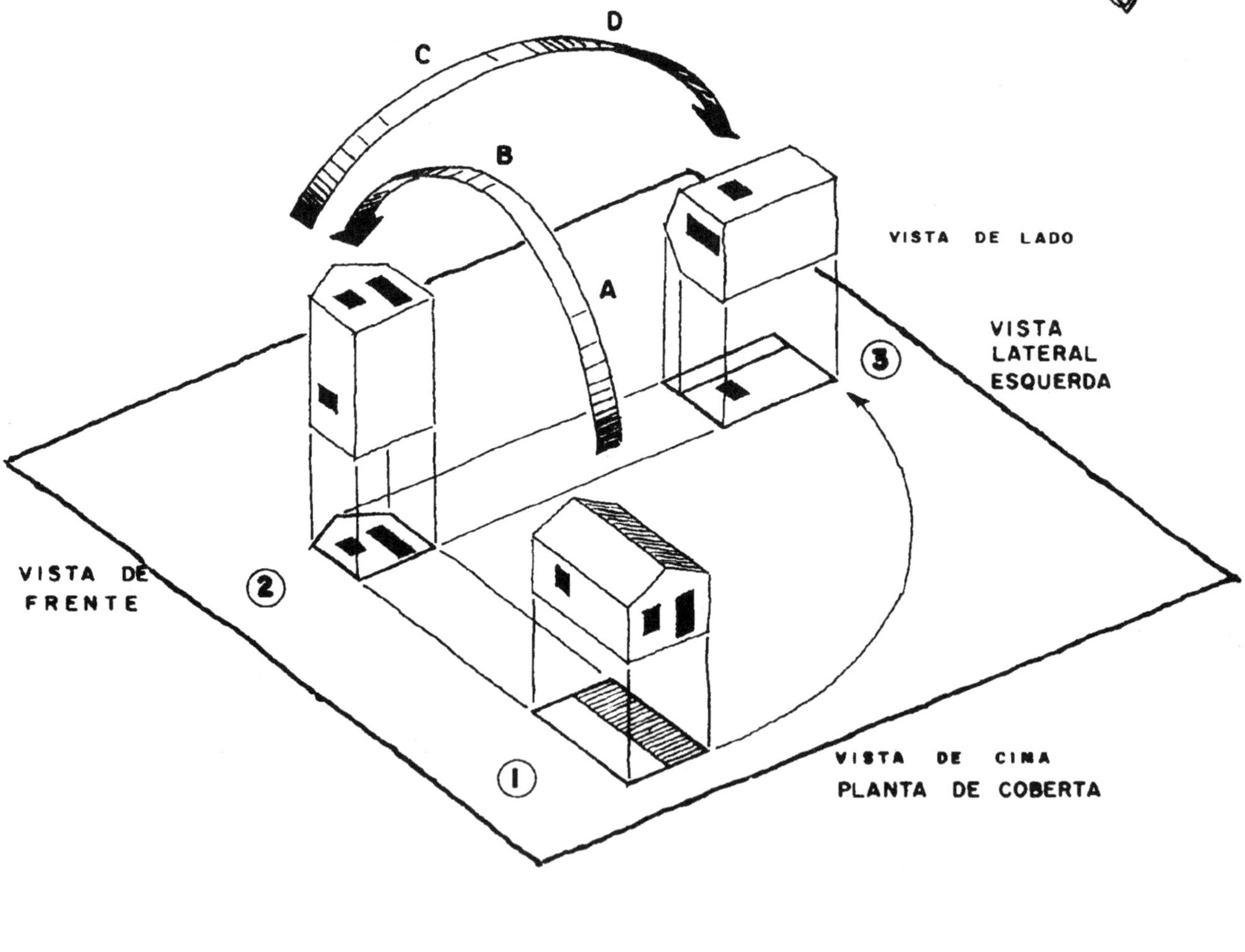

RESUMO:
A representação convencional da Geometria Descritiva é apresentada de modo abreviado, sendo definidos alguns dos termos técnicos mais utilizados. No final encontram-se exercícios para avaliar os conhecimentos introduzidos.

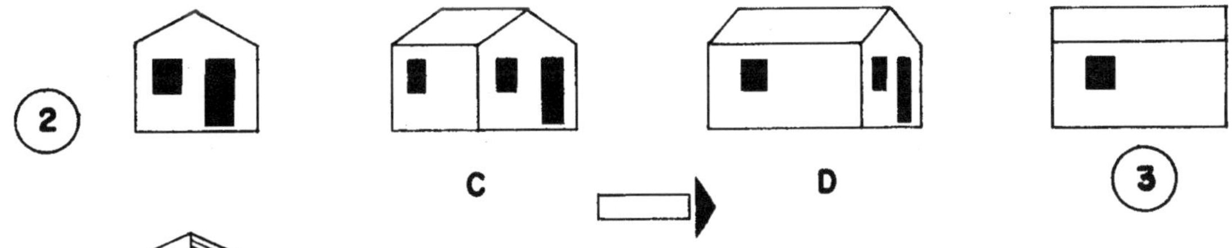

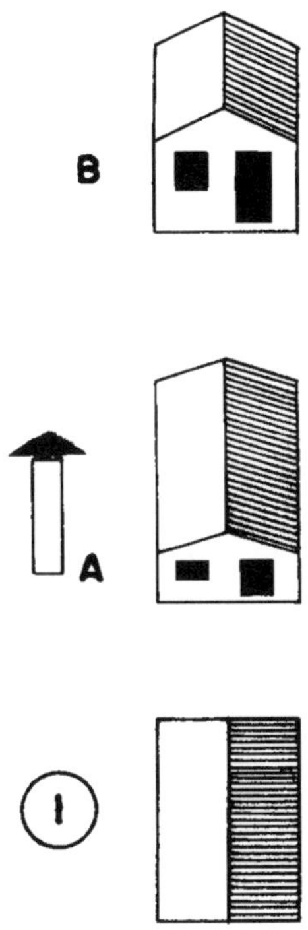

Nestas figuras, tal como na página anterior, tudo se passa como se a casa fosse movimentada da posição 1 para a 2, passando pelas posições A e B, desenhadas ao lado. Em seguida, a casa passa da posição 2 para C, depois D e, finalmente, 3.

A figura da página anterior está representada aqui em projeções ortogonais. Em Geometria Descritiva a posição 1 seria a projeção horizontal e o número 2 a projeção vertical. A linha de terra não está desenhada por ser dispensável. O número 3 corresponde à projeção sobre o plano de perfil. Os desenhos 1, 2 e 3 são exatamente os mesmos em Geometria Descritiva e em Desenho Arquitetônico; apenas os nomes ou termos técnicos é que são diferentes.

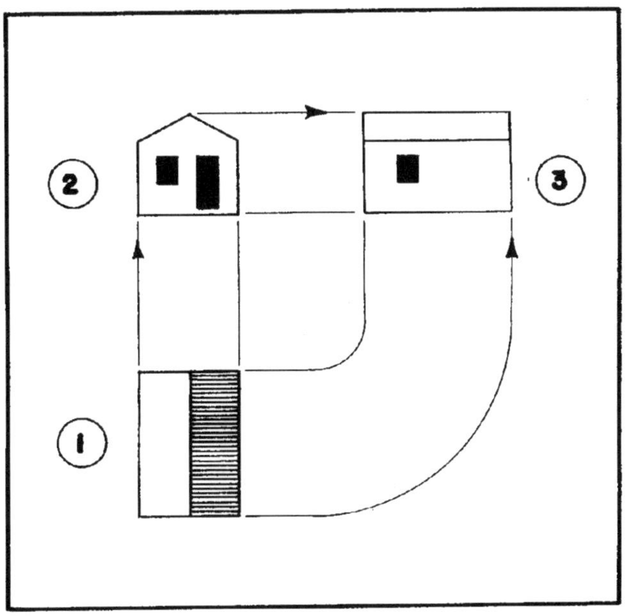

Um objeto poderá ficar claramente representado por uma só vista ou projeção. Este foi o caso da lâmpada incandescente apresentada como exercício no final do Capítulo 3. Muitos objetos somente ficam bem representados, isto é, entendidos por meio de três projeções ou vistas. Haverá casas ou objetos que somente são corretamente definidos mediante o uso de maior quantidade de vistas. Os desenhos que se seguem mostram quais seriam as demais vistas.

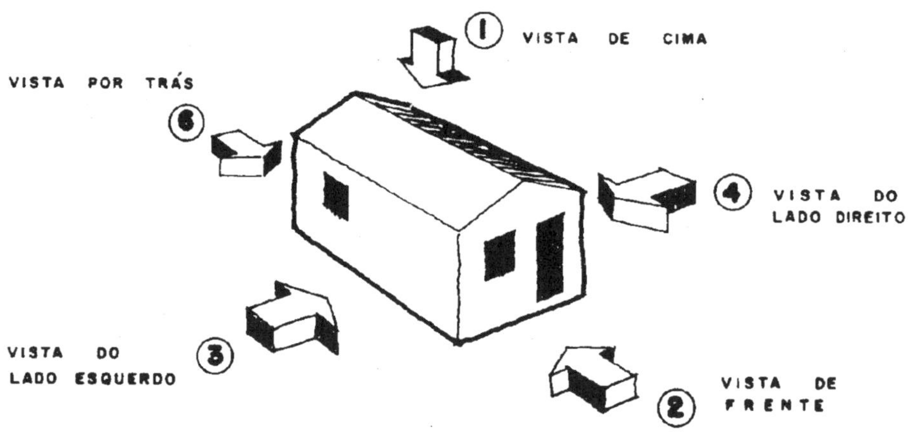

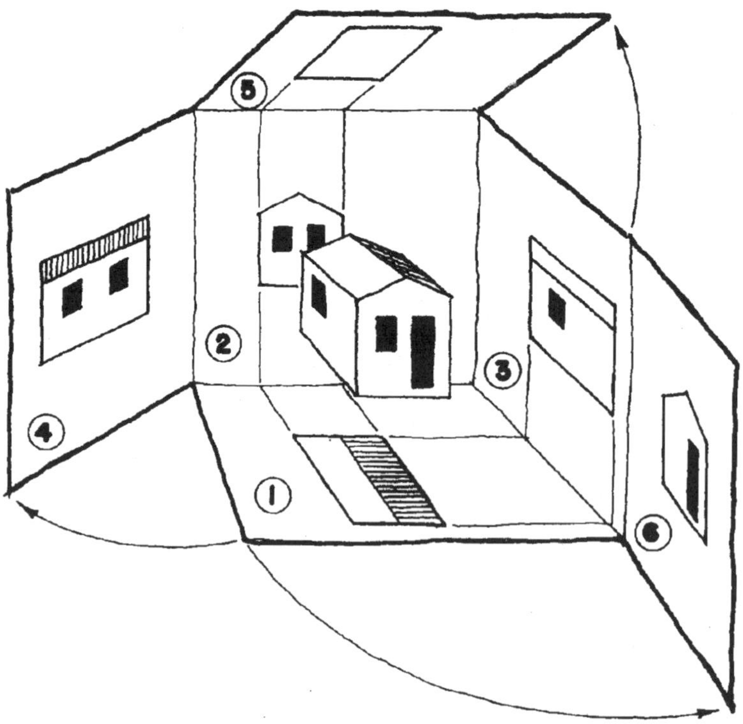

As Normas Brasileiras NBR 10067 estabelecem a **convenção**, usada também pelas normas italianas, alemãs, russas e outras, em que se considera o objeto a representar envolvido por um cubo, como na figura acima. O objeto é projetado sobre cada uma das seis faces do cubo e, em seguida, o cubo é aberto ou *planificado*, obtendo-se as seis vistas. A seqüência e colocação destas vistas é mostrada na página seguinte.

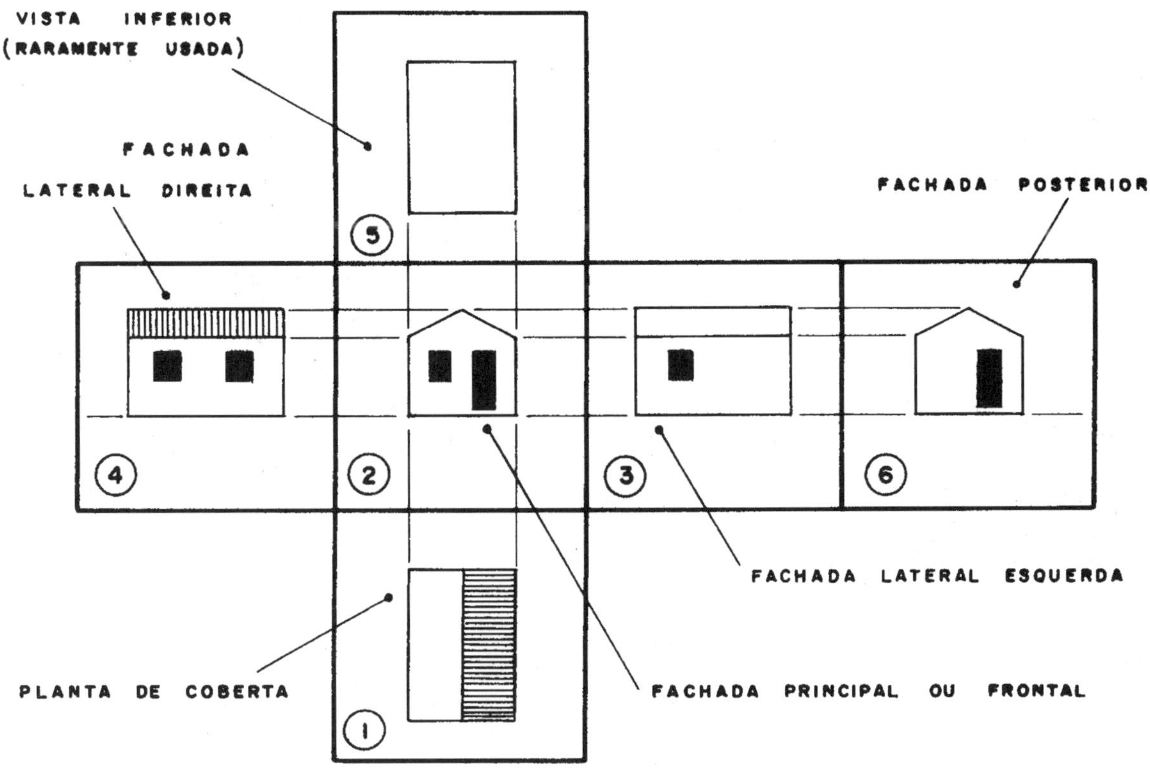

A prática mostra que esta **ordenação** e **colocação** das vistas — embora *importante* como racionalização — não pode ter maior rigor no Desenho Arquitetônico, pois os desenhos costumam ser feitos em folhas separadas. Exatamente por este motivo, podemos simplificar ou abreviar aquela convenção: na figura abaixo o observador, estando fora da casa, vê a frente desta casa (posição ou seta nº 2). Quando o observador caminha para o *seu lado esquerdo* passa a ver a casa no sentido da seta nº 3. Continuando a andar em volta da casa, ou do objeto, terá a vista por trás (nº 6) ou vista posterior. Ao prosseguir seu caminho, chegará ao lado direito da casa (nº 4) e daí retorna ao ponto de partida. Em resumo: as vistas ou fachadas laterais direita e esquerda referem-se à *direita e esquerda do observador.*

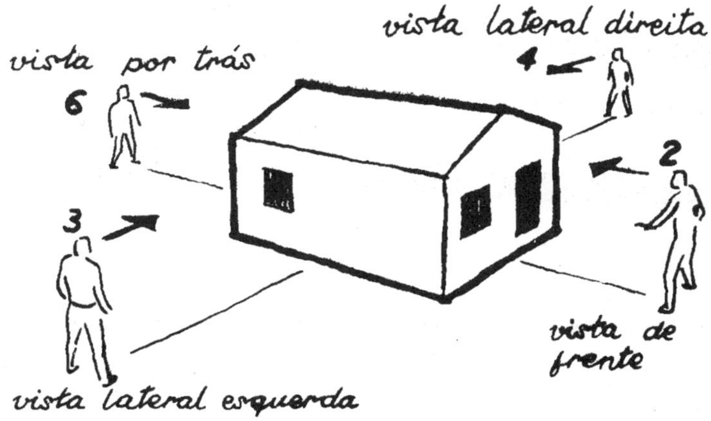

EXERCÍCIOS

Apresentamos nesta página dois projetos, sendo cada um deles representado por duas perspectivas. O leitor deverá desenhar cada projeto na escala de 1:100, apresentando planta de coberta, fachada principal, duas fachadas laterais e a fachada posterior.

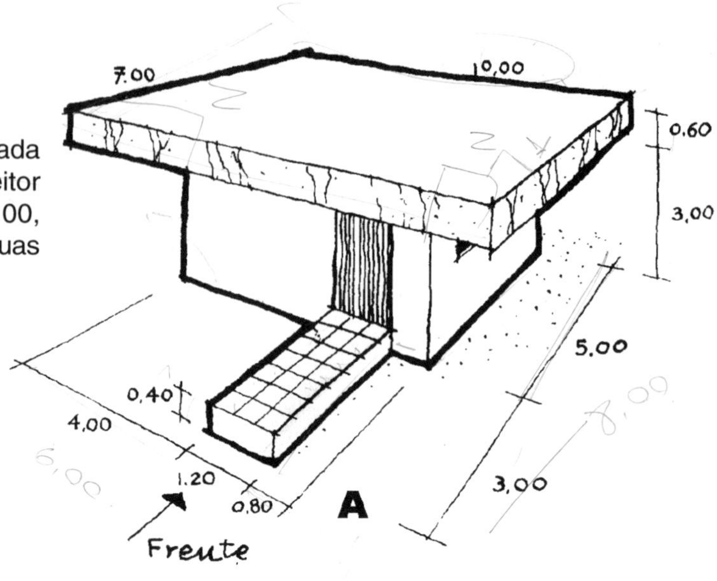

A

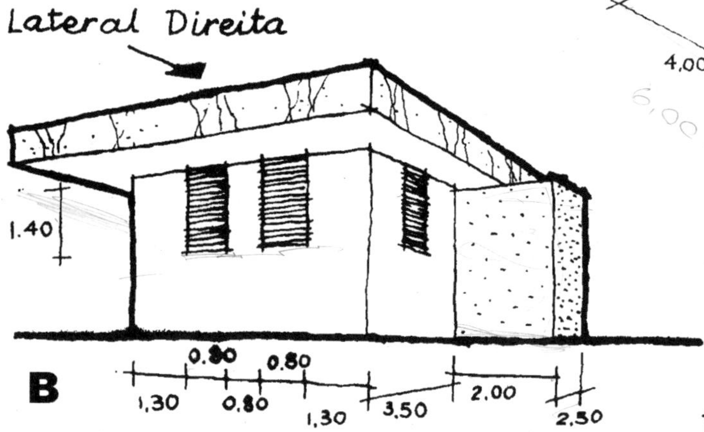

B

Usar papel no formato A3 ou de 35 x 25 cm. Sugerimos fazer, antes de desenhar com instrumento, um esboço à mão livre e em escala de todas as plantas e fachadas com a indicação das medidas.
Embora quase todas as medidas estejam indicadas nas perspectivas, devem-se tolerar eventuais divergências de detalhes entre os desenhos do leitor e as respostas apresentadas na página seguinte.

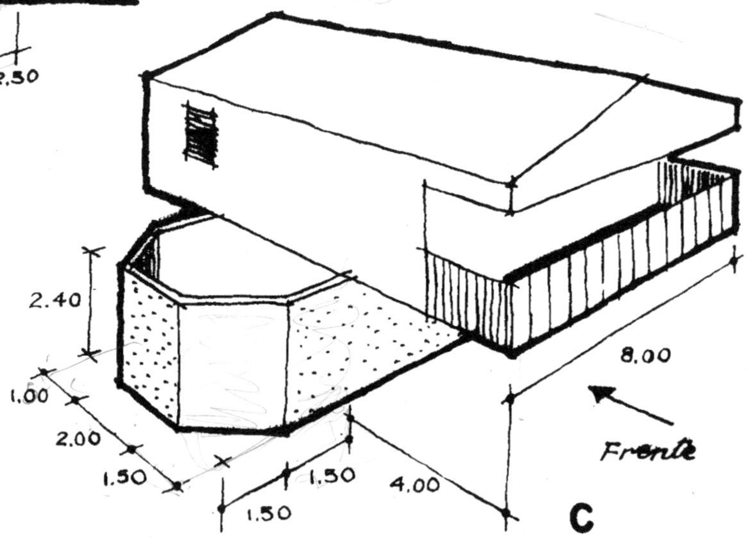

C

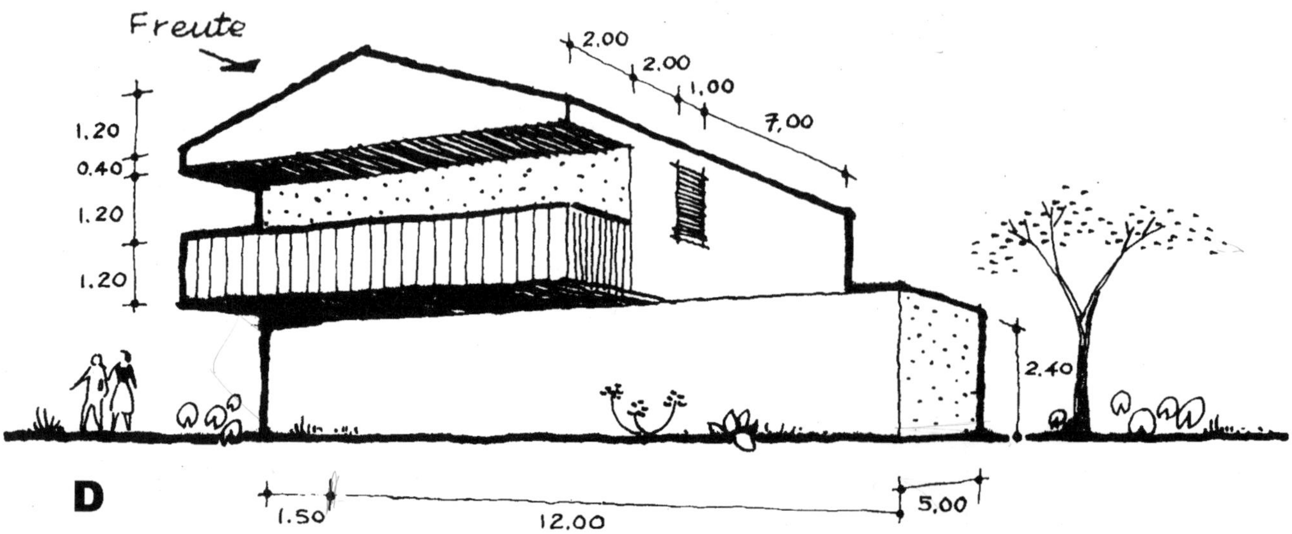

D

RESPOSTAS DA PÁGINA ANTERIOR

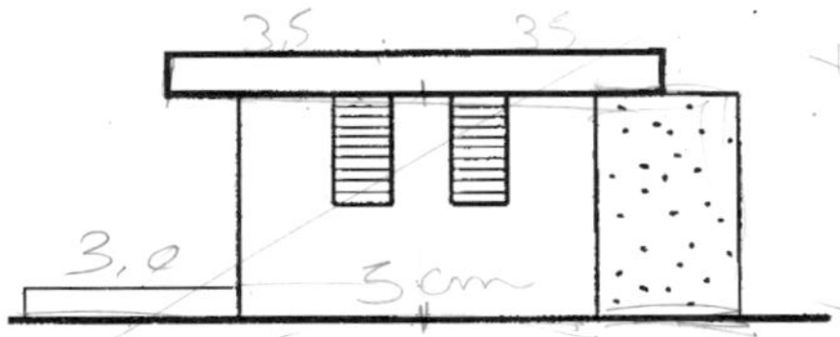

FACHADA LATERAL DIREITA

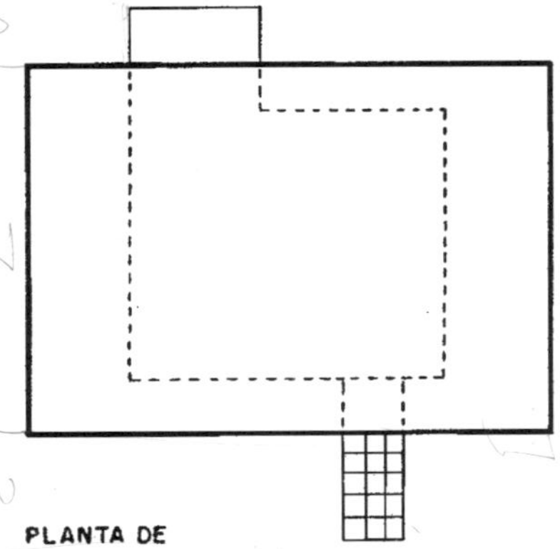

PLANTA DE COBERTA ESC. 1:200

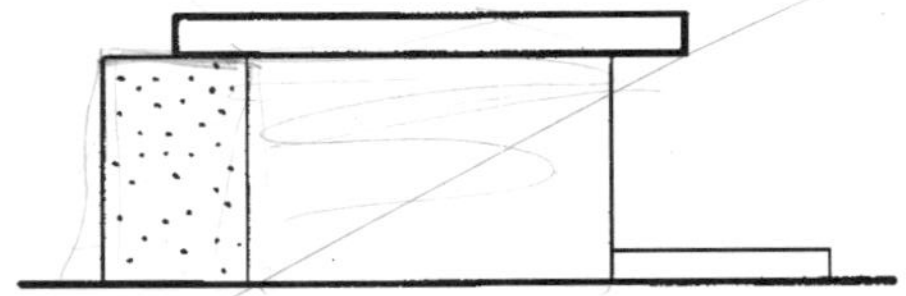

FACHADA LATERAL ESQUERDA

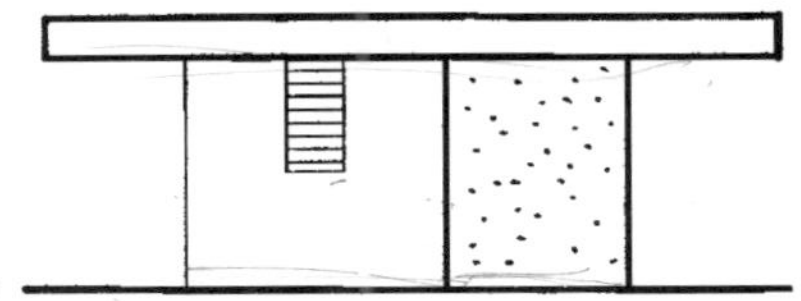

FACHADA POSTERIOR

Este exercício é realmente DIFÍCIL! Não desanime se seu desenho não coincide com as respostas. Faça um novo desenho corrigindo as divergências.

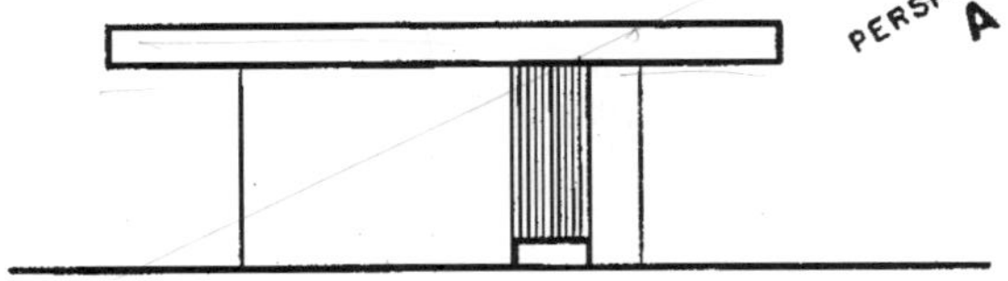

FACHADA PRINCIPAL

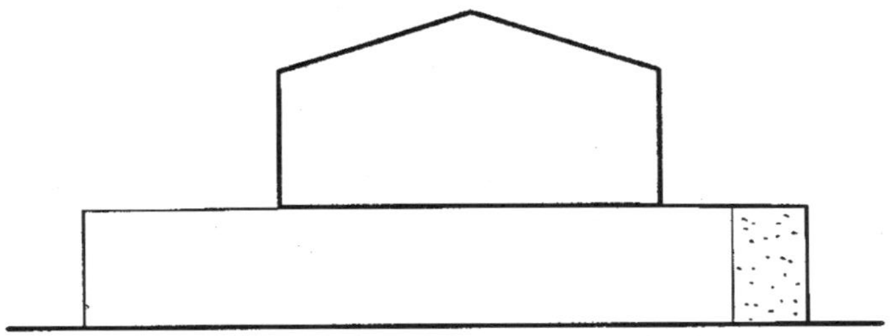

FACHADA POSTERIOR

Atenção:

As plantas e as fachadas desta página foram feitas de acordo com as CONVENÇÕES do Desenho Arquitetônico, assunto das próximas páginas. Portanto, os desenhos do leitor poderão ser feitos, nesta etapa, com uma única espessura de traço.

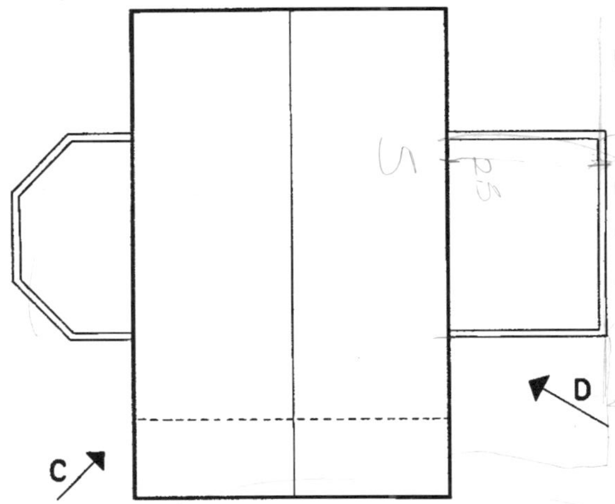

PLANTA DE COBERTA • ESCALA 1:200

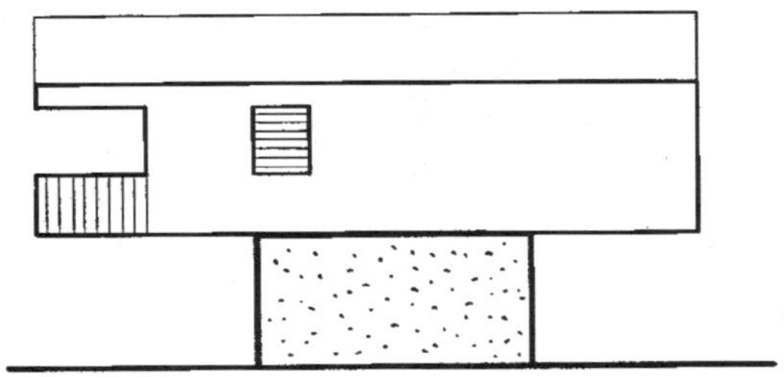

FACHADA LATERAL DIREITA

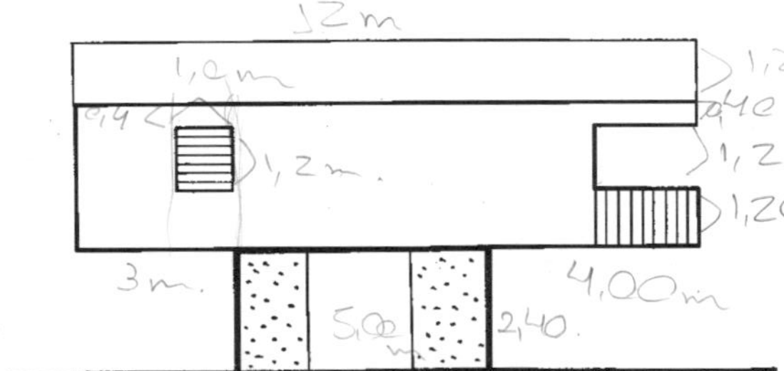

FACHADA LATERAL ESQUERDA

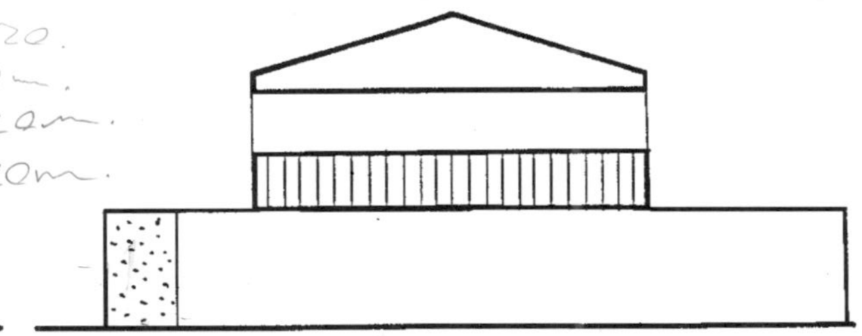

FACHADA PRINCIPAL

10 Representação de um projeto

A **planta de coberta** ou vista superior (nº 1 nos desenhos do capítulo anterior) é um dos tipos de planta ou projeção sobre o plano horizontal. Os mais usados, que serão estudados em seguida, são:

planta de coberta,
planta de locação,
planta baixa e
planta de situação.

RESUMO:
O Desenho Arquitetônico tem peculiaridades de representação, de terminologia e de procedimentos que são apresentadas aqui: planta de coberta e de locação, planta baixa, planta de situação, cortes, convenção de traços, corte e seção, corte “quebrado” e fachada em desenvolvimento.

A planta de coberta, em geral, é desenhada na escala de 1:100 ou de 1:200. Quando há necessidade de maiores detalhes, usamos a escala de 1:50.

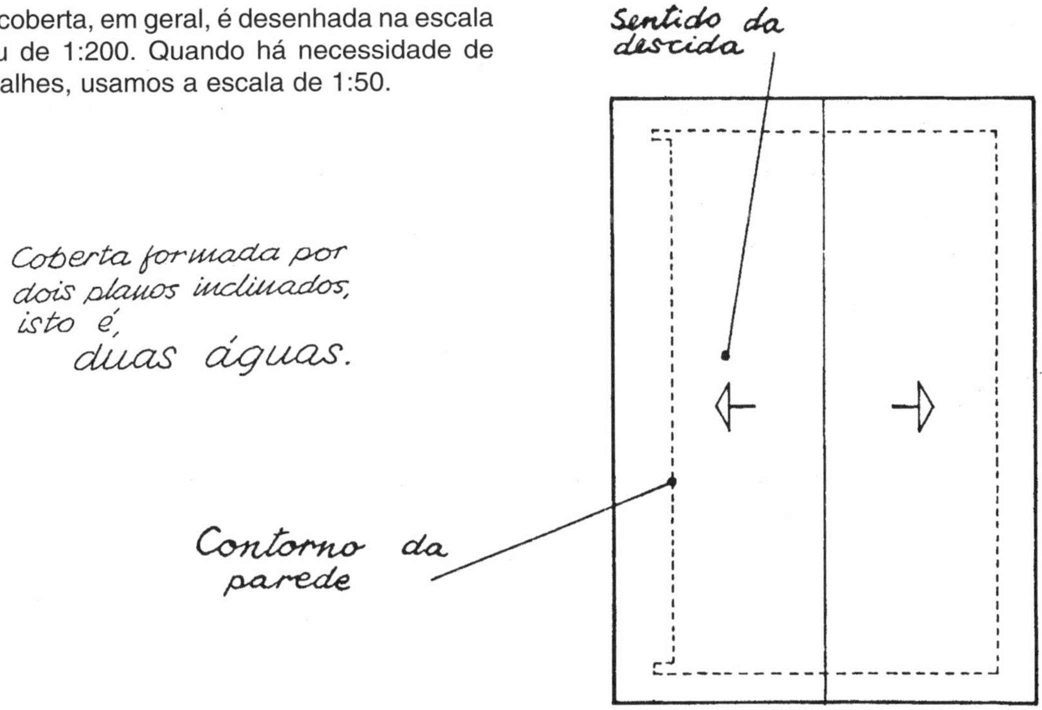

PLANTA DE COBERTA • ESC.1:100

Na página anterior, nesta e na seguinte, como se trata de uma vista superior, o observador vê em primeiro lugar a coberta. Nestas figuras — referentes ao mesmo projeto — a cobertura avança além das paredes, de modo que o contorno destas não será visto do alto. Nesta condição, isto é, quando o contorno da parede é oculto pela coberta, ele é desenhado com traços interrompidos, curtos e finos.

A PLANTA DE LOCAÇÃO

indica a posição da construção dentro do terreno.

Pode-se fazer um desenho único com a LOCAÇÃO e a COBERTA

A planta de locação ou, simplesmente, a locação não se limita à casa ou construção. Ela deve mostrar os muros, os portões, árvores existentes ou a plantar, um ponto de referência que desperte interesse, a calçada ou passeio e — se necessário — as construções vizinhas. O capítulo 12 acrescenta outras informações.

A planta de locação serve, comumente, como ponto de partida para a marcação ou locação da construção no terreno. As recomendações que fizemos sobre as escalas das plantas de coberta são aplicáveis às plantas de locação.

Observe no desenho ao lado que os afastamentos da construção são medidos do eixo do muro até a parede. Não seria correto indicar o afastamento entre o muro e a extremidade do telhado ou coberta, pois as paredes serão construídas **antes** da coberta.

Além desta seqüência da construção, pode-se admitir pequena variação na colocação das telhas, sem maiores conseqüências, o que não ocorre com a posição das paredes.

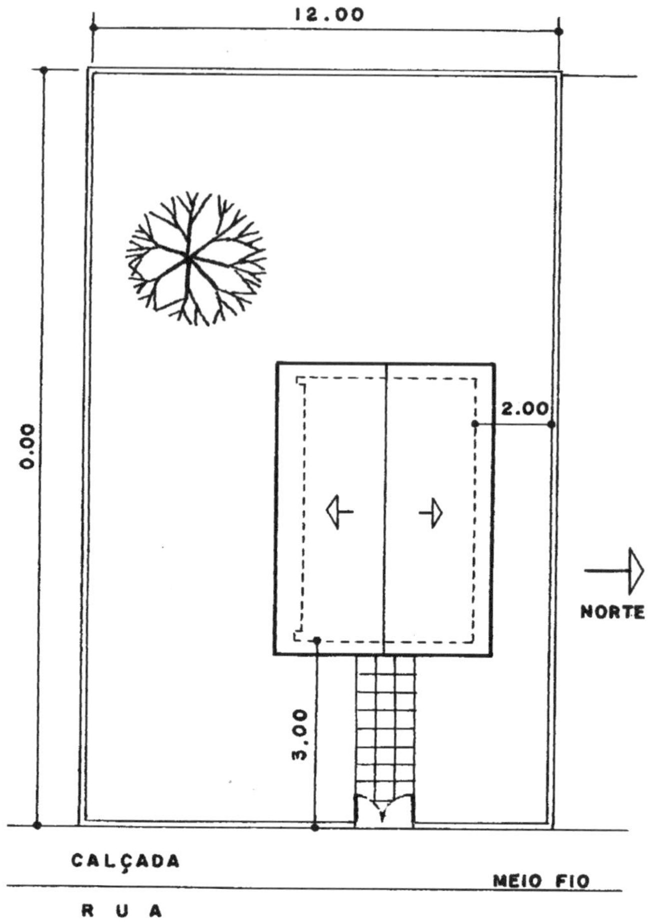

PLANTA DE LOCAÇÃO E DE COBERTA
ESCALA 1:200

PLANTA BAIXA

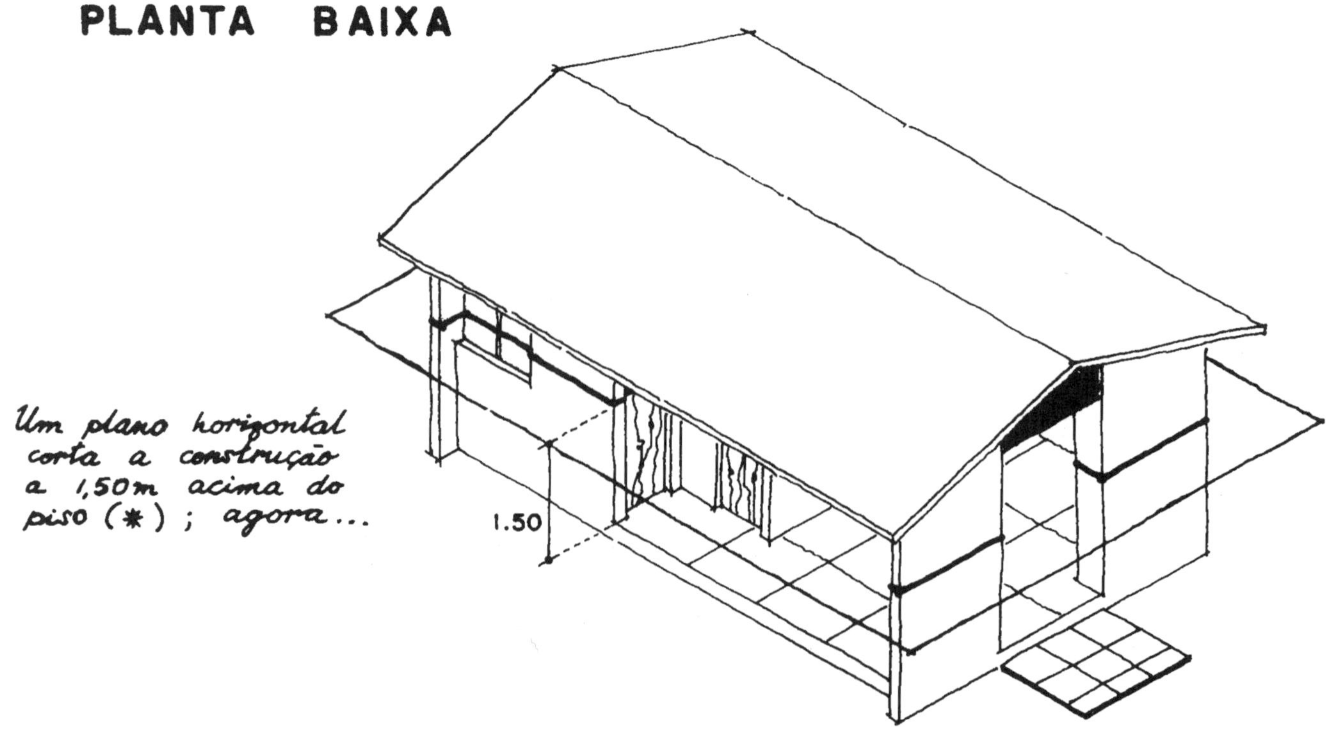

... admitimos retirada a parte acima do plano de corte e...

... olhamos de cima para baixo.

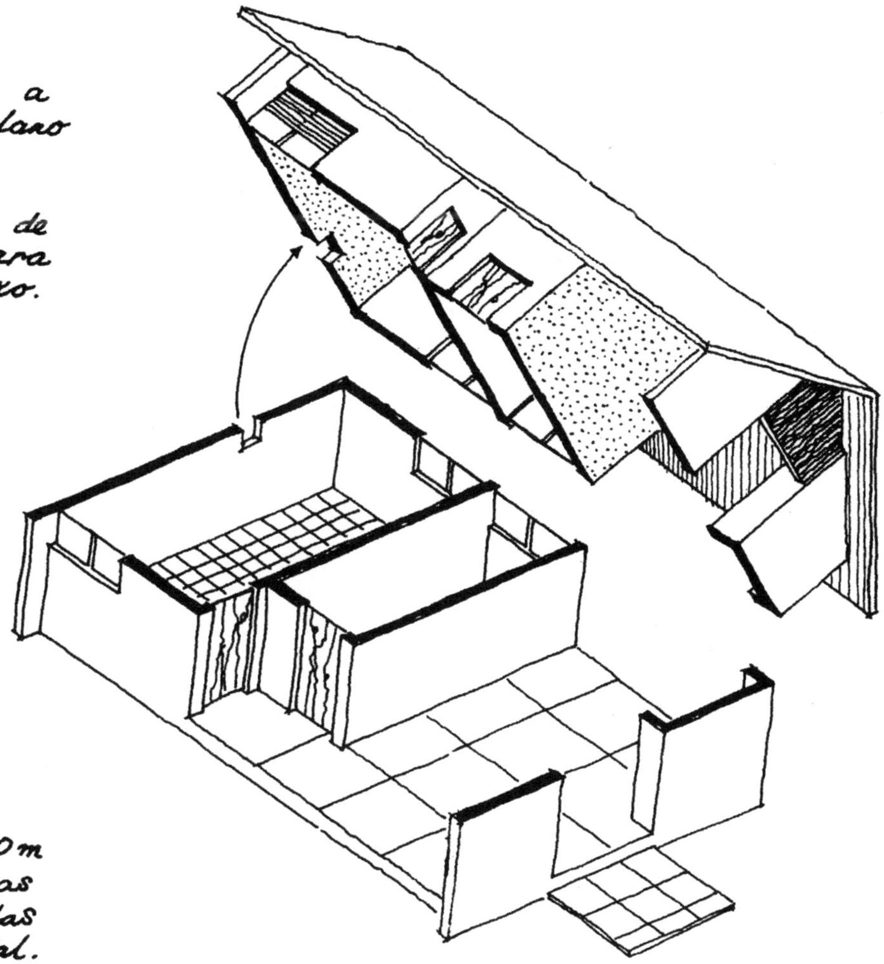

(*) Há quem diga 1,20 m
O essencial é que as janelas sejam cortadas pelo plano horizontal.

Planta baixa

Consideremos, agora, o plano horizontal de corte. Nele estão as paredes, portas e janelas, como se vê ao lado:

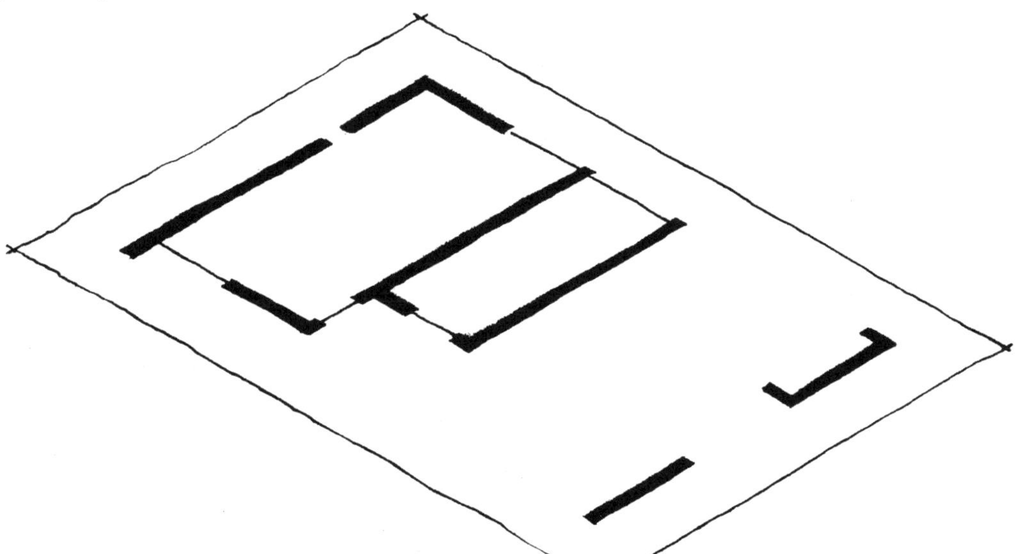

PLANTA BAIXA

No desenho técnico a representação da planta é a da figura ao lado. Nele acrescentamos (não é obrigatório!) o quadriculado correspondente aos pisos do terraço e da sala.

Na maioria dos desenhos de projetos arquitetônicos a escala usada é a de 1:50. Quando se trata de um projeto onde existem poucas paredes e os compartimentos são de grandes dimensões, pode-se usar a escala de 1:100, detalhando na escala de 1:20 ou de 1:25 os compartimentos que se repetem (módulos) ou as partes mais complexas.

Quando há necessidade de indicar numa planta baixa os materiais do piso, das paredes, do forro, etc. pode ocorrer que o compartimento desenhado seja pequeno para conter a lista de materiais. A chamada 'planta falada' é um desenho onde são especificados os materiais, cores, acabamentos, etc.; ela será melhor estudada no Capítulo 12.

A planta de situação indica a forma e as dimensões do terreno, os lotes e as quadras vizinhas, as ruas de acesso e outros dados que estão listados no item E do Capítulo 12. Em geral, elas são desenhadas na escala de 1:500, 1: 1.000 ou 1: 2.000 e abrangem área relativamente extensa.

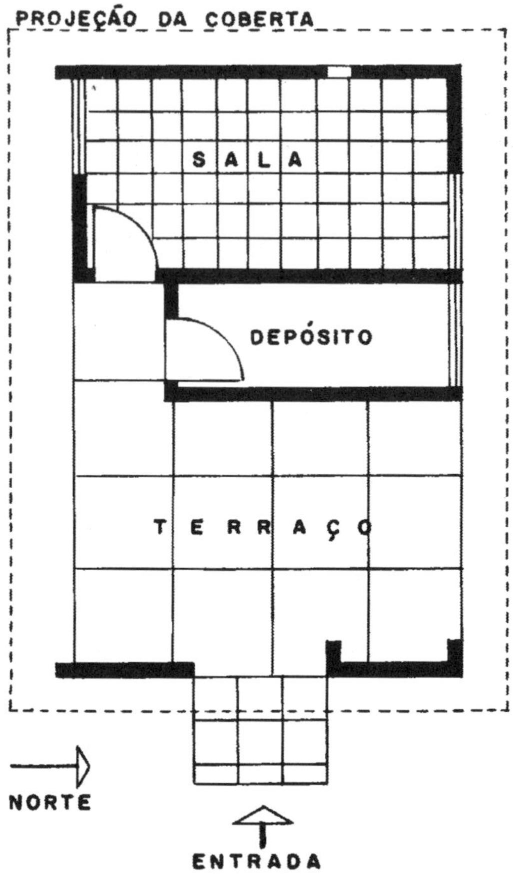

PLANTA BAIXA
ESCALA 1:100

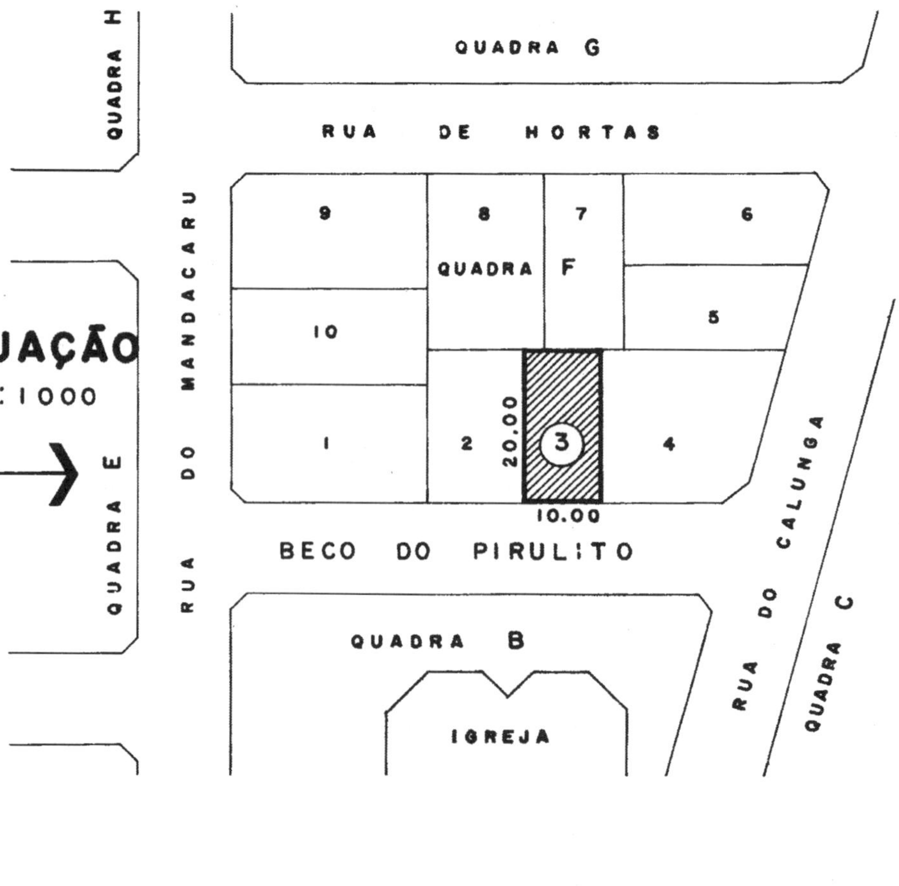

PLANTA DE SITUAÇÃO
ESCALA 1:1000

Na maioria dos casos, as plantas e fachadas não são suficientes para mostrar as divisões internas de um projeto de arquitetura. Para melhor definir os espaços internos são necessários os cortes feitos por planos verticais.

CORTE

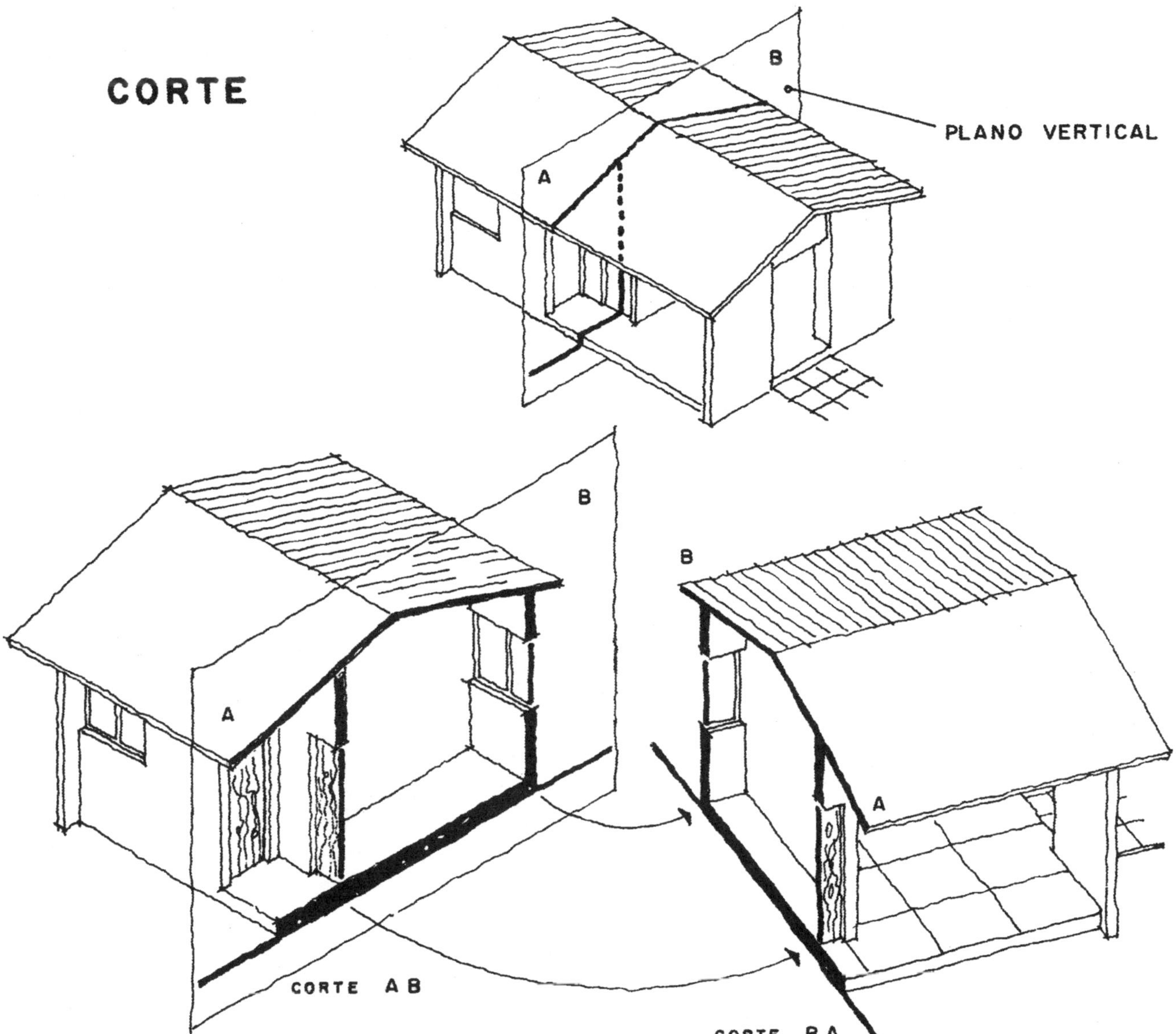

Na figura acima está o plano AB onde aparecem, com traço mais grosso, as partes cortadas (ou seccionadas) pelo dito plano vertical. Mais adiante do plano AB avista-se uma porta e, em seguida, um trecho de parede – no lado esquerdo da figura – ambos correspondentes à sala.

No desenho acima está a parte que foi 'retirada' para permitir a observação do corte AB, desenhado na página seguinte. Se quiséssemos a representação daquela parte retirada teríamos o corte BA, de modo que a primeira letra do corte fique à esquerda do observador e a segunda à sua direita. Na página seguinte, o corte BA está desenhado no canto inferior direito na escala de 1:100. As normas brasileiras já não recomendam o uso de letras consecutivas para a indicação dos cortes, optando pelo uso de setas. Parece evidente que indicações como AA' ou BB' podem dar margem a equívocos se o sinal ' vier a ser confundido com um borrão ou ponto na cópia.

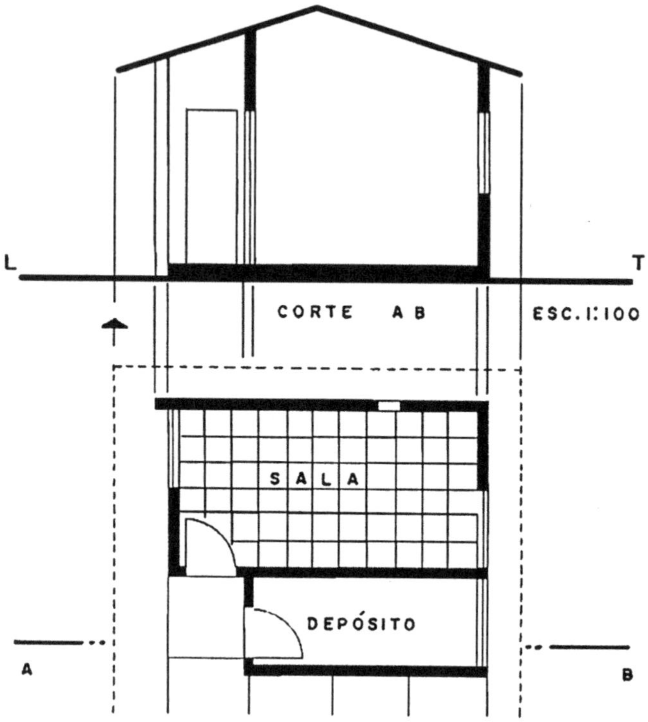

Para desenhar o corte admitimos a planta já desenhada e nela marcamos a posição do plano vertical AB: um traço longo e dois curtos à esquerda e à direita da planta, correspondendo a A e a B. As partes atingidas pelo corte são levadas (ver seta) até a linha de terra LT e prosseguem para cima. Acima da LT marcam-se as alturas do piso, das portas, das paredes e do telhado. A seqüência destas operações será mostrada no Capítulo 12, item B (cortes).

Na prática evitamos desenhar as linhas de chamada por cima da planta baixa. Estando ela já traçada (geralmente é o *primeiro* elemento a ser desenhado num projeto) marcamos a posição do corte e colocamos um pedaço de papel-manteiga sobre a planta.

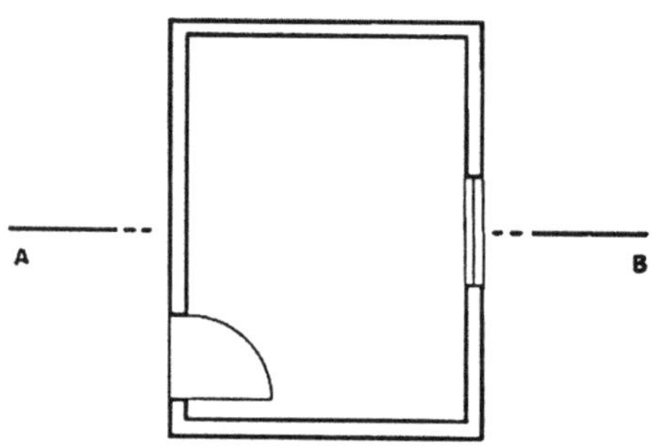

Planta com indicação da posição do corte

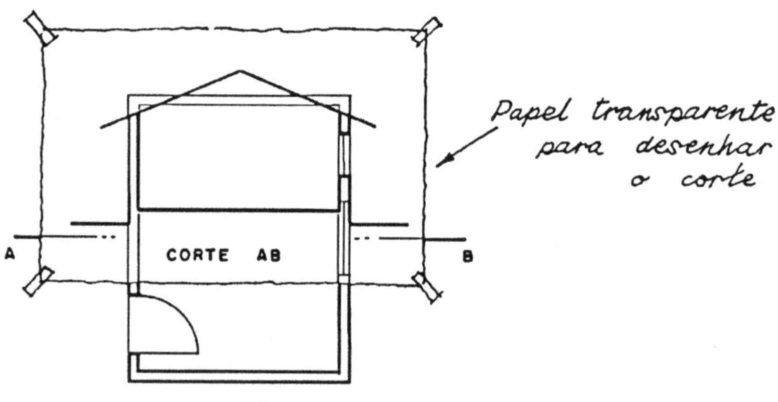

Planta

Não se justifica o uso de setas para indicar a direção do corte. A primeira letra fica sempre à esquerda do observador.

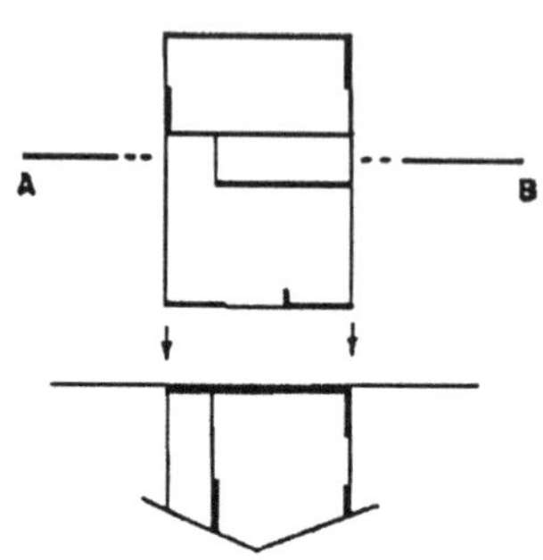

O corte BA é desenhado de cabeça para baixo.

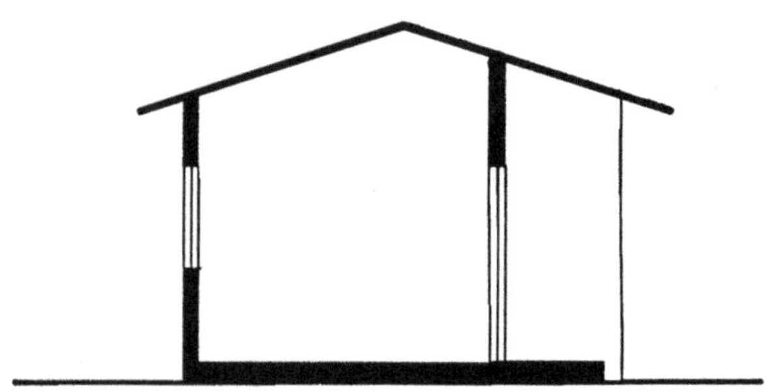

CORTE BA

O desenhista deve familiarizar-se com muitos termos técnicos a fim de falar e entender a mesma linguagem que o arquiteto e o engenheiro. Eis alguns deles:

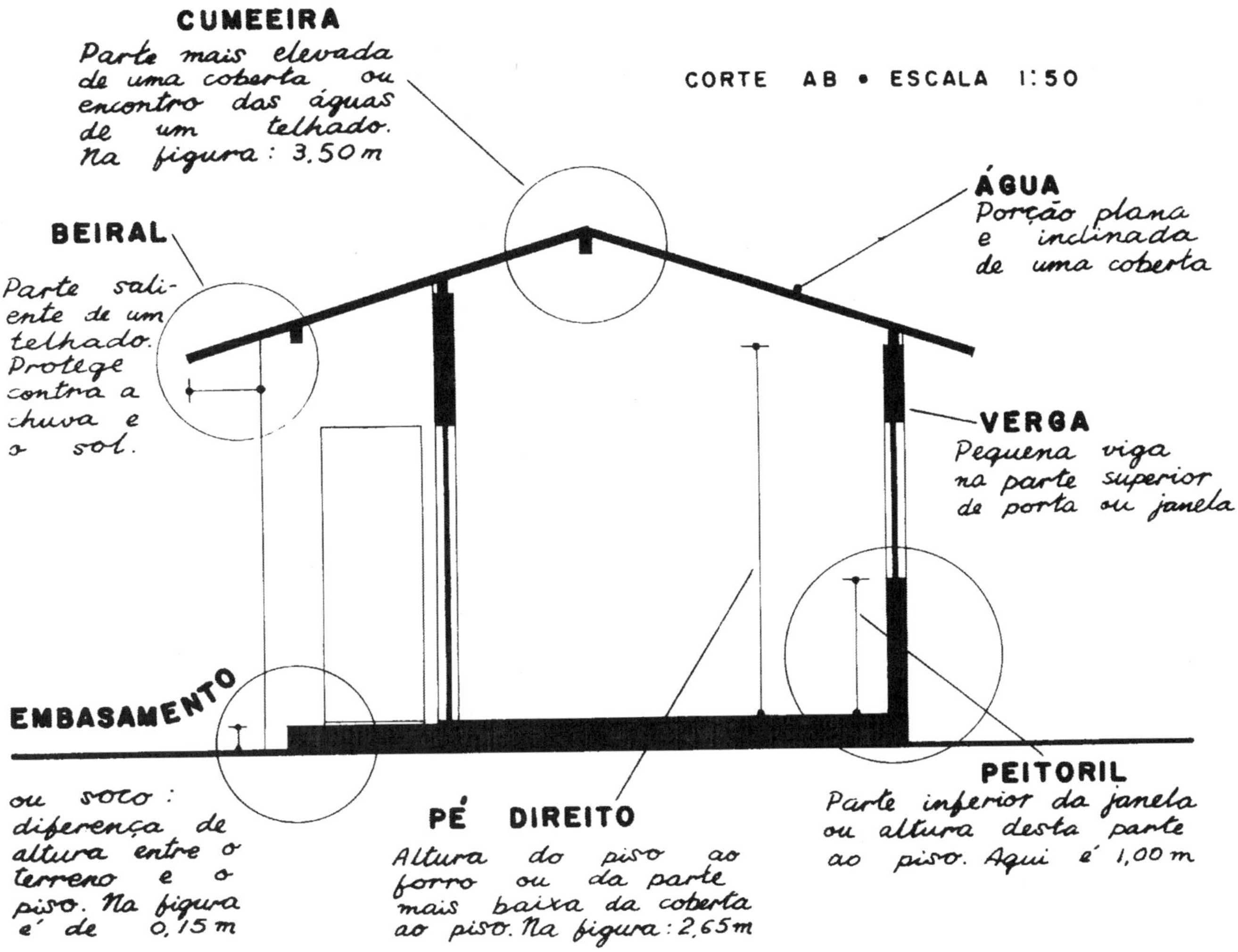

OS ELEMENTOS CORTADOS PELO PLANO SÃO FEITOS COM **TRAÇO GROSSO.** NAS PARTES RESTANTES USA-SE O TRAÇO FINO

Mais explicações e exemplos nos Capítulos 11 e 12

A figura mostra outros termos técnicos. Devemos lembrar que a terminologia adotada pelas normas brasileiras, embora coincidindo com a de muitos países, é diferente daquela em uso por algumas repartições (cartórios e prefeituras, por exemplo). Assim, quando a norma fala de fachada lateral esquerda, o cartório diz 'lado direito', tanto para o lote como para a casa. A mesma confusão existe para o lado direito; podemos nos dar por felizes, pois os termos técnicos e jurídicos coincidem quando se trata de frente e de fundo.

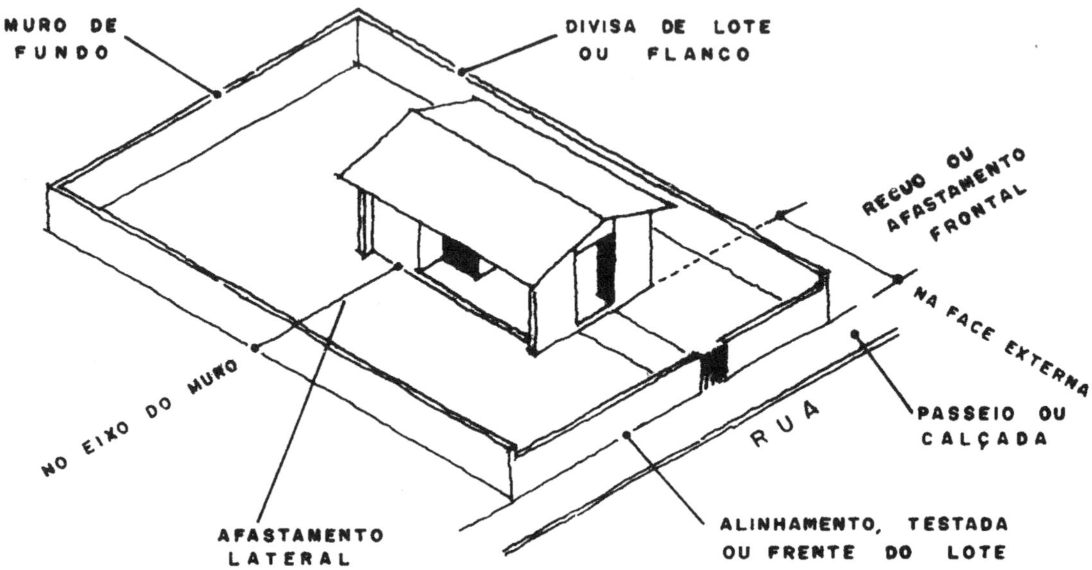

Na prática profissional, é costume desenhar as fachadas em pedaços de papel-manteiga colocados sobre a planta, como se viu em páginas anteriores. Posteriormente estes pedaços serão montados para compor uma prancha do projeto. Damos na página seguinte a disposição das quatro fachadas de uma construção, relacionando-as com a planta e seguindo as regras da Geometria Descritiva. Deve-se notar a presença de linhas de chamada, de projetantes e de rotações, assim como a aplicação da convenção:

FACHADA PRINCIPAL

AS PARTES MAIS PRÓXIMAS DO OBSERVADOR SÃO DESENHADAS COM **TRAÇO GROSSO.**

REDUZIR A ESPESSURA DOS TRAÇOS NA MEDIDA EM QUE ELES ESTÃO MAIS DISTANTES DO PRIMEIRO PLANO.

Observe isto nas páginas 54 e 72: nas fachadas os traços do beiral são mais finos do que as linhas da parede.

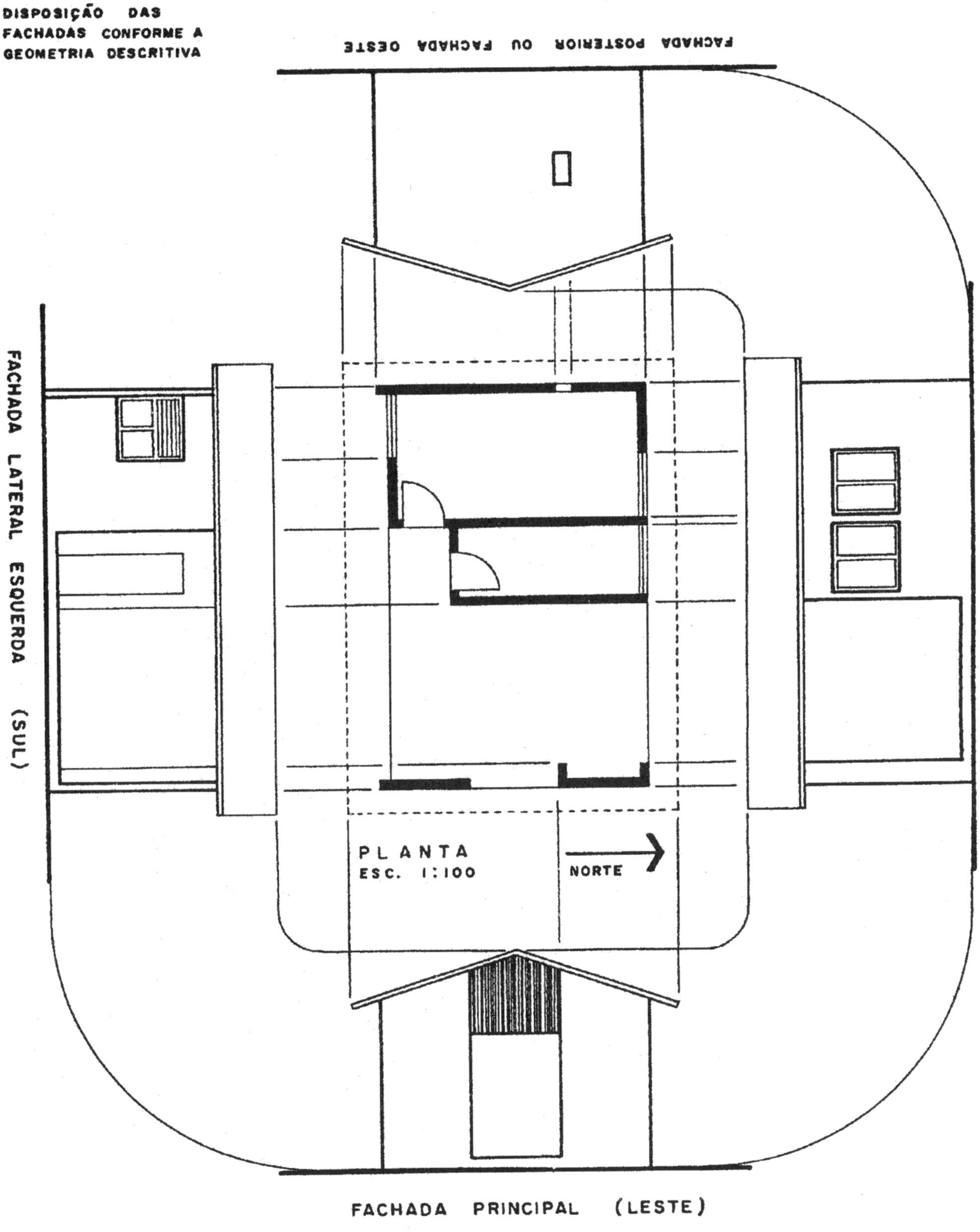
DISPOSIÇÃO DAS FACHADAS CONFORME A GEOMETRIA DESCRITIVA
FACHADA POSTERIOR OU FACHADA OESTE
FACHADA LATERAL ESQUERDA (SUL)
FACHADA LATERAL DIREITA (NORTE)
PLANTA
ESC. 1:100
NORTE
FACHADA PRINCIPAL (LESTE)

A escolha da posição para os cortes depende de diversos fatores. O corte deverá mostrar as alturas de portas e de janelas, a altura do forro (pé direito), a inclinação do telhado e outros detalhes. As repartições públicas encarregadas de examinar os projetos costumam fazer exigências sobre a localização dos cortes. Por exemplo: devem passar pela escada mostrando os degraus; outro deve mostrar os sanitários e por aí vai. Enfim, a experiência será a melhor conselheira.

Livros antigos mencionam o corte transversal (corresponde ao AB das páginas anteriores) e o corte longitudinal, que são perpendiculares entre si. Entretanto, numa casa de planta quadrada, qual seria o corte transversal? Não há critério racional para defini-lo. Mas, supondo resolvido isto por um critério *qualquer*, surgirá a necessidade de marcar a posição do corte na planta; e esta posição será indicada por meio de letras consecutivas. Logo, torna-se desnecessário falar de corte transversal AB, pois 'corte AB' tem o mesmo significado.

É muito comum se confundir **corte** e **seção** ou secção. A rigor são *representações diferentes* de uma *mesma operação* de cortar ou secionar, da Geometria Descritiva. Assim, seção é a representação da parte secionada; ver seção AB na figura abaixo. Corte é a representação dos elementos secionados e mais as partes vistas adiante do plano de corte; ver corte AB, abaixo. No caso da planta de forma irregular, mostrada abaixo, o corte pode tornar a representação um tanto complicada; nestes casos, sugerimos desenhar a seção.

Corte e seção é assunto que pode parecer difícil numa primeira leitura. Não haverá prejuízo se forem estudados mais adiante. Assim o leitor poderá passar diretamente para o capítulo seguinte.

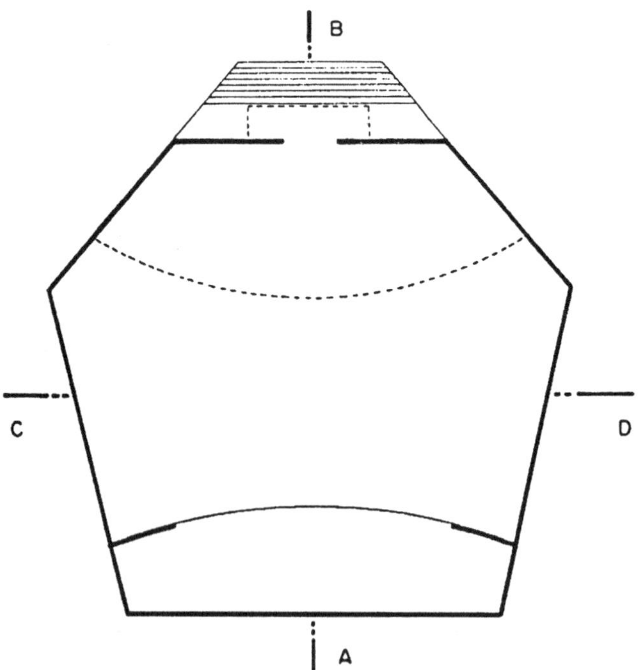

PLANTA BAIXA ESQUEMÁTICA

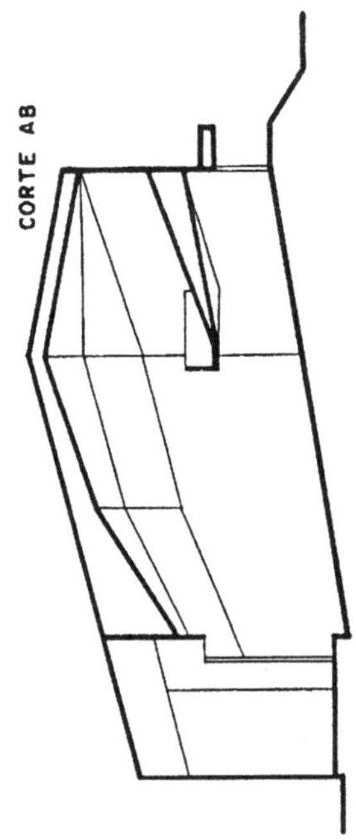

SEÇÃO CD

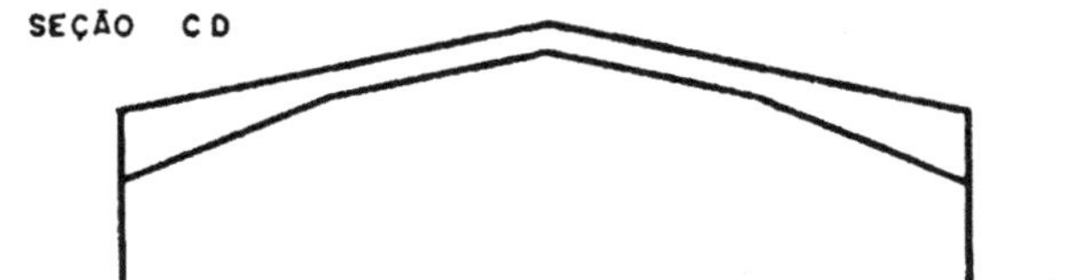

CORTE CD

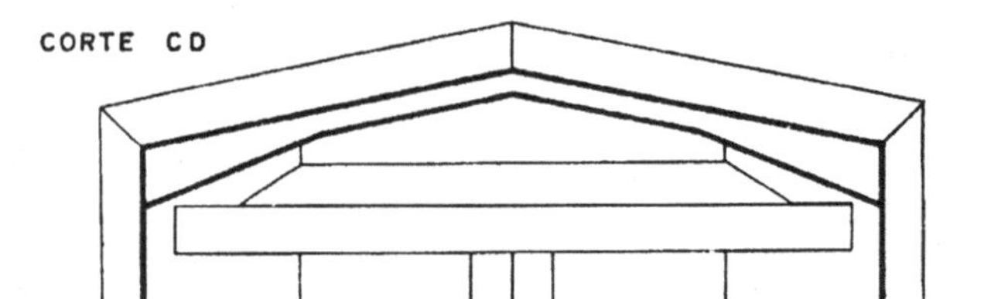

Em alguns casos poderá ser conveniente reduzir a quantidade de cortes — sem prejuizo da compreensão do projeto — fazendo uso do chamado '**corte quebrado**'. O exemplo a ser apresentado não justifica o corte quebrado e serve apenas para ilustrar a técnica de representação. Inicialmente, admitiremos desenhados:

1 - Planta baixa
2 - Corte AB
3 - Corte CD
4 - Corte EF

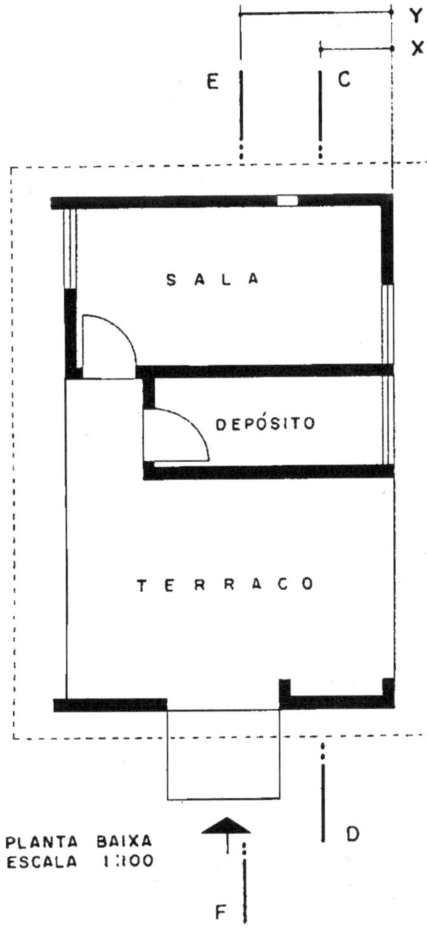

Os cortes CD e EF serão desenhados tal como foi exemplificado para o corte AB da página 56. Em seguida, temos a primeira e segunda etapa nas figuras abaixo.

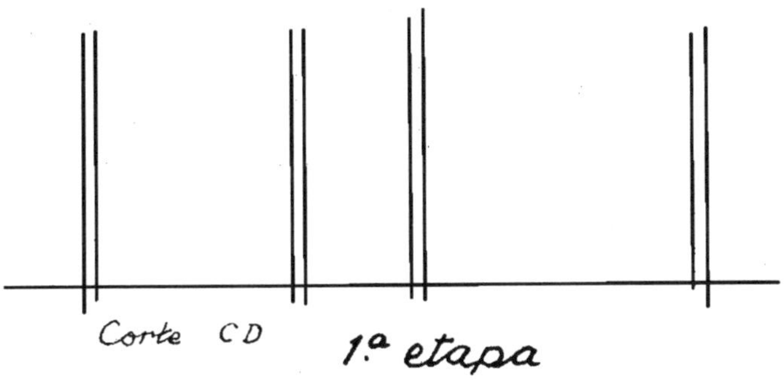

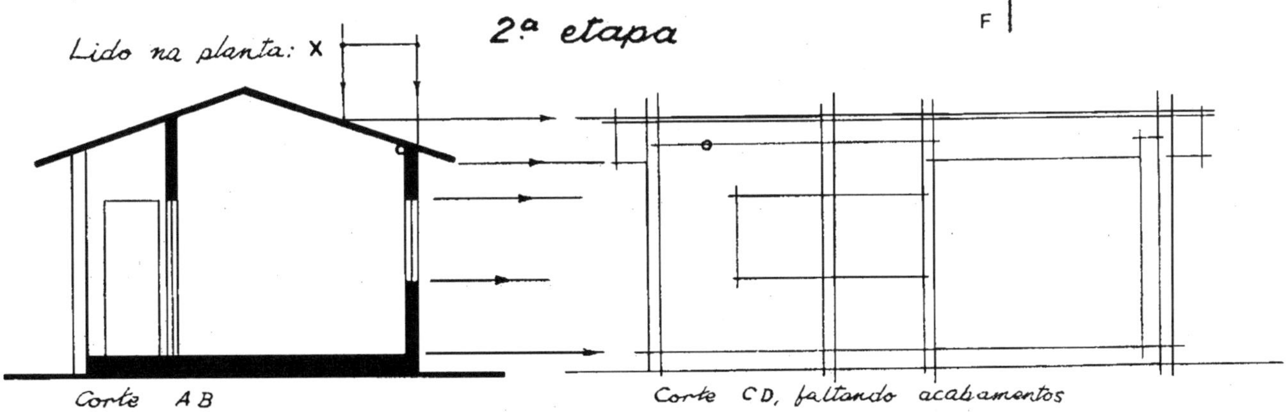

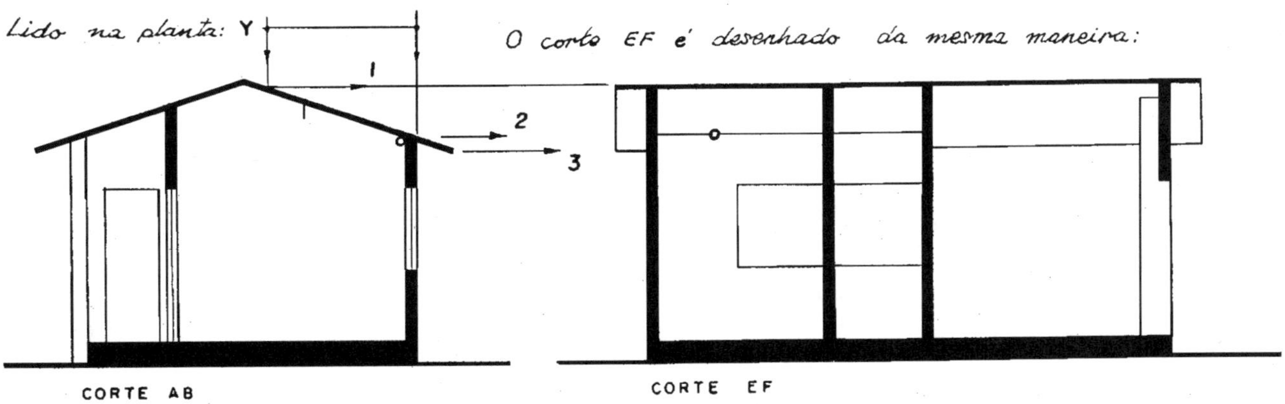

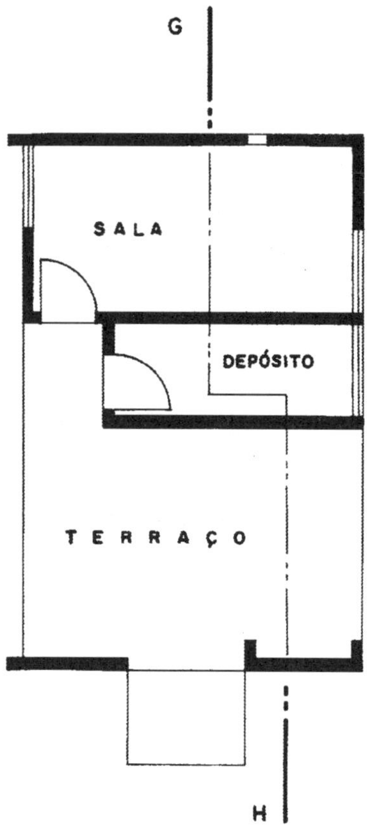

PLANTA · ESCALA 1:100

Nos desenhos antigos era hábito indicar a representação dos alicerces ou fundações, abaixo da linha do terreno. Com o hábito corrente de preparar um projeto de estrutura, o alicerce ou fundação é detalhado neste projeto estrutural e, por esta razão, deixou de figurar nos projetos de arquitetura.

Um outro caso especial é a **fachada em desenvolvimento**. O termo pertence à Geometria Descritiva e significa planificar ou tornar plana, desenvolver ou desdobrar a superfície de uma figura sobre um plano único. No Capítulo 9 vimos o desenvolvimento do cubo dos planos de projeção. A mesma idéia é aplicada na representação de fachadas quando a **planta é irregular** e apresenta trechos curtos e oblíquos.

No exemplo ao lado, o desenho das fachadas A, D e G seria normal; entretanto as fachadas B, C, E e F

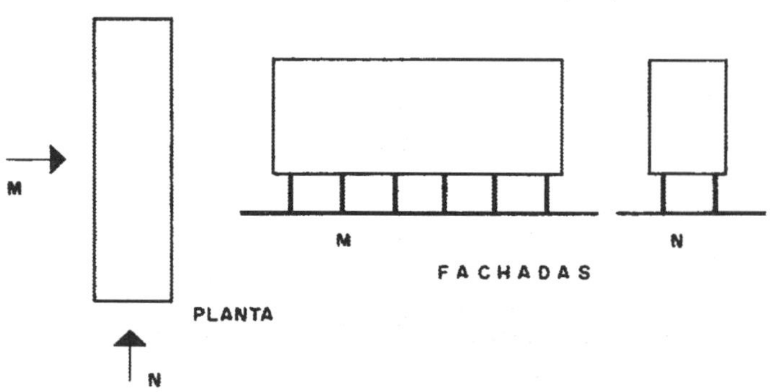

A planta mostra a posição do corte GH. Observe a maneira de indicar o corte quebrado: traços grossos fora da planta e traços finos dentro da planta, ambos com trechos longos, pequenos intervalos e dois traços curtos. O corte GH é como uma espécie de soma dos cortes CD (parcial) e EF (também parcial). É claro que, com a prática, o corte GH será desenhado sem que sejam traçados os cortes CD e EF.

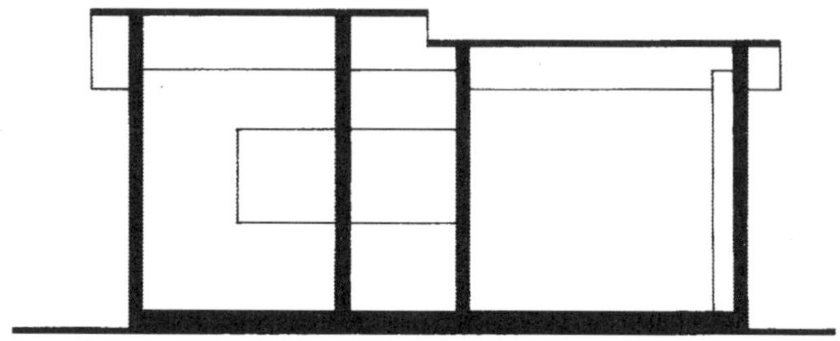

CORTE GH

representam, isoladamente, trechos de pequena extensão. Assim a fachada A será representada com o trecho B à sua direita; ou a fachada D será desenhada com B+C à esquerda e os trechos E+ F à direita, como se vê no desenho. Ou poderemos, igualmente, fazer a fachada G em desenvolvimento, tendo F à esquerda. São alternativas corretas, pois evitam os trechos curtos de fachada em desenhos isolados. E isto é diferente de paredes perpendiculares entre si, como o exemplo da fachada N, abaixo.

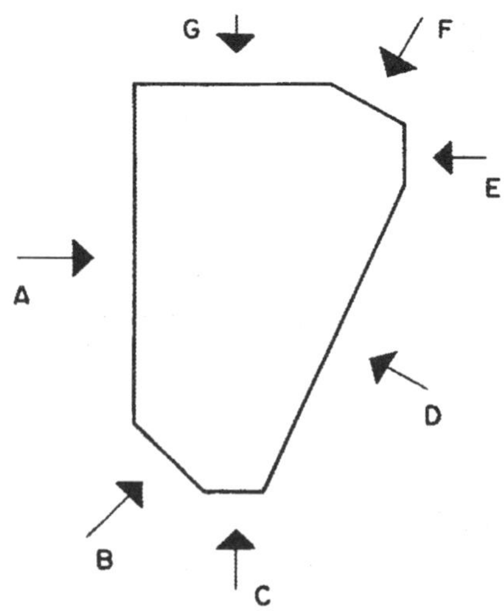

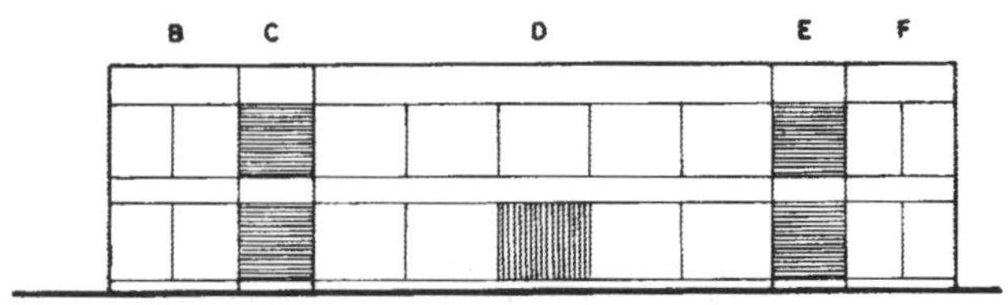

FACHADA D - EM DESENVOLVIMENTO

11 Símbolos gráficos

O Desenho Arquitetônico, por ser feito em escala reduzida e por abranger áreas relativamente extensas, é obrigado a recorrer a **símbolos gráficos**. Um lavatório, por exemplo, pode ser representado nas escalas de 1:1 ou 1:5 com todos os seus segmentos e curvas; a maioria delas não pode ser desenhada na escala de 1:50. Seria um trabalho penoso e inútil, uma vez que o tal lavatório pode ser **simbolizado** por uma figura esquemática. Este fato repete-se muitas vezes no desenho de um projeto: nas bacias sanitárias, nas portas, nas janelas, nas telhas, nos balcões, etc.

É imprescindível que o desenhista conheça os símbolos gráficos do Desenho Arquitetônicos, assim como as dimensões reais dos objetos caseiros. A princípio poderá haver dificuldade para decorar tantas medidas; com a repetição todas ficarão gravadas na memória. Muito ajudará, neste sentido, se o leitor se der ao trabalho de tirar pessoalmente as medidas das coisas e objetos cujos símbolos são apresentados adiante.

Observe os cortes desenhados no Capítulo 12 e compare com o do Capítulo 10 (página 53). São bem diferentes, embora feitos na mesma escala. O do Capítulo 12 é de efeito mais agradável e corresponde à convenção habitualmente usada por arquitetos e desenhistas. Como ambas são corretas; trata-se, pois, de uma escolha pessoal usar essa ou aquela convenção na escala de 1:50.

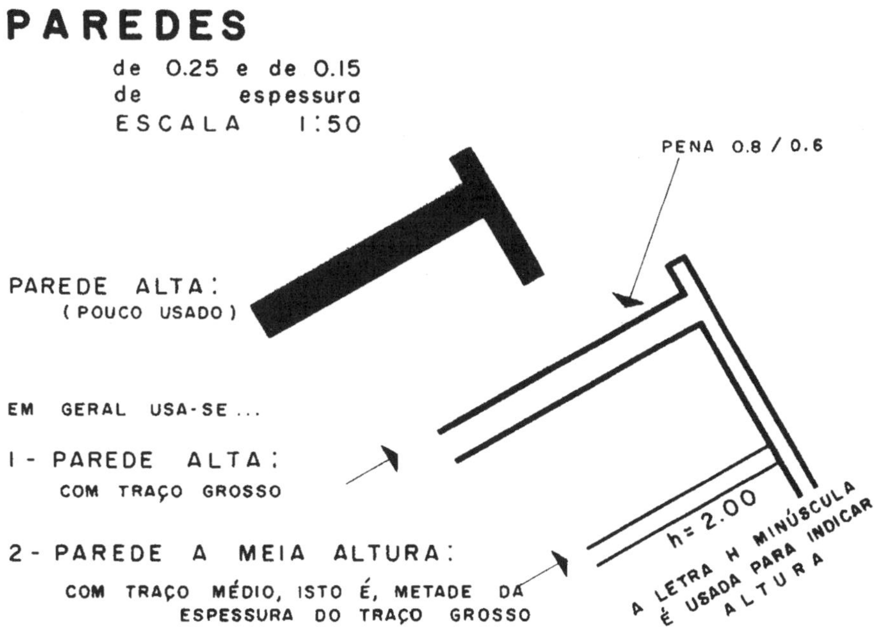

A representação de paredes de pedra está no Capítulo 14.

RESUMO:
Os símbolos gráficos são constantemente utilizados nos desenhos de arquitetura e abrangem: paredes, portas, janelas, peças sanitárias, móveis, balcões e bancadas, veículos, etc. Por vezes, ocorrem convenções alternativas; assim, vale a pena conhecer sua origem e significado para uma boa escolha.

Quando desenhadas na escala de 1:100 ou 1:200, as paredes podem ser traçadas 'cheias', como fizemos nas plantas e cortes do capítulo anterior. Contudo, na escala de 1:100 há quem prefira usar dois traços feitos com 0,4 ou 0,3 mm de espessura; assim está desenhado o exemplo do Capítulo 19. Contudo, em escala de 1:200, esta representação torna-se impraticável: teremos de desenhar as paredes 'cheias', a menos que se trate — por exemplo — de construção antiga, de grossas paredes e robustos pilares.

Uma outra apresentação para projetos é a que exemplificamos abaixo. Faz-se o contorno de paredes, a lápis ou tinta, com traço fino de espessura uniforme e pinta-se o intervalo das traços (alvenaria) com hidrocor ou lápis colorido, aplicado no verso ou na face do papel. A beleza do colorido soma-se à economia de tempo, pois o desenhista usa uma única espessura de traços, uma vez que o contraste será dado pelo colorido (aqui substituído, por motivo técnico, pelas retículas, isto é, pontinhos).

A norma citada endossa, em trabalhos a lápis (por que a restrição à tinta?), o traspasse de linhas, como é praticado nos escritórios de arquitetura em desenhos feitos com lápis ou com tinta. Aliás, nas cópias eles pouco diferem.

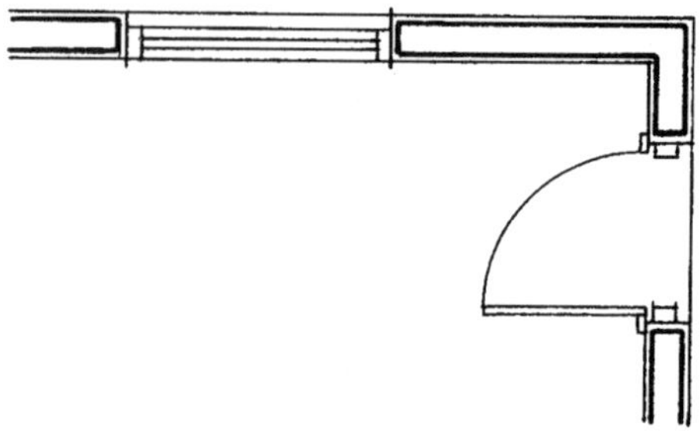

A NBR 6492, que trata da representação de projetos de arquitetura, não é bastante clara a respeito da convenção para paredes. O desenho acima 'imita' um dos exemplos dessa norma, embora as penas não sejam indicadas. Aparentemente, a norma não levou em conta a legibilidade, o efeito estético, a rapidez de execução e a uniformidade de traços nos desenhos.

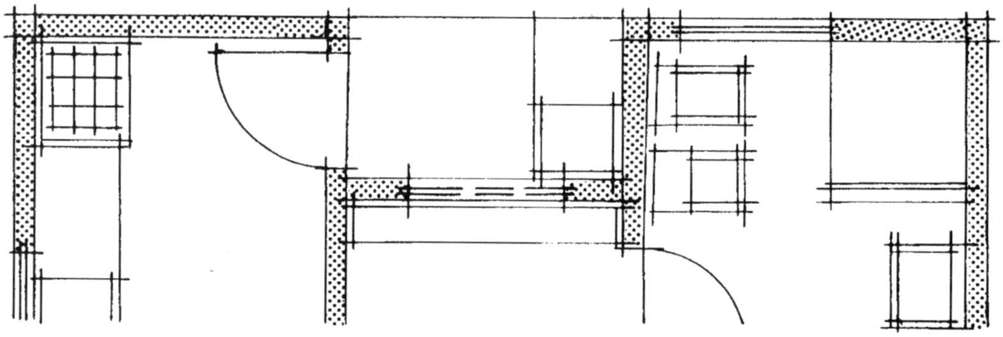

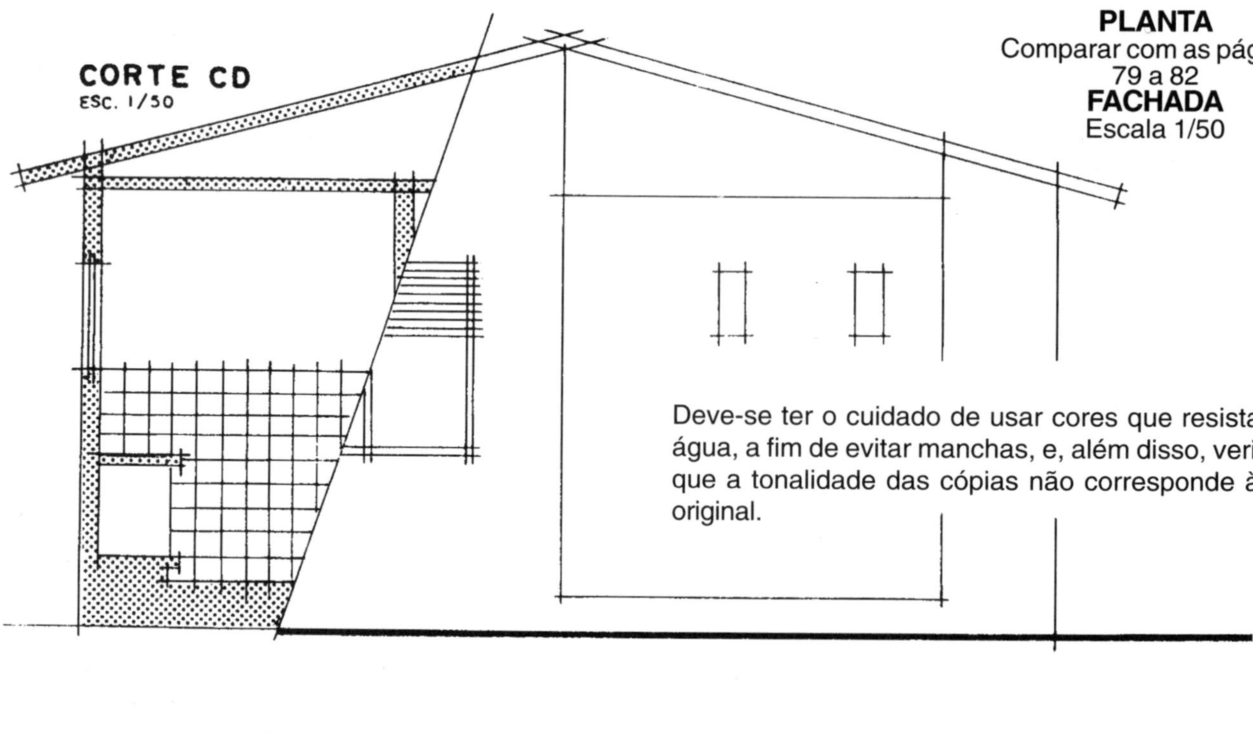

PLANTA
Comparar com as páginas 79 a 82
FACHADA
Escala 1/50

Deve-se ter o cuidado de usar cores que resistam à água, a fim de evitar manchas, e, além disso, verificar que a tonalidade das cópias não corresponde à cor original.

Detalhes de portas e de janelas são estudados no Capítulo 17.

A porta interna faz a comunicação entre dois ambientes que têm os pisos no mesmo nível; na linguagem técnica, diz-se que eles possuem a mesma COTA.

As portas externas comunicam ambientes em que os pisos têm cota (altura ou nível) diferentes, sendo, em geral, o piso externo o mais baixo.

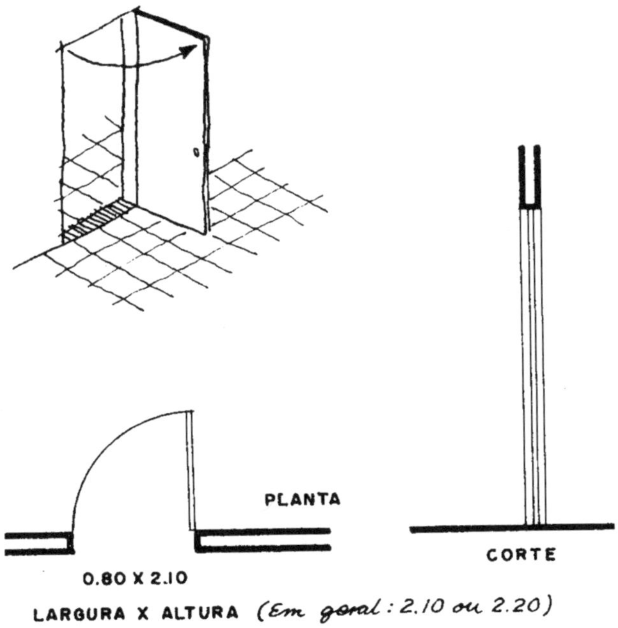

Espessura de traços na escala de 1:50:
grosso 0,6/0.8
médio 0.25/0.3
fino 0,1/0.2

Nos banheiros, a água atinge a parte inferior da porta, que apodrece rapidamente, ou passa para o ambiente vizinho; os dois inconvenientes são evitados quando há diferença de cota entre os dois pisos: 1 ou 2 centímetros, pelo menos. Por conta desta diferença de planos, as portas de sanitários desenham-se como as externas.

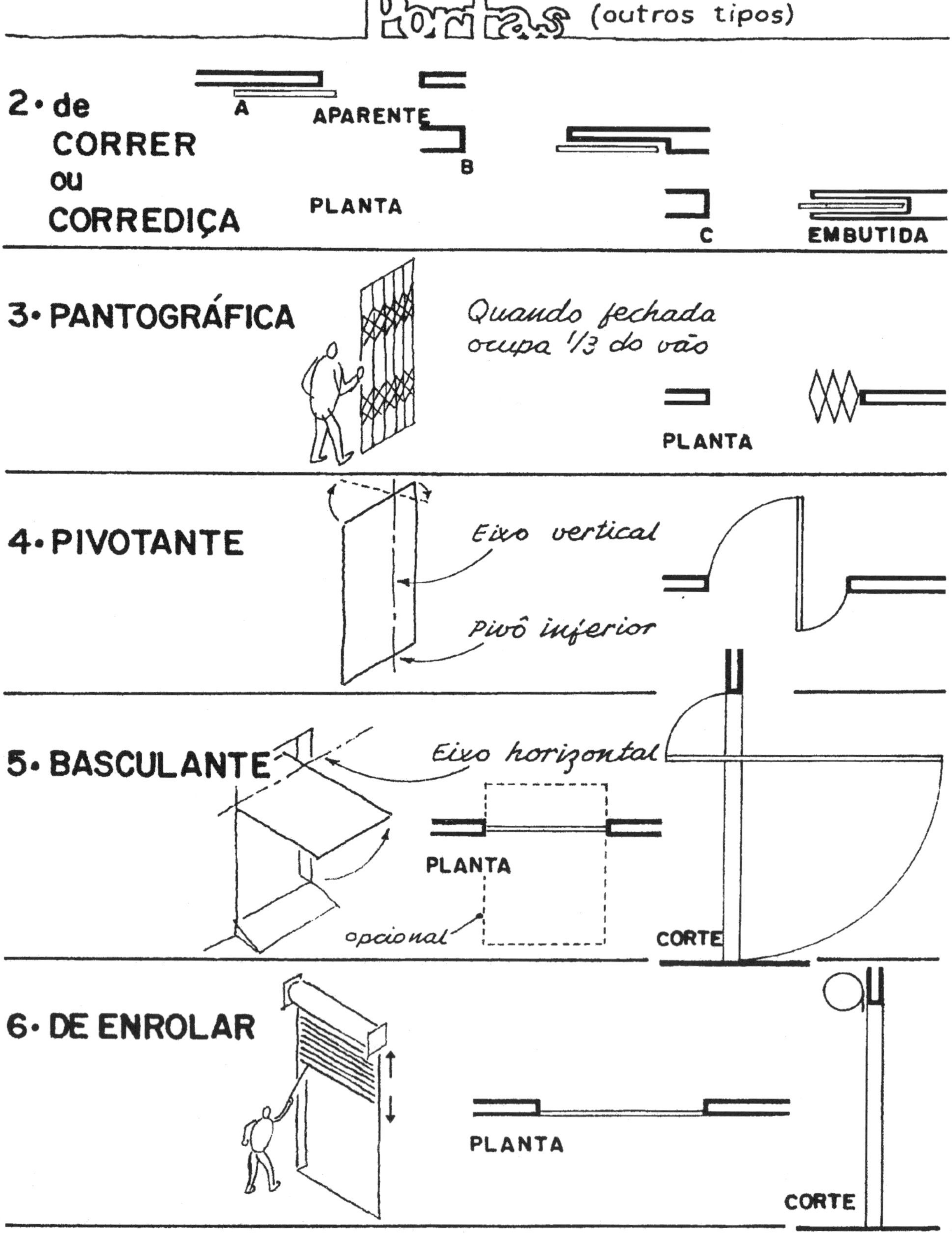
Portas (outros tipos)
2• de CORRER ou CORREDIÇA
A
APARENTE
B
PLANTA
C
EMBUTIDA
3• PANTOGRÁFICA
Quando fechada ocupa 1/3 do vão
PLANTA
4• PIVOTANTE
Eixo vertical
Pivô inferior
5• BASCULANTE
Eixo horizontal
PLANTA
opcional
CORTE
6• DE ENROLAR
PLANTA
CORTE

Janelas

Em geral, o plano horizontal da planta corta as janelas e, para isto, o plano pode ser IMAGINADO como sendo 'FLEXÍVEL'.

Mais abaixo do plano horizontal são vistos os traços que correspondem à parte inferior da janela.

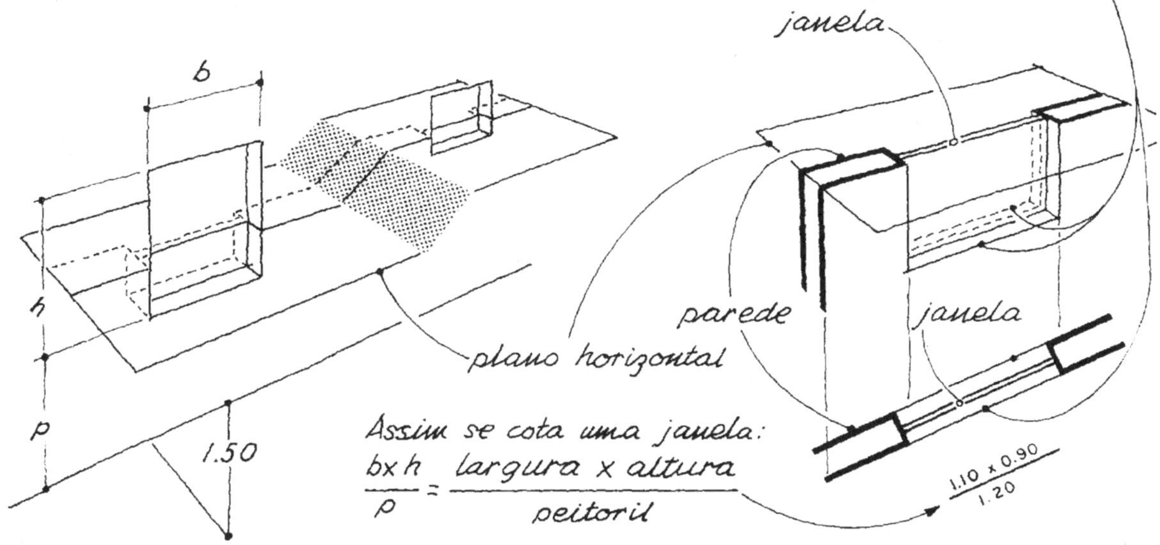

Assim se cota uma janela:

$\frac{b \times h}{p} = \frac{\text{largura} \times \text{altura}}{\text{peitoril}}$

A janela **ALTA**, isto é, a que tem peitoril maior do que a altura da porta, não é cortada pelo plano da planta. Por esta razão ela é desenhada TRACEJADA, pois suas arestas não são visíveis, tal como o beiral na planta baixa (ver o capítulo anterior).

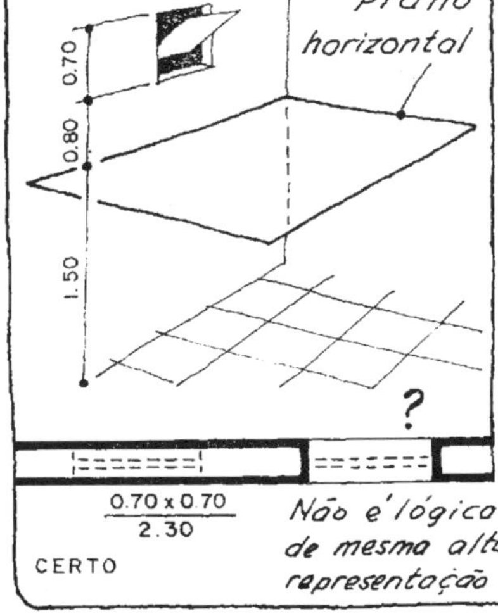

Não é lógico: traços de mesma altura têm representação diferente.

TIPOS DE JANELAS

Nem sempre o movimento da janela é indicado na planta. Alguns tipos podem ser representados nos cortes:

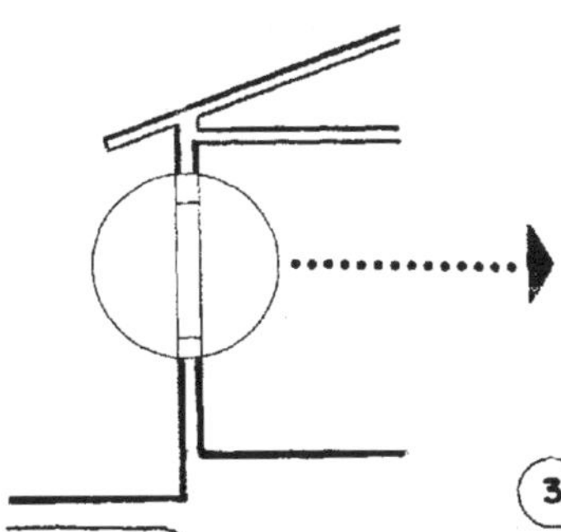

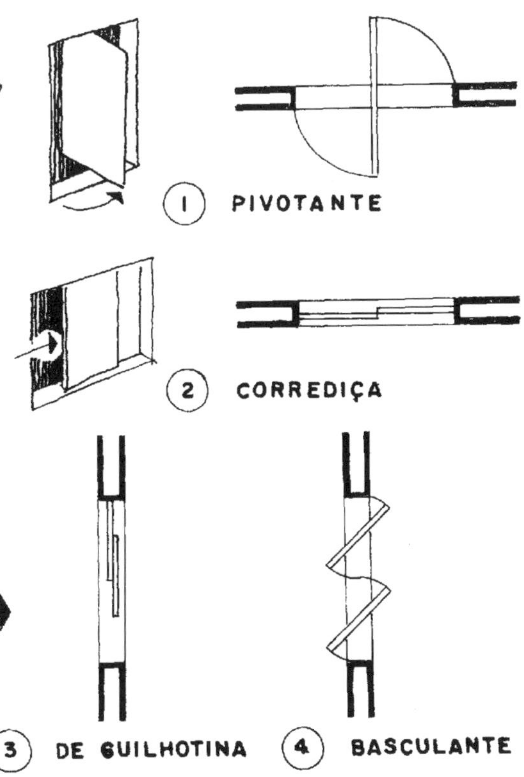

Não devemos permitir o uso dos termos vasculante, basculhante, basculejante.

Peças Sanitárias

LAVABO ou LAVATÓRIO

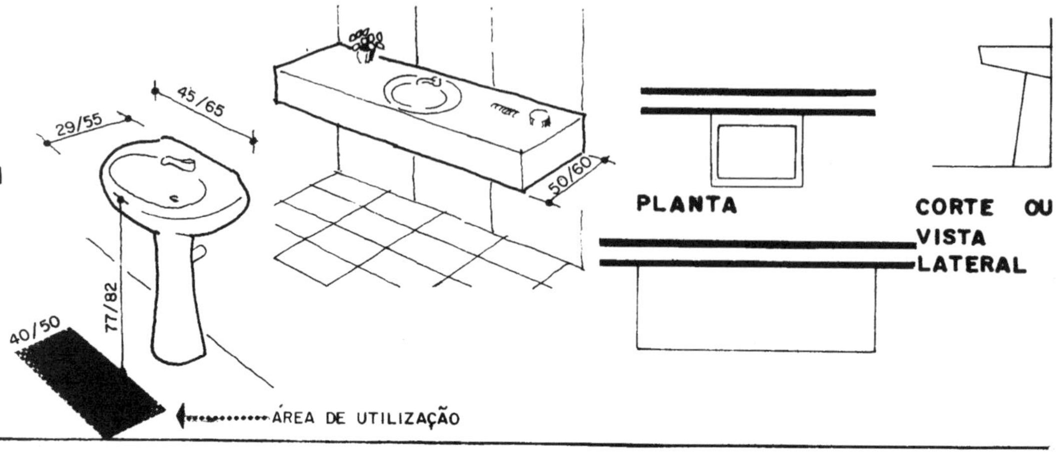

BACIA SANITÁRIA

BIDÊ ou BIDÉ

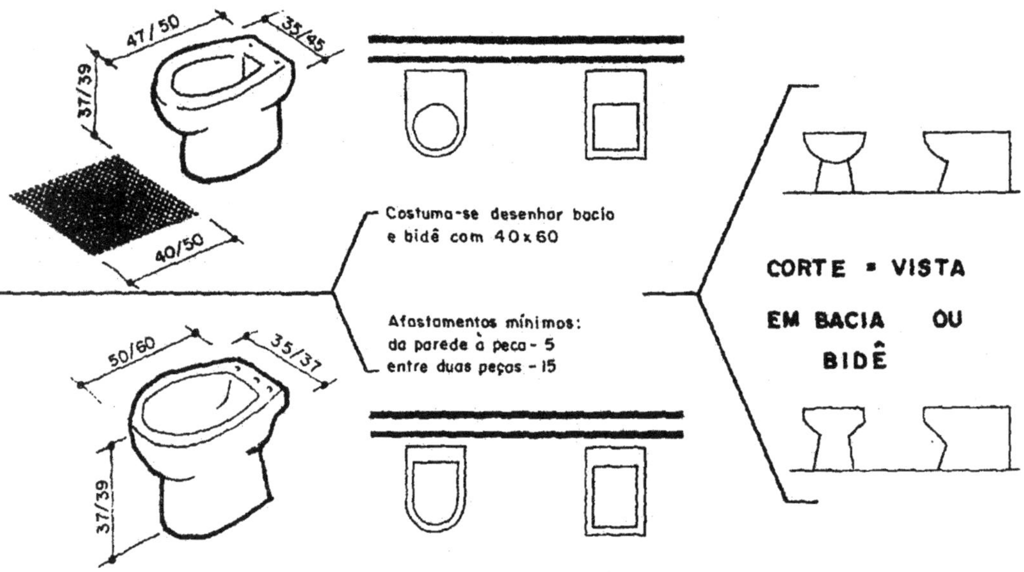

CHUVEIRO

BANHEIRA

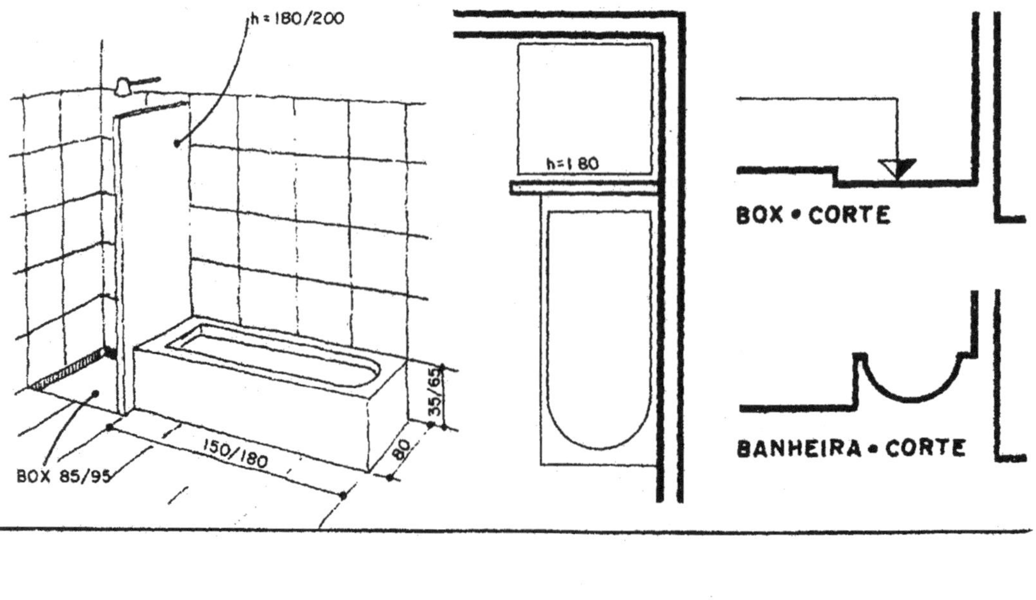

Móveis

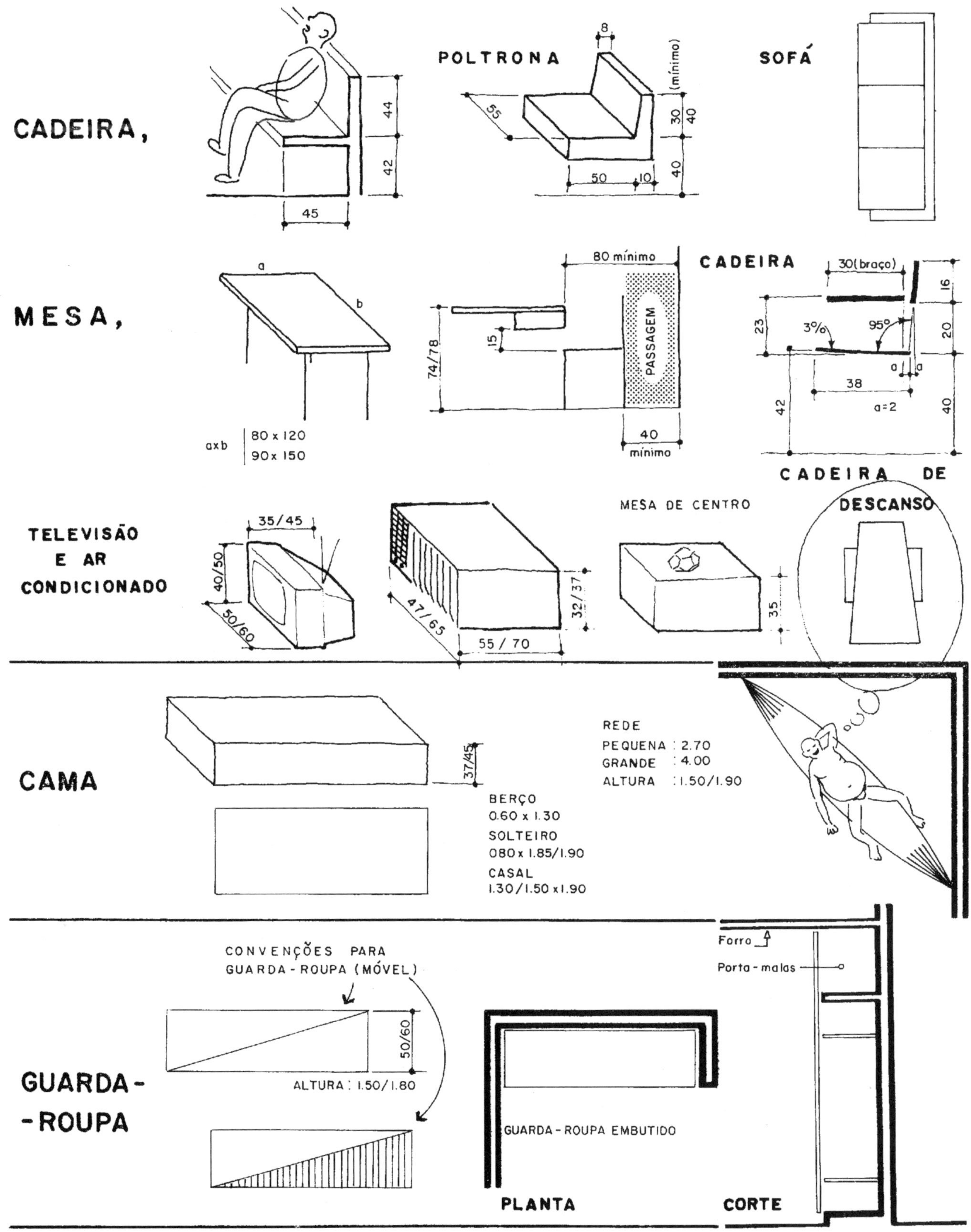
CADEIRA,
44
42
45
POLTRONA
8
55
(mínimo)
30
40
40
50
10
SOFÁ
MESA,
a
b
axb
80 x 120
90x 150
80 mínimo
PASSAGEM
74/78
15
40
mínimo
CADEIRA
30(braço)
16
23
3%
95°
20
a
a
38
a=2
42
40
CADEIRA DE DESCANSO
TELEVISÃO E AR CONDICIONADO
35/45
40/50
50/60
47/65
55 / 70
32/37
MESA DE CENTRO
35
CAMA
37/45
BERÇO
0.60 x 1.30
SOLTEIRO
080 x 1.85/1.90
CASAL
1.30/1.50 x 1.90
REDE
PEQUENA : 2.70
GRANDE : 4.00
ALTURA : 1.50/1.90
GUARDA-
-ROUPA
CONVENÇÕES PARA
GUARDA-ROUPA (MÓVEL)
50/60
ALTURA : 1.50/1.80
GUARDA-ROUPA EMBUTIDO
PLANTA
Forro
Porta-malas
CORTE

Cozinha

BALCÃO

COM PIA

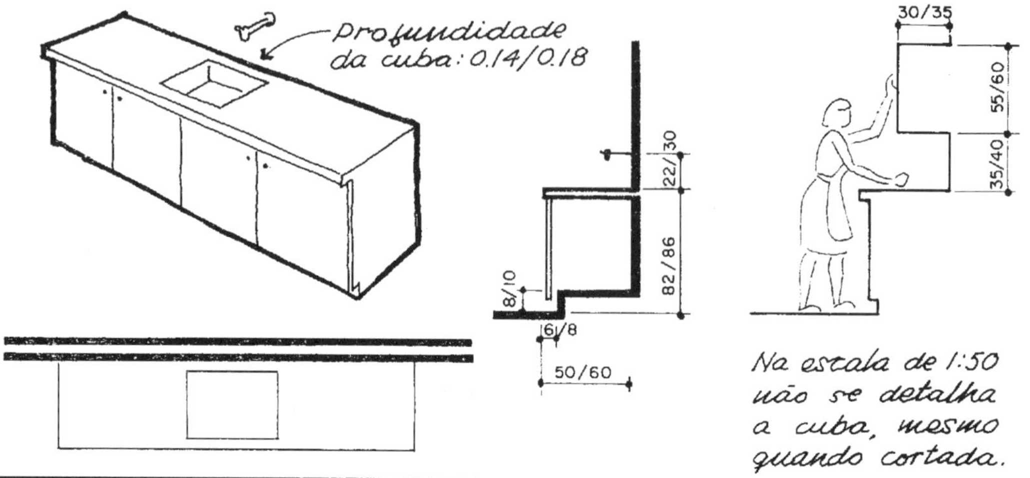

FOGÃO

A GÁS

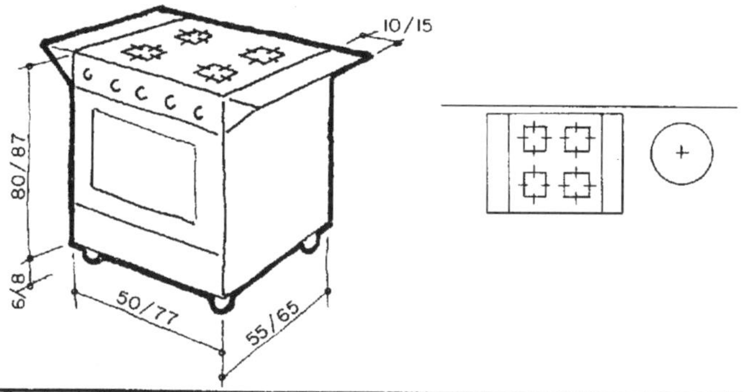

REFRIGERADOR

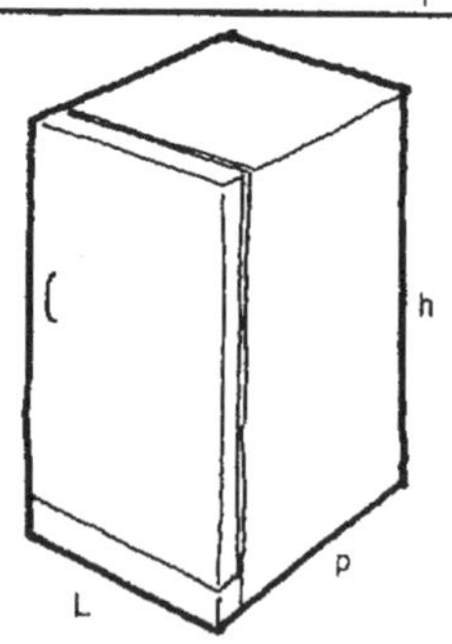

	L	p	h
REFRIGERADOR	60 / 75	66 / 72	130 / 173
FREEZER	40 / 60	65 / 70	125 / 170
FRIGOBAR	48 / 52	55 / 60	65 / 70

FORNO

E

FILTRO

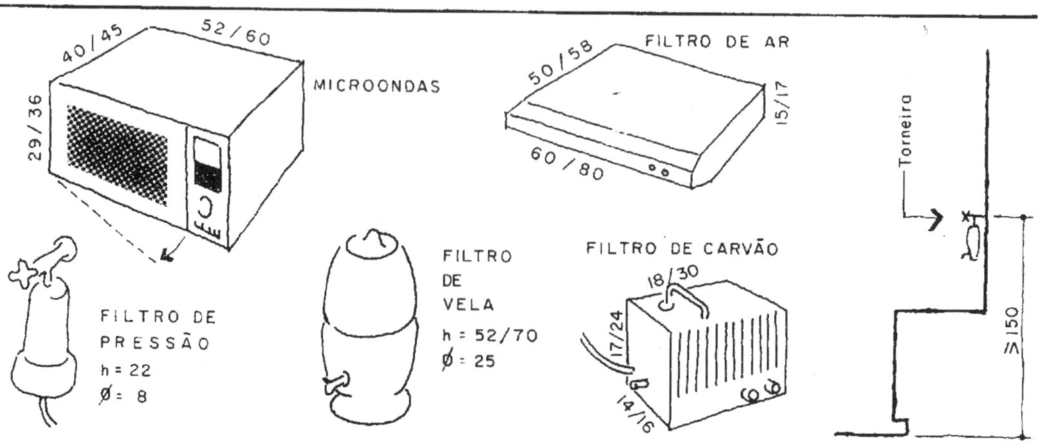

Serviços

LAVA-ROUPA

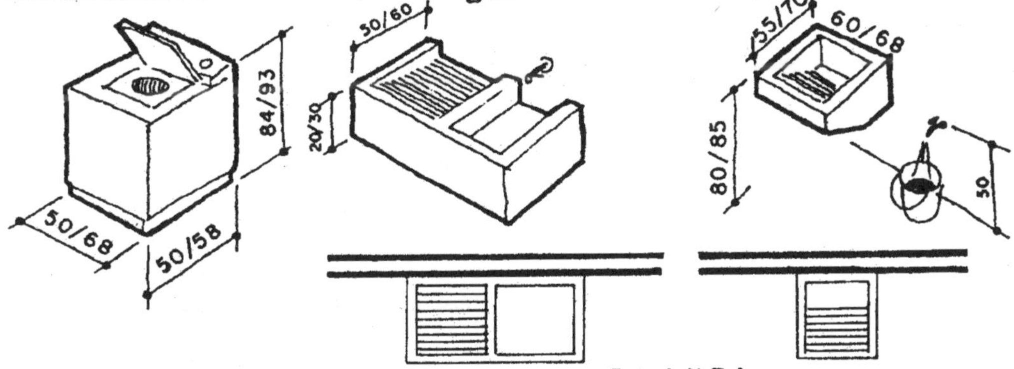

BANCADA

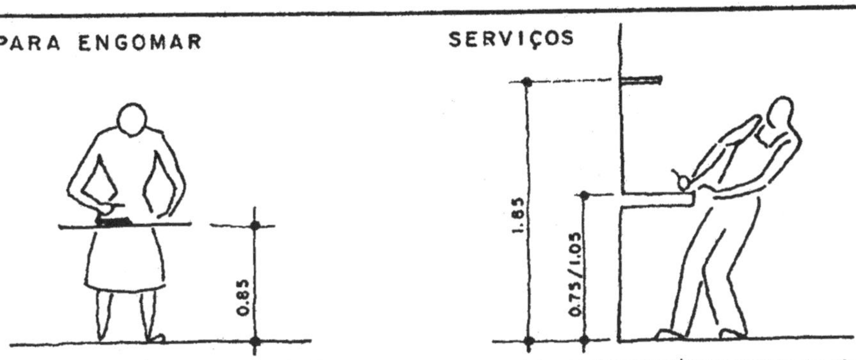

LAVA-LOUÇA

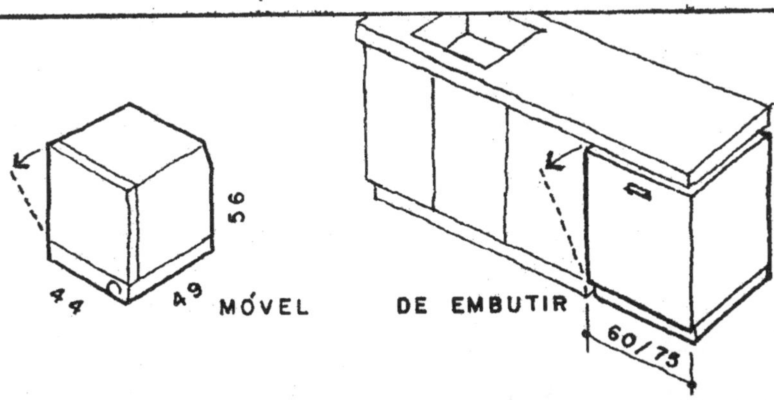

Elementos Vazados

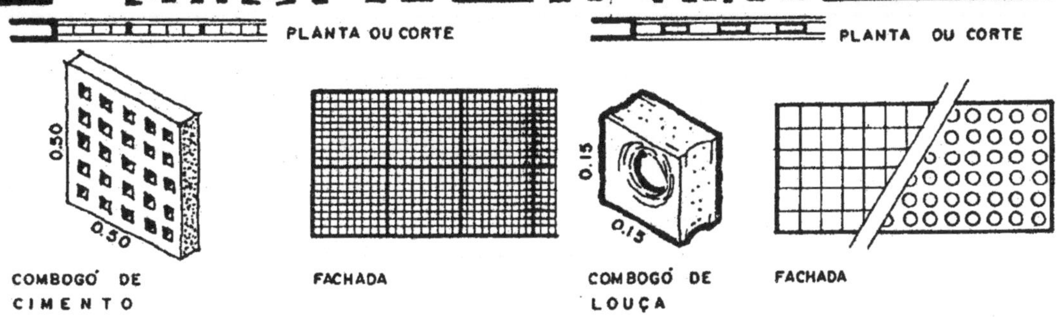

Veículos

MOTOCICLETA E BICICLETA

ALTURA 1.00/1.10

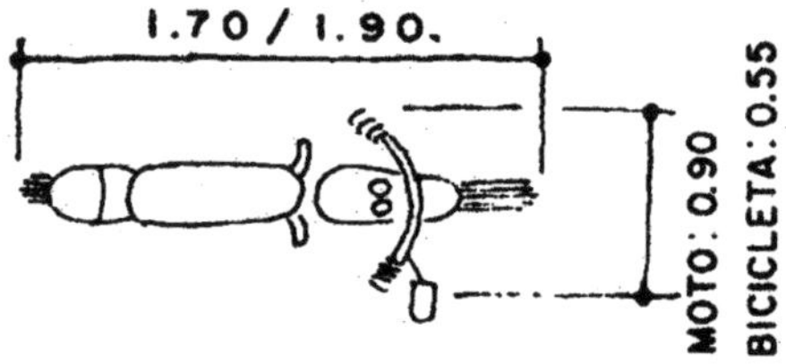

AUTO-MÓVEL

ALTURA 1.35 / 1.45

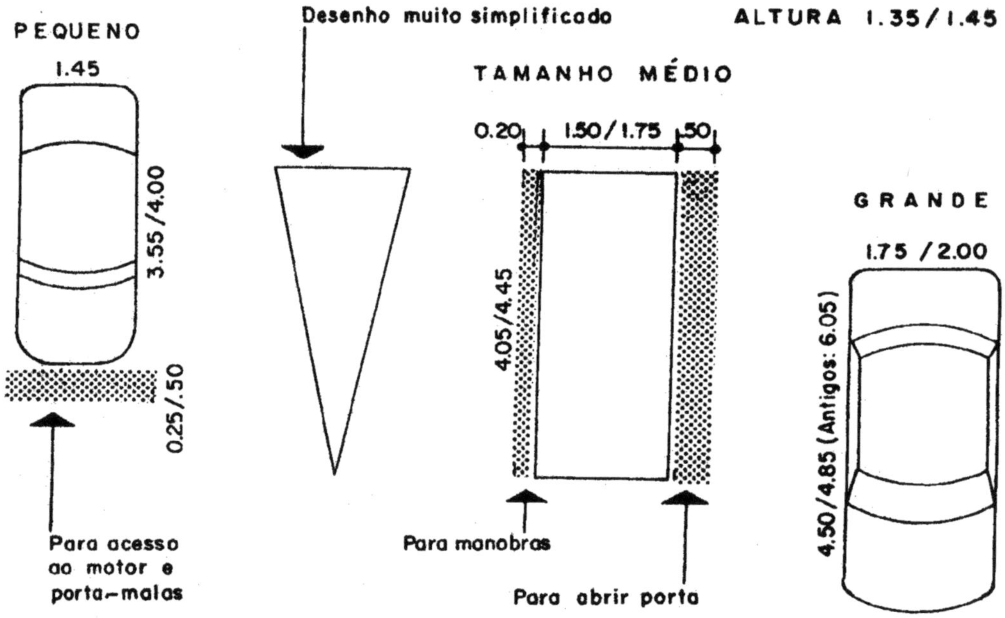

1:100

CAMINHÃO

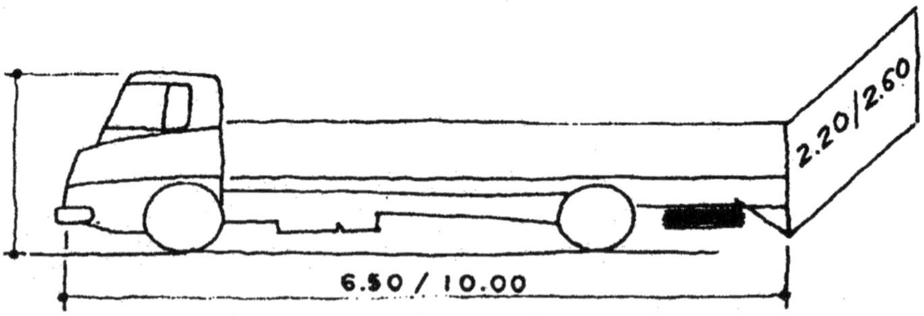

1:116

ÔNIBUS

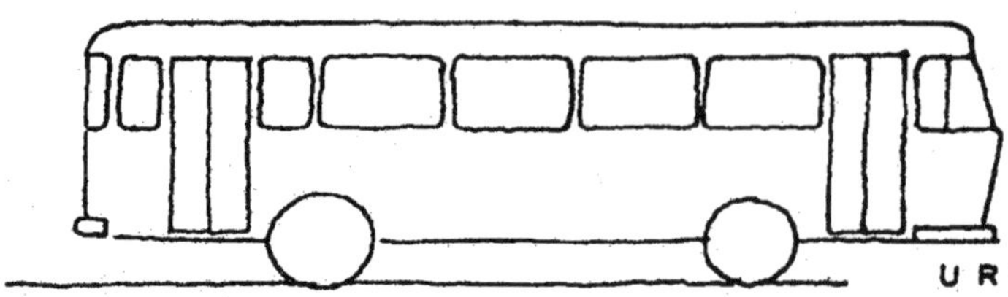

	COMPRIMENTO	LARGURA	ALTURA
URBANO	9.60	2.60	3.05
TURISMO	13.30 13.90	2.50 2.60	3.30 3.50

1:116

O Desenho Arquitetônico — na situação ideal — tende para uma linguagem universal. Para isto, ele recorre a símbolos. E um símbolo gráfico deve ser:

- **único**, isto é, diferente de qualquer outro, apresentando características próprias.
- **simples** de ser desenhado (comodidade) e compreendido.
- **semelhante** ou aproximado com a coisa representada para fácil memorização e interpretação.
- **racional**, portanto justificável pela lógica.
- **utilizado** pelos profissionais, o que implica em aceitação geral.
- um **sinal** (aviso) para orientar trabalho posterior, seja no projeto complementar, orçamento, montagem ou construção.

Tudo isto deve ser analisado ao se escolher um símbolo ou notação convencional. Trata-se, pois, de uma **opção**, que poderá ser ser pessoal ou ter o endosso das normas técnicas.

Que fique bem claro, portanto, que os símbolos apresentados anteriormente são uma **ESCOLHA** entre os que vimos **mais utilizados** por profissionais de várias regiões do país. Seria absurdo pretendê-los imutáveis e infalíveis ou, no outro extremo, pessoais. Isto lembra a situação que ocorre em uma língua falada: com o tempo e o uso geral, a gramática incorpora usos que antes foram considerados vulgares ou errados. Uma exceção é o latim, que há séculos não muda. Por quê? Porque é uma língua morta. O Desenho Arquitetônico, como coisa viva e usada, está sujeito a mudanças.

Símbolos... ...e Escolhas

Convenções Alternativas

Escala 1:50, salvo indicação

PORTA

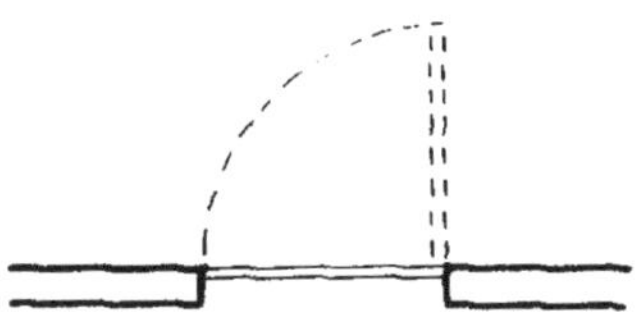

Planta

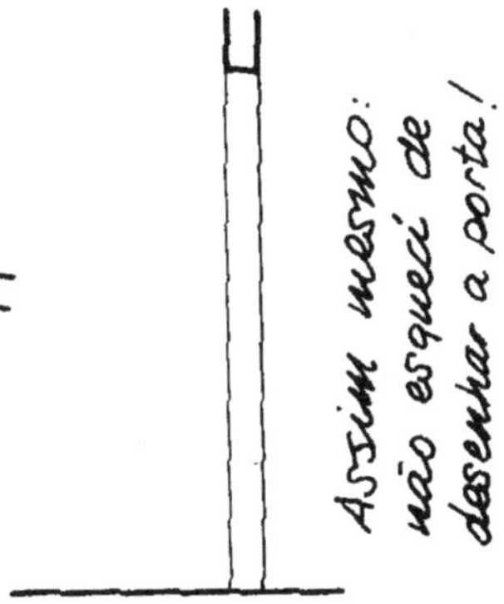

Corte

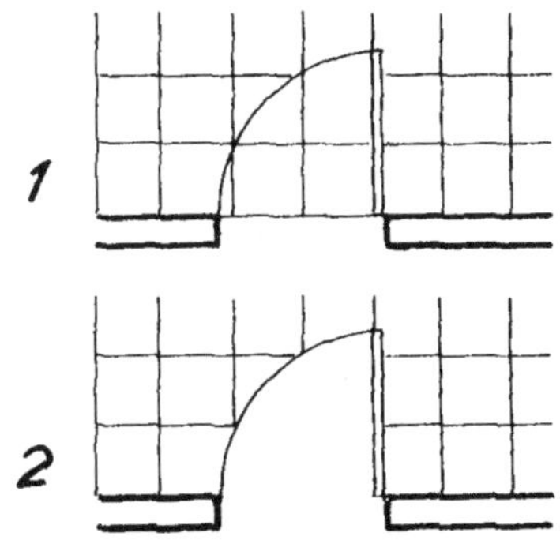

Na opção 2 a porta tem maior destaque.

JANELA

Janela pivotante
Planta • 2ª opção

Janela alta

Escala 1:200

COTA DE PISO

PLANTA

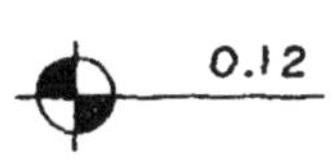

CORTE

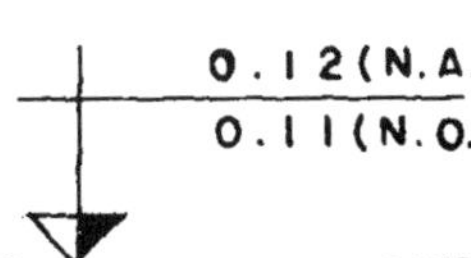

N=NÍVEL A=ACABADO O=OSSO

• CONTINÚA •

+Convenções, explicações e alternativas

PAREDE ALTA+BAIXA

A que mostramos na página 61, honestamente, NÃO é lógica. Porém alerta/avisa melhor do que esta:

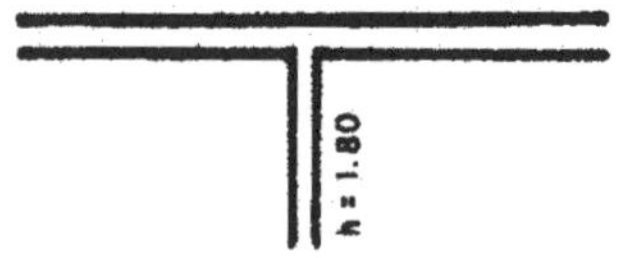

BEIRAL

Projeção na planta baixa:

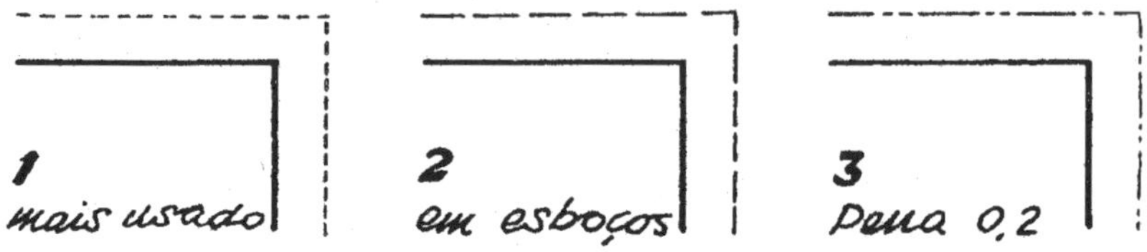

Pena 0,2 ou igual à da parede

Segundo a NBR 6492

PLANTA DE COBERTA

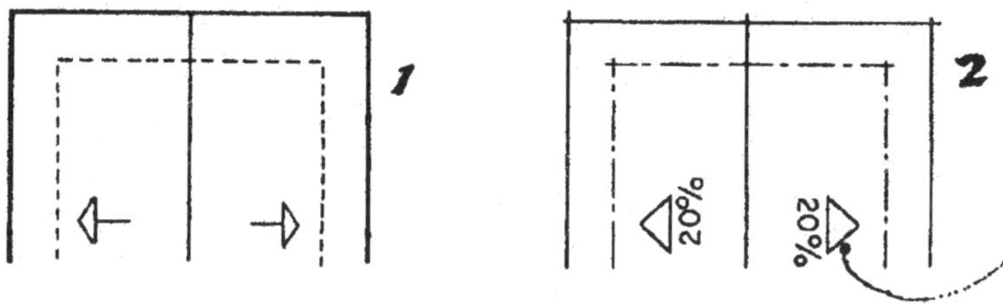

Seta exclusiva para telhados

LIMITE DE FIGURA

Um desenho parcial pode ser limitado por linha...

... à mão livre, 2

... em ponto e traço. 4

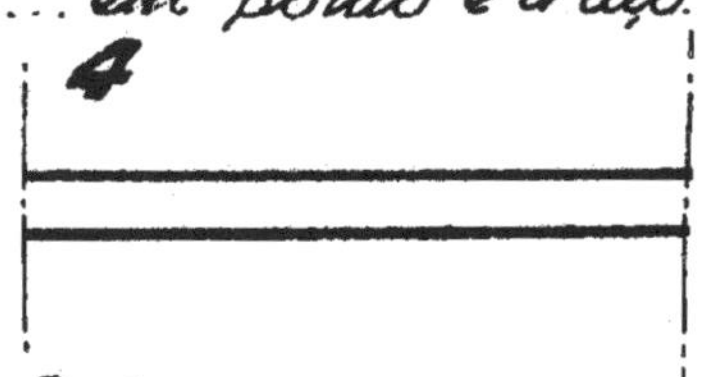

... imaginária, 1 como nas figuras acima,

... em ziguezague, 3

Pode ser usada para indicar a mudança de direção (traço vertical) nos cortes 'quebrados'.

Os nºs 2, 3 e 4 seguem as Normas.

NORTE

Os arquitetos costumam usar a imaginação, até para criar setas.

A Norma propõe esta:

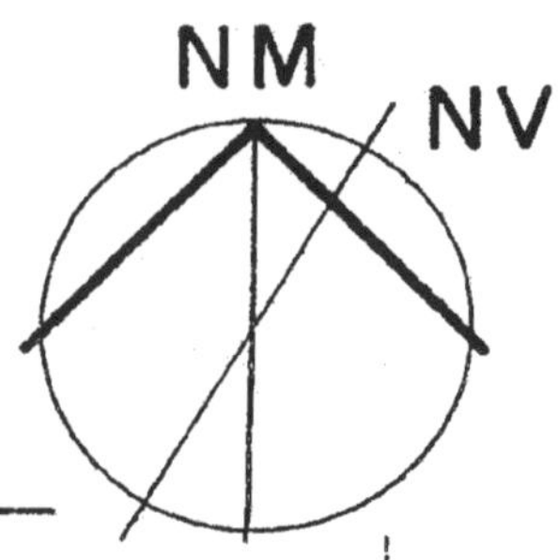

ESCADA

Será estudada adiante

Saiu de uso a antiga convenção, aliás sem lógica:

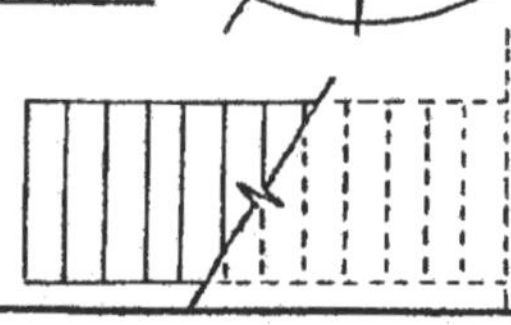

Escala 1:100

Observe nas plantas desta página, em escalas de 1:100 e de 1:200, as simplificações feitas nos símbolos gráficos. O leitor poderá desenhar esta planta na escala de 1:50 e acrescentar cortes, quatro fachadas e a planta de coberta, com a utilização das convenções apresentadas anteriormente.

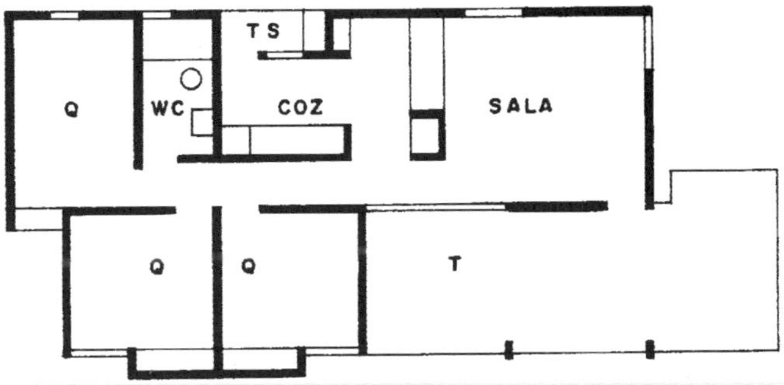

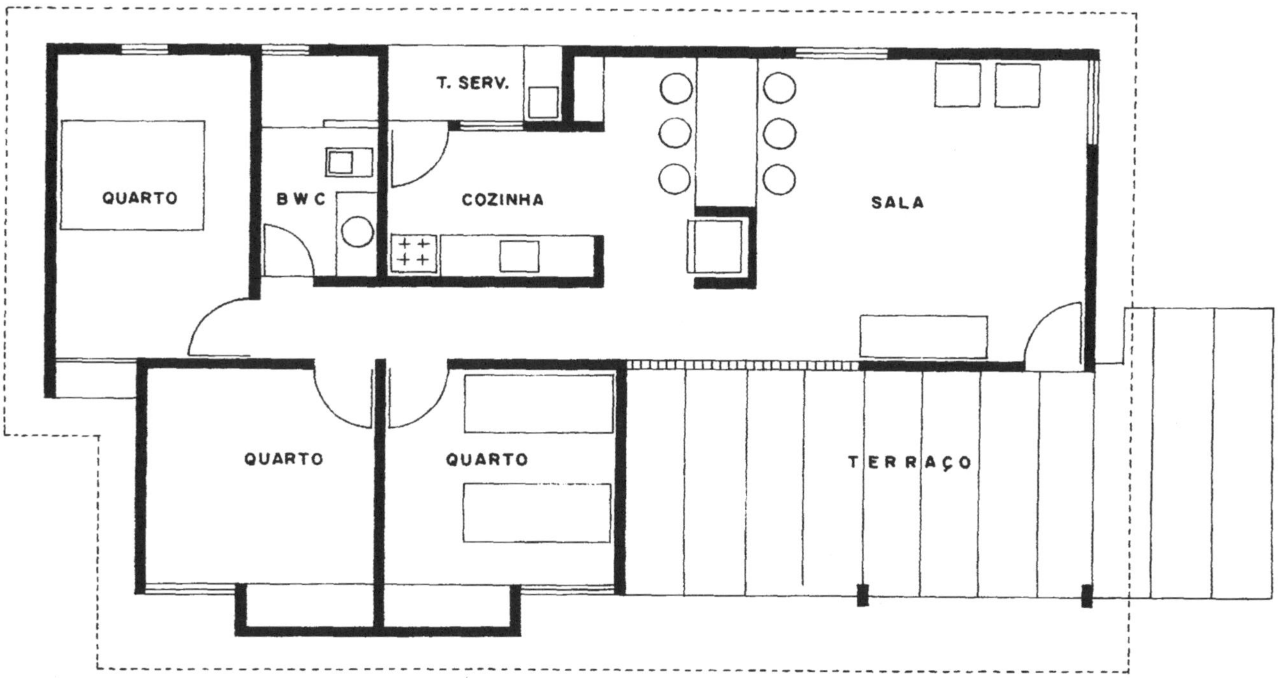

12 As etapas do desenho

As técnicas de desenho e a seqüência no trabalho são elementos importantes para obter eficiência e qualidade. Muitos não ligam a estes detalhes e desenham de qualquer maneira; mal e devagar, em geral. O profissional competente sabe que um trabalho bem feito depende de bons instrumentos, de bom material e da **correta aplicação** deles. Este é o fator humano e depende essencialmente de nós mesmos.

Cabe-nos fazer um trabalho limpo e bem apresentado ou tentar empurrar um serviço desleixado e sujo. Eu escrevi "**tentar empurrar**", pois um serviço ruim pode ser aceito por este ou aquele motivo, mas o trabalho seguinte será entregue a **outro** profissional. Culpa-se, muitas vezes, a pressa. Ela é realmente, uma quase constante, quer nos serviços do arquiteto, quer nos trabalhos do desenhista. Mas não justifica todas as falhas! O desenhista competente é **bom** e **rápido**, pois estas qualidades não são incompatíveis. Desculpas existem aos montes, entretanto um serviço bem feito deve passar por cima de todos os obstáculos. Chama-se a isto ter pulso, 'raça', disposição, caráter... Seja o que for, não está à venda em bancas de revistas.

Muito bem! Palmas...
e acabou o sermão.

Falamos em páginas anteriores sobre material e instrumentos de desenho. Já explicamos como se desenham as plantas, os cortes e as fachadas. Trataremos, agora, da seqüência dos trabalhos durante o desenho.

RESUMO:
Em páginas anteriores, falamos sobre material e instrumentos de desenho, explicando como se desenham plantas, cortes e fachadas. Agora trataremos da SEQÜÊNCIA do trabalho durante o desenho: por onde começar e como organizar o trabalho.

A• PLANTA BAIXA
1ª FASE:

1 - MARCAR O CONTORNO EXTERNO DO PROJETO
2 - DESENHAR A ESPESSURA DAS PAREDES EXTERNAS
3 - DESENHAR AS PRINCIPAIS DIVISÕES INTERNAS

Fazer traços finos a lapis.

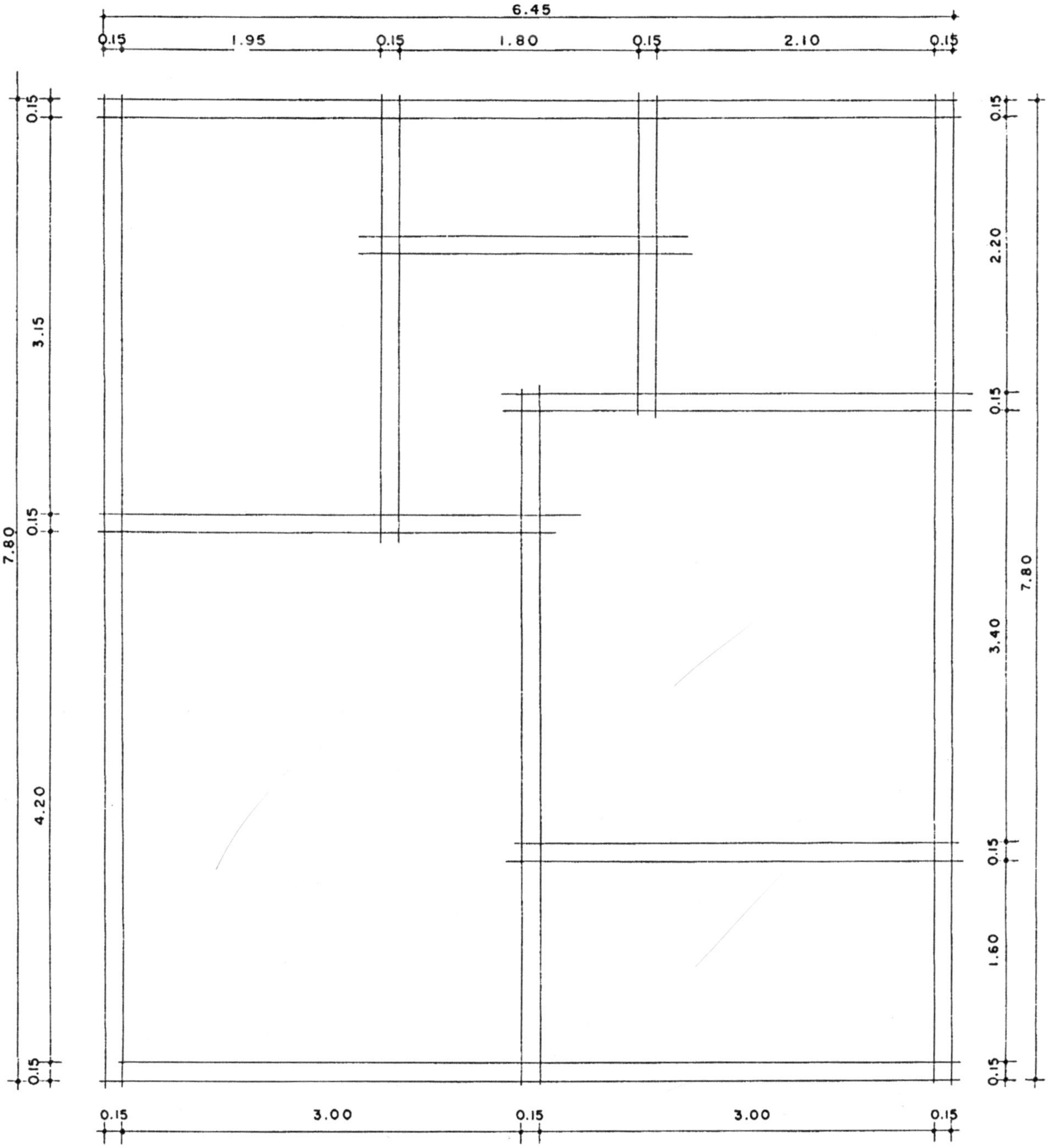

PLANTA
ESCALA 1:50

As cotas são escritas em etapa posterior, mas aparecem aqui como orientação para a aprendizagem.

A· PLANTA BAIXA

CONTINUAÇÃO • 2ª FASE

4 - DESENHAR PORTAS E JANELAS

5 - DESENHAR OS EQUIPAMENTOS: BALCÃO, BIDÉ, BACIA, ETC.

6 - APAGAR OS EXCESSOS DAS LINHAS TRAÇADAS

7 - DESENHAR A PROJEÇÃO DA COBERTA

Desenho ainda à lapis e com traços finos.

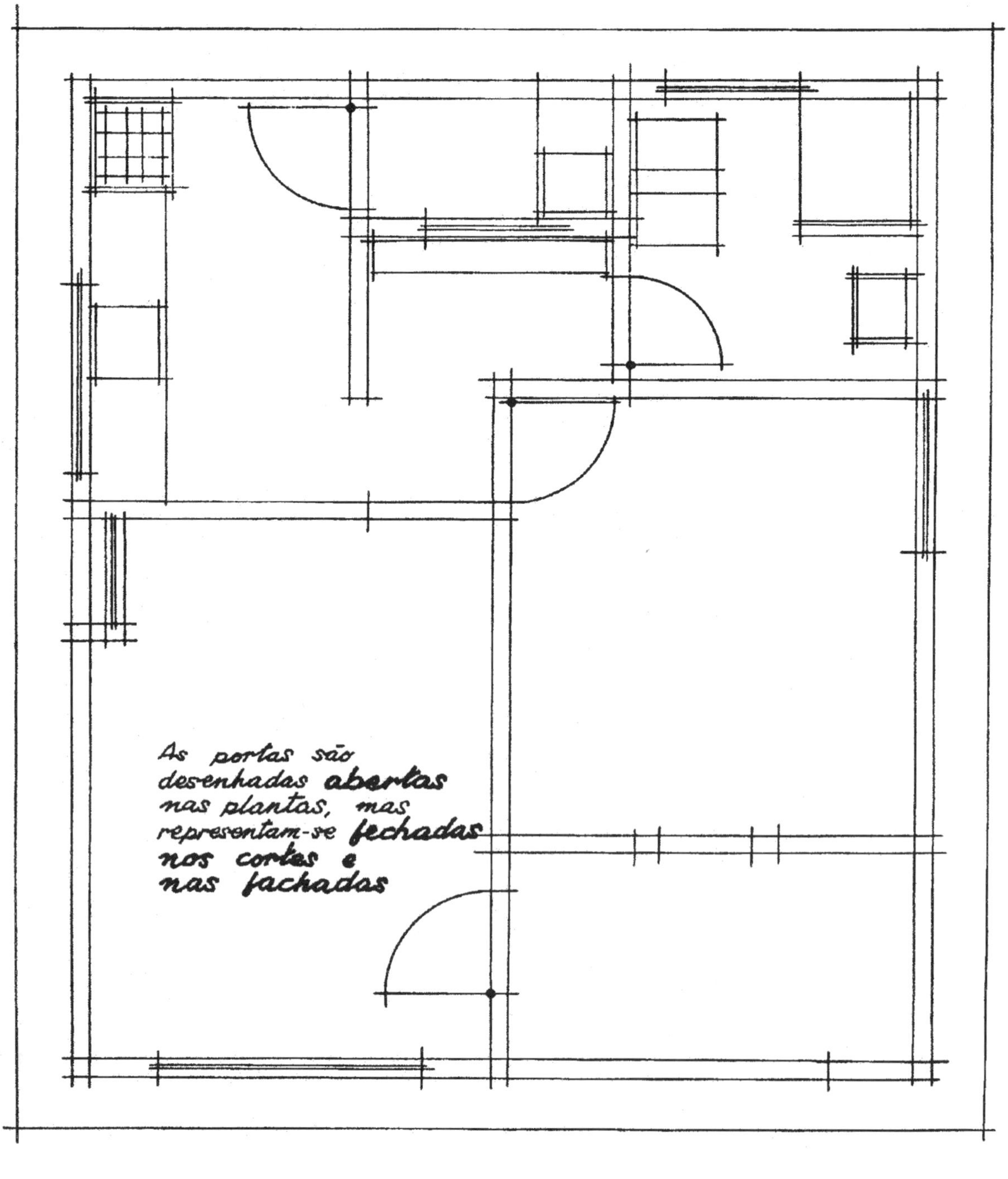

A·PLANTA BAIXA

CONTINUAÇÃO • 3ª FASE: 8 – DESENHAR AS LINHAS PONTILHADAS

9 – ACENTUAR A ESPESSURA DOS TRAÇOS (PAREDES)

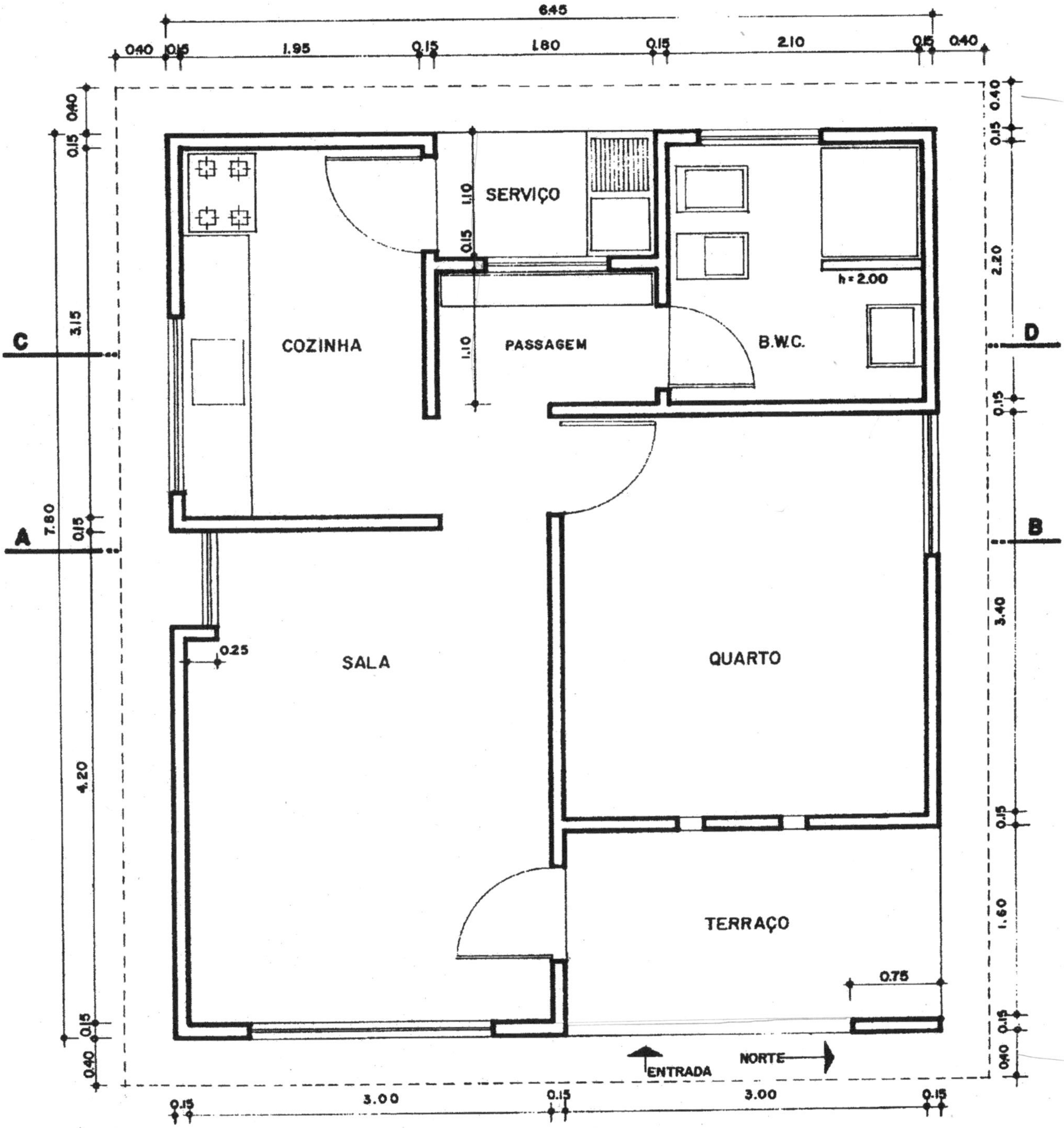

4ª FASE:

10-COLOCAR LINHAS DE COTA E COTAR.

11-ESCREVER OS NOMES DOS COMPARTIMENTOS.

12-INDICAR A POSIÇÃO DOS CORTES, A ENTRADA, O NORTE.

PARA DESENHAR À TINTA

Fazer a lápis todo o traçado na mesma sequência: desde o nº 1 até o 12, dispensando apenas a 3ª fase - números 8 e 9.

Agora com tinta: *Fazer as partes curvas, arcos, etc. Em seguida, fazer os números de 8 até 12, da página anterior.*

B • CORTES

1 - COLOCAR PAPEL "MANTEIGA" SOBRE A PLANTA
2 - DESENHAR A LINHA DO TERRENO
3 - MARCAR A COTA DO PISO (EMBASAMENTO) E TRAÇAR
4 - DESENHAR AS PAREDES EXTERNAS E MARCAR SUAS ALTURAS
5 - DESENHAR O FORRO, QUANDO HOUVER
6 - DESENHAR A COBERTA OU TELHADO

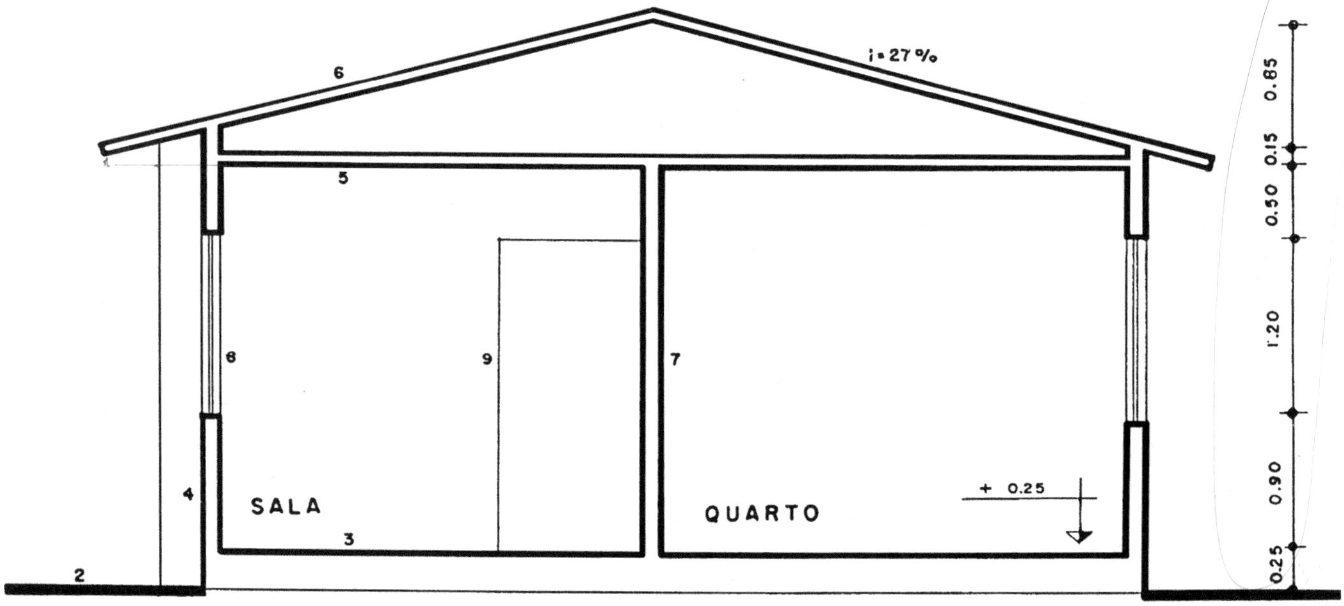

CORTE AB
ESCALA 1:50

7 - Desenhar as paredes internas cortadas pelo plano.
8 - Marcar as portas e janelas secionadas pelo plano do corte.
9 - Desenhar os elementos que são vistos após o plano de corte. Exemplo: portas e janelas não cortadas.
10 - Colocar linhas de cotas e cotar.
11 - Repassar os traços a lápis ou a tinta na sequência:
a - traços finos (em todo o desenho);
b. traços médios;
c. traços grossos.

Em qualquer desenho a tinta fazer todos os traços a lápis, sem exceção. Ao começar o desenho a tinta seguir a indicação do nº 5 da página anterior nesta ordem:

a • Linhas curvas.

b • Linhas oblíquas.

c • Linhas verticais – da esquerda para a direita e de baixo para cima.

d • Linhas horizontais – de cima para baixo e da esquerda para a direita.

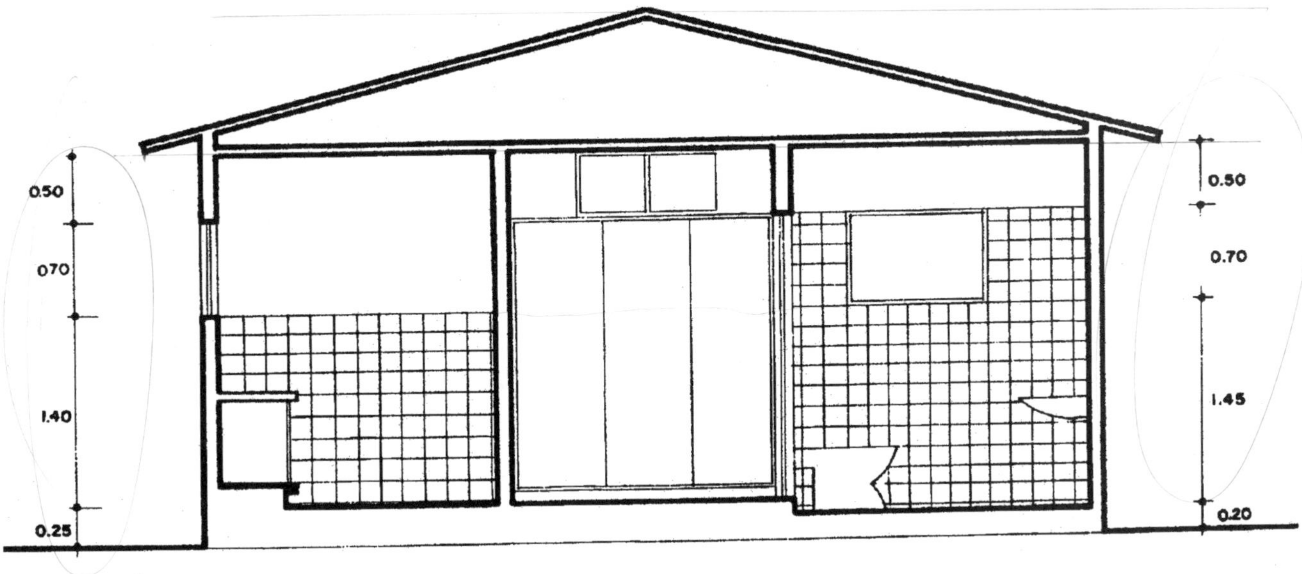

CORTE CD
ESCALA 1:50

Nos desenhos feitos com tinta sobre o papel vegetal devem-se apagar os traços do lápis e limpar a prancha com algodão ou estopa fina de limpeza embebida com **BENZINA**. Por melhor que seja o nanquim alguma coisa é tirada quando se usa borracha; no mínimo, o brilho do traço.

C • FACHADAS

1 – SERÃO FEITAS **DEPOIS** DE DESENHADOS OS CORTES
2 – DESENHAR A LINHA DO TERRENO E MARCAR AS MEDIDAS HORIZONTAIS, COMO SE VÊ NO CAPÍTULO 10.
3 – **TODAS** AS MEDIDAS RELATIVAS ÀS ALTURAS SERÃO TRANSPORTADAS DOS CORTES PARA AS FACHADAS.
4 – AS FACHADAS **NÃO** LEVAM LINHAS DE COTA.

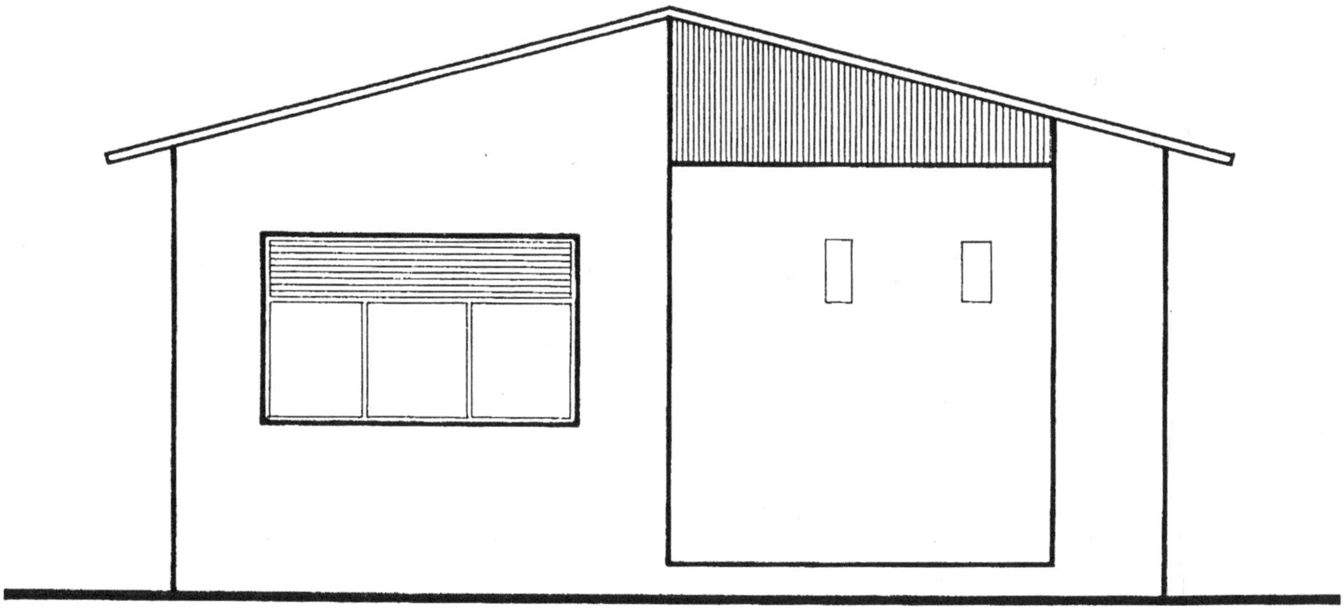

FACHADA LESTE • ESCALA 1:50

5 – REPASSAR TODAS AS LINHAS – A LÁPIS OU A TINTA – EM TRAÇOS FINOS TRANSFORMANDO-OS, ONDE FOR O CASO, EM MÉDIOS OU GROSSOS, ATENDENDO À CONVENÇÃO • CAPÍTULO 10.

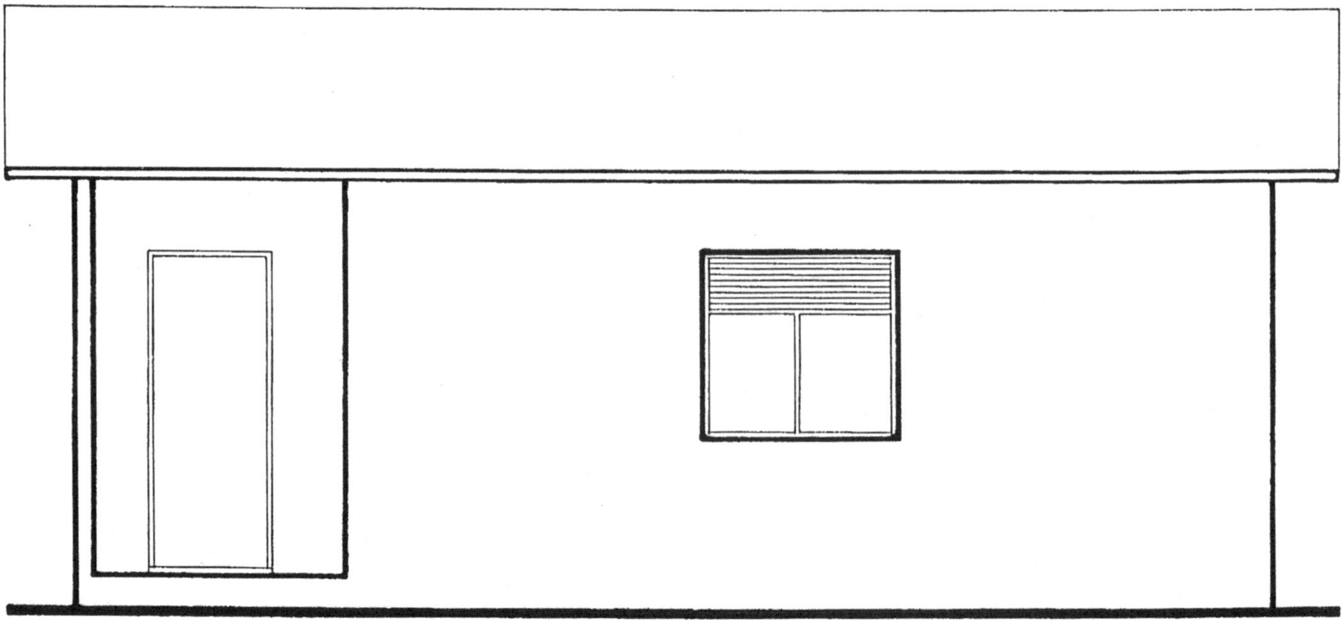

FACHADA NORTE • ESCALA 1:50

D • PLANTA DE LOCAÇÃO E DE COBERTA

ESCALA 1:100

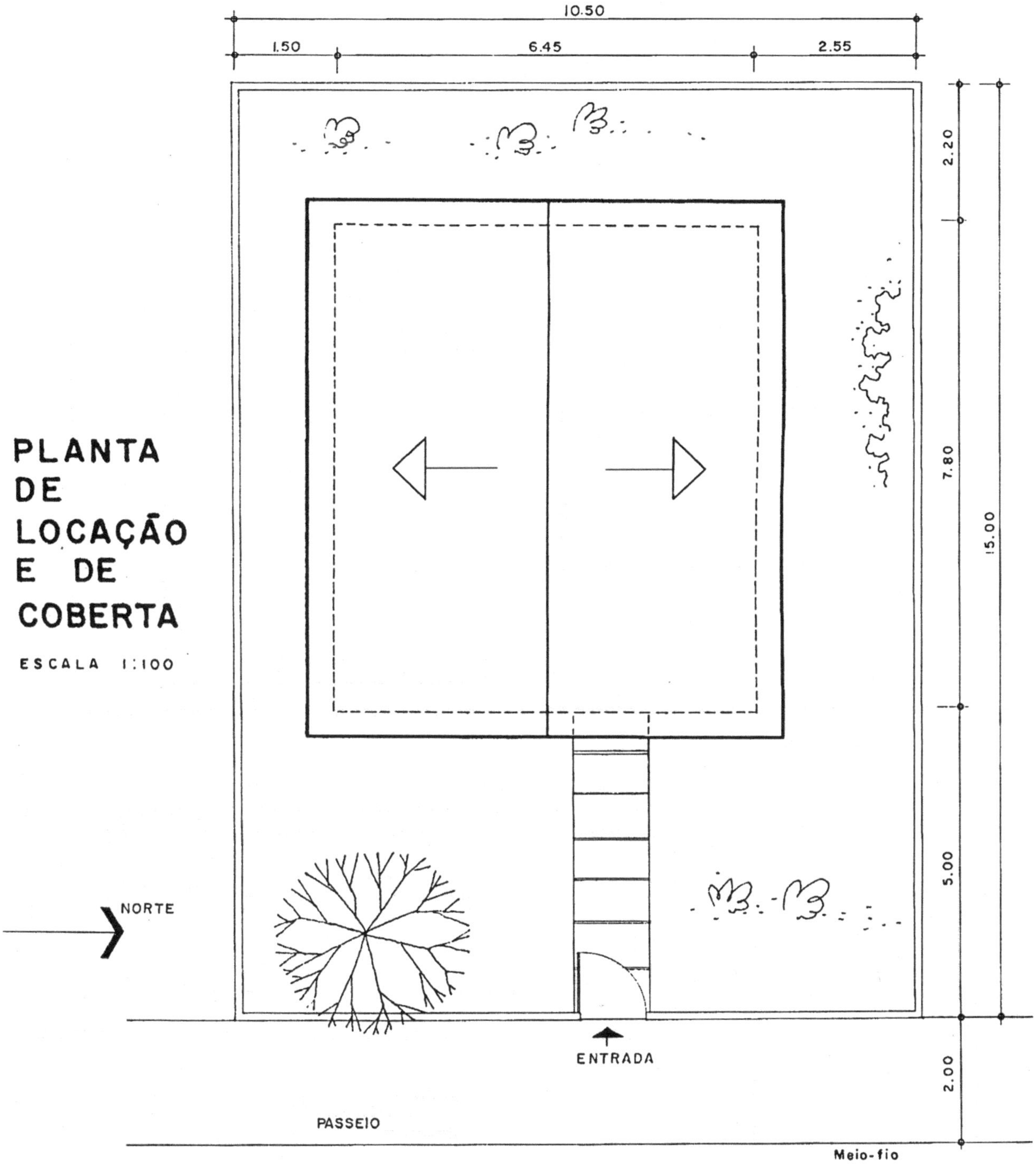

Usam-se, também, as escalas de 1:50 ou 1:200.

E • PLANTA DE SITUAÇÃO

Escalas mais usadas:
1:500 e 1:1000

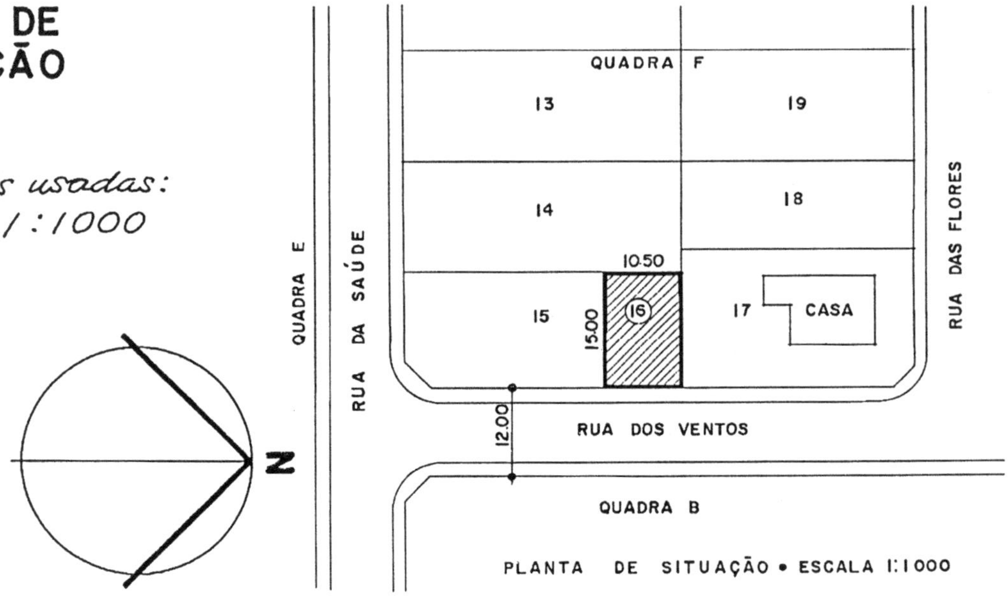

CONTEÚDOS

A **PLANTA DE SITUAÇÀO** indica:

- Terrenos vizinhos (lote/ quadra)
- Vias de acesso
- Orientação
- Curvas de nível existentes ou projetadas
- Área do terreno
- Contorno e dimensões do terreno
- Escala
- Construções projetadas, existentes e a demolir

Seqüência de trabalho para os itens D e E: desenhar do geral para o particular, ou seja, do maior para o menor.

A **PLANTA DE LOCAÇÃO** deve informar:

- Dimensões do terreno
- Curvas de nível, platôs e taludes e cotas com R.N. (Referência de Nível)
- Declive de rampas
- Ângulos e curvas
- Áreas (ver adiante)
- Orientação
- Passeio (calçada) e acessos
- Escala
- Eixos do projeto (quando modulado)
- Recuos e afastamentos (laterais, de frente e de fundo)
- Rede de eletricidade, água e esgotos
- Árvores existentes e a plantar

F • CÁLCULO DE ÁREAS

Cada repartição que vai analisar o projeto tem exigências específicas sobre áreas e índices, como fazer os cálculos e como/quanto pagar por licenças. As mais visadas são área do terreno e área de construção. No exemplo:*

Área do terreno 157,50 m²
da construção 50,31 m²
(Letra minúscula!)

** São leis e regulamentos que não fogem à regra: têm entrelinhas, interpretações e ardis que convém conhecer a fundo... bem fundo.*

G • DISTRIBUIÇÃO DOS DESENHOS EM PRANCHAS

Nos pequenos projetos – e quando não há restrição no Código de Obras do Município – usa-se prancha única • Em ① ou ② será identificado o projeto de acordo com instruções do dito Código

A legenda ou identificação na gíria profissional chama-se "CARIMBO"

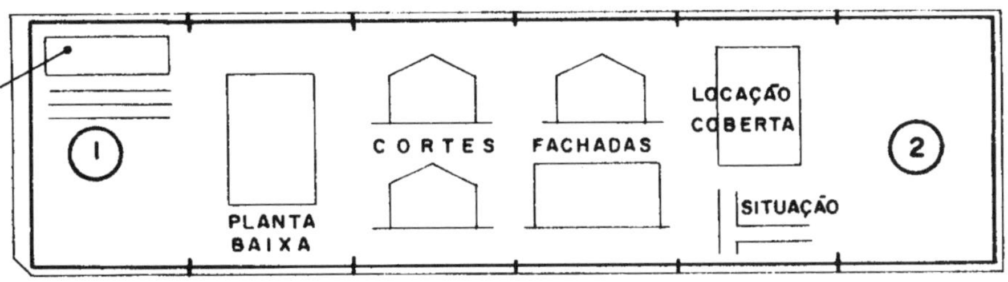

ESQUEMA DE UM "CARIMBO"
ESCALA 2/3

O espaço abaixo do "carimbo" fica reservado para a burocracia: carimbos, vistos, aprovações, registros e quejandos, similares, vizinhos e anexos.

GILDO AZEVEDO MONTENEGRO • ARQUITETO			
LOGOTIPO DO ARQUITETO OU Nº DO PROJETO		PROJETO PARA CONSTRUÇÃO DE UMA RESIDÊNCIA SITUADA NO LOTE 16 - QUADRA F NA RUA DOS VENTOS, NO LOTEAMENTO DO JARDIM PARAÍSO - BAIRRO DA FÉ - RECIFE - PE	
DATA	ESCALA	AREAS	PRANCHA
DESENHO	PLANTA, FACHADAS, CORTES		01

PROPRIETÁRIO *José Macambira* ____________________
JOSÉ MACAMBIRA

PROJETO ____________________
CREA 1428-PE

CONSTRUÇÃO ____________________
CREA 000-PB

Em projetos que exigem várias pranchas elas são desenhadas na seqüência que acabamos de mostrar, ainda que **posteriormente** venham a ser numeradas na seguinte ordem:

1 - Situação
2 - Locação
3 - Plantas baixas
4 - Cortes
5 - Fachadas
6 - Planta de coberta

Nos projetos em que a planta baixa, por suas grandes dimensões, tenha de ser dividida em mais de uma prancha, deve-se ter o cuidado de fazer um desenho contendo a planta completa — menor e simplificada ou abreviada — de modo que se tenha, rapidamente, uma idéia de conjunto.

Quando um desenho, seja qual for o seu conteúdo — planta de qualquer espécie, corte ou fachada — não pode ser colocado na prancha na posição que indicamos, deve-se adotar a solução apresentada ao lado.

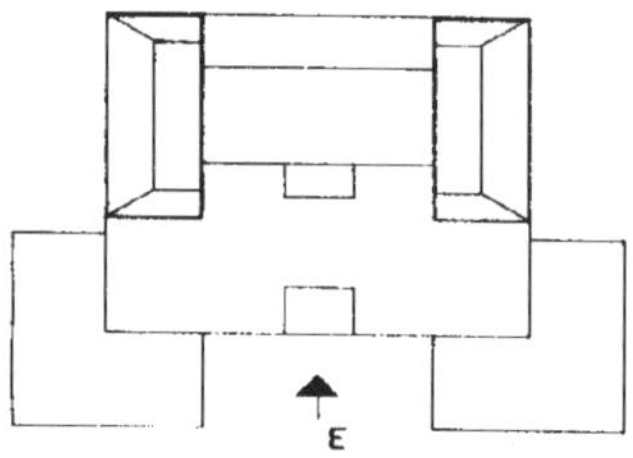

POSIÇÃO NORMAL : PLANTA

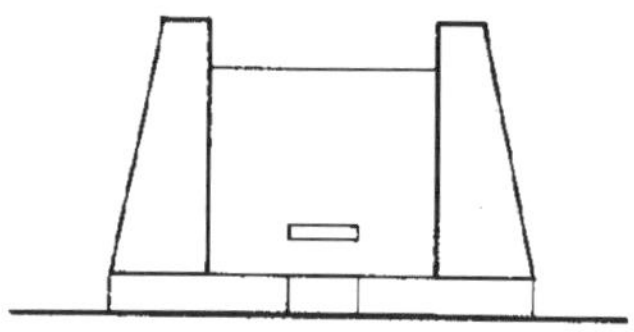

FACHADA : POSIÇÃO NORMAL

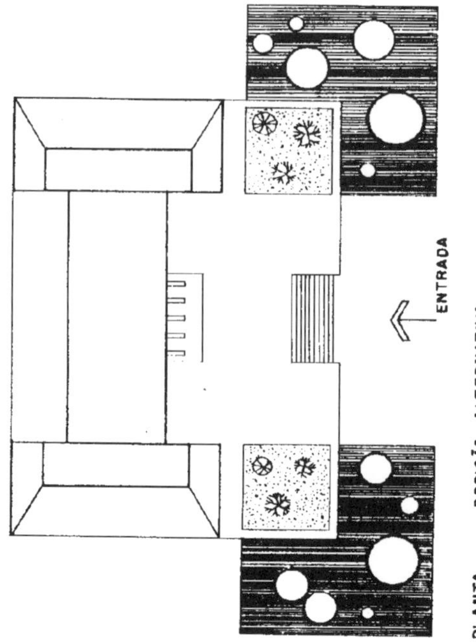

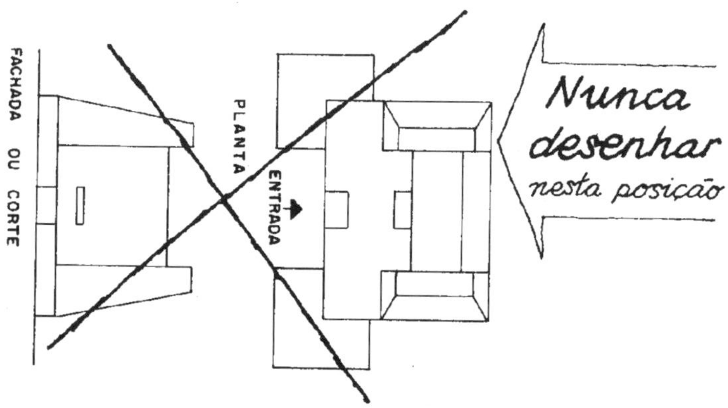

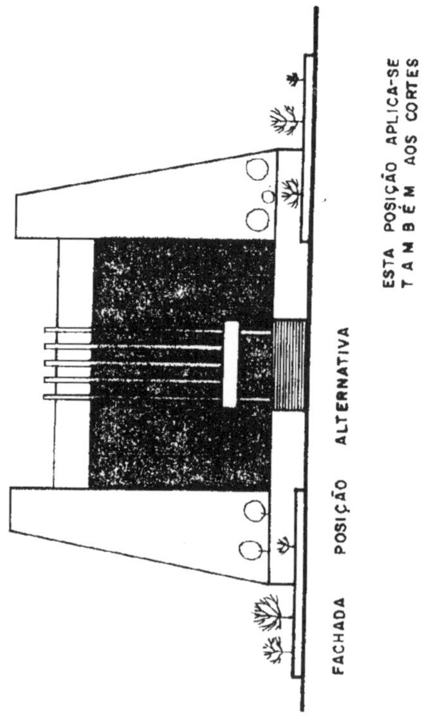

H • VERIFICAÇÃO COMPLETA DE TRAÇOS, COTAS, ÁREAS, ETC. ANTES DE TIRAR CÓPIAS

As cópias são geralmente tiradas em grande quantidade de tal forma que qualquer erro se torna difícil de ser corrigido. Verifique, também, a ortographya, digo, a ortografia a fim de que não circulem coisas como anteprojeto, dispensa, cosinha, garage, sita (casa sita à rua ...), basculhante, mts. (em lugar de metros ou m), faichada, dezenho, living (em lugar de sala de estar).

1• ESPECIFICAÇÕES de materiais e de acabamentos podem ser indicados no projeto: pisos, revestimentos de paredes, forro, pintura e outros itens. É o que se chama de **planta falada**, em geral, feita na escala de 1:20 ou 1:25.

Uma especificação detalhada dificilmente pode ser encaixada em um desenho. Costuma-se fazê-la *abreviada* e complementada por um caderno de encargos. Há diferentes modalidades de especificar nos desenhos. Daremos algumas amostras:

1 - Utilizando letras e algarismos

Estabelece-se, por exemplo, um código como:

A - Piso	1 - Cimentado
B - Rodapé	2 - Cerâmica
C - Soleira	3 - Gesso
D - Parede	4 - Lambri de madeira
E - Pintura	5 - Tinta lavável
F - Forro	6 - Fluorescente
G - Iluminação	7 - Azulejo colorido
H - Balcão	8 - Mármore

Assim, A8 significa piso de mármore; E5 corresponde a pintura com tinta lavável, etc. O conjunto de letra + algarismo é escrito em cada dependência muito mais rapidamente do que qualquer outro processo. Neste caso, cada planta será acompanhada da 'tradução' do código, em papel separado ou na mesma prancha.

2• Pode-se especificar por meio de **símbolos gráficos** e de números. Assim:

△ significa PISO

□ significa PAREDE

○ significa FORRO

Acrescentando a numeração do item anterior, fica:

△2 Piso de cerâmica

□4 Lambri de madeira

○3 Forro de gesso

Cada escritório pode estender ou aperfeiçoar suas especificações de modo a incluir outros elementos da construção; por exemplo: relação de esquadrias, ferragens, luminárias etc., assim como detalhar bem alguns pontos do projeto.

A página seguinte inclui exemplos de utilização dos dois processos acima indicados. O primeiro deles é mais flexível, por não estar sujeito a símbolos gráficos; ambos podem ser utilizados, também, nos desenhos de cortes e de fachadas.

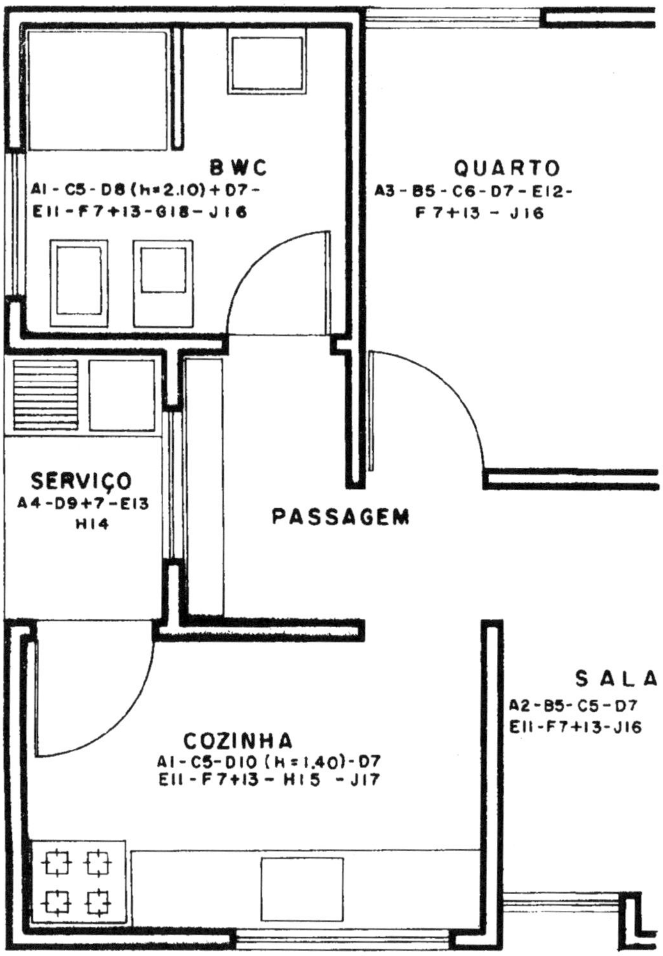

ESPECIFICAÇÃO
DE MATERIAIS NA PLANTA

SISTEMA 1	SERVIÇOS	SISTEMA 2
A	Piso	
B	Rodapé	
C	Soleira	
D	Revestimento de Parede	△
E	Pintura	▽
F	Forro	▱
G	Peças Sanitárias	□
H	Balcão	⬡
J	Iluminação	◎

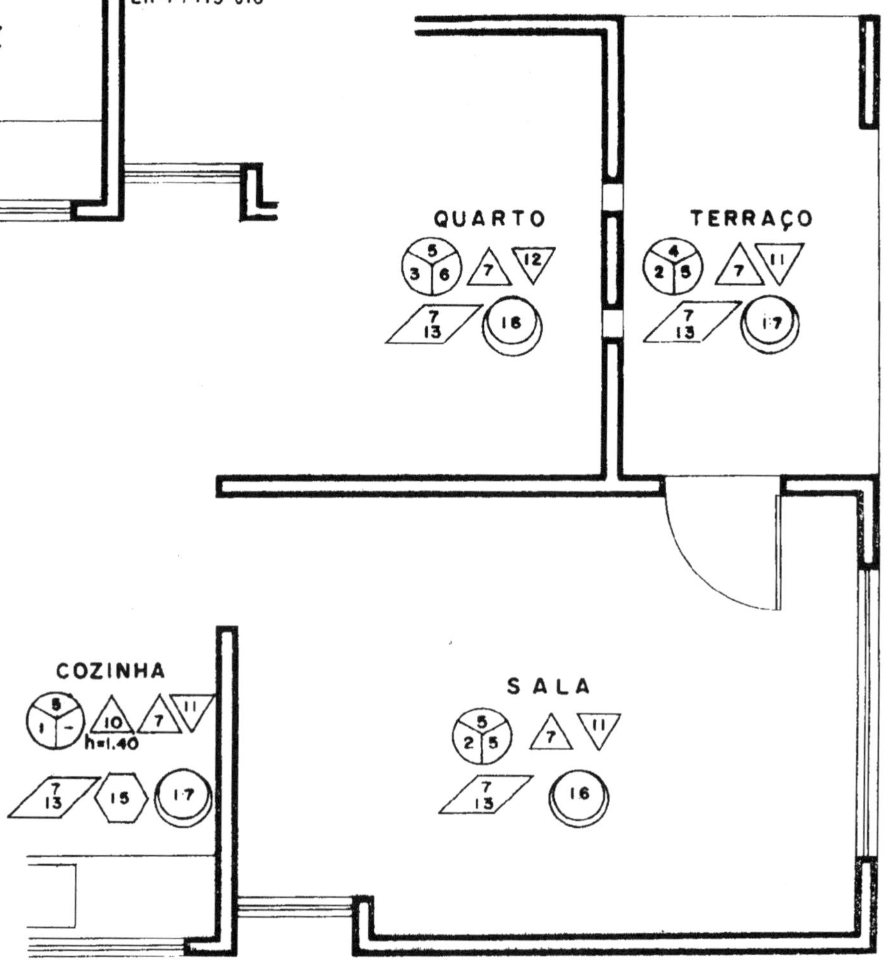

Relação de Materiais

1) Cerâmica esmaltada de 15x30 cm. Cor bege
2) Cerâmica decorada linha BETA, cor branca e verde. 20x20 cm
3) Taco de peroba encerado. Ver detalhe
4) Cimentado, na cor natural
5) Mámore branco
6) Peroba
7) Chapisco e massa única
8) Azulejo decorado ALFA de 10x20 cm na vertical. Cor marrom e creme
9) Azulejo branco com 10 fiadas
10) Azulejo de cor bege
11) Pintura de PVA sobre massa plástica.Cor castanho
12) Pintura de PVA sobre massa plástica. Cor azúl celeste
13) Pintura de cal branca
14) Cimentado pintado de Epoxi. Cor mostarda
15) Aço inoxidável
16) Incandescente
17) Fluorescente
18) Linha Calumbi na cor branca com ferragem ITOL, linha Capiba

As esquadrias são detalhadas em pranchas à parte, onde se indicam as quantidades, a madeira, o acabamento e as ferragens.

13 Noções de desenho topográfico

Nem sempre os terrenos são lotes retangulares e planos. Há terrenos de contorno irregular e outros com altos e baixos. A representação da superfície do terreno é objeto de estudo da Topografia. É o que diz o seu próprio nome: *topo* = terreno e *grafia* = representação.

Muitos projetos têm seus custos acrescidos por serviços não previstos inicialmente; não por deficiência do projeto e sim, por falta de dados em decorrência de um *levantamento incompleto*. Há sempre quem confunda 'economia' e 'o mais barato' (que acaba saindo mais caro).

O bom construtor sabe que serviço bem feito é aquele que é feito uma única vez! Nada custa tão caro como desmanchar e fazer novamente, com remendos. Perde-se tempo, trabalho e dinheiro e surgem os aborrecimentos e atritos.

- Um terreno plano e horizontal fica definido por seu perímetro ou contorno.
- Levantar um terreno é fazer a medição dos ângulos e das distâncias, de modo que ele possa ser desenhado
- O levantamento pode ser feito no local por meio de instrumentos (trena, mira, bússola, teodolito, etc) ou por meio de fotografias aéreas, quando se trata de uma região muito extensa.

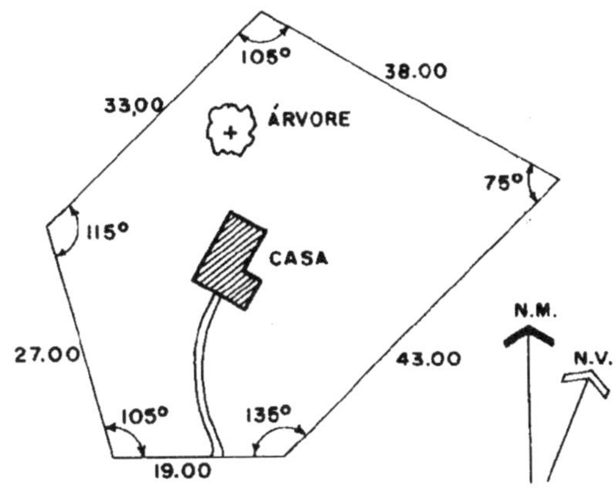

PLANTA • ESCALA 1:1000

LEVANTAMENTO PLANIMÉTRICO (ACIMA) É O DESENHO DA PROJEÇÃO HORIZONTAL DE UM TERRENO. CHAMA-SE, TAMBÉM, PLANIMETRIA.

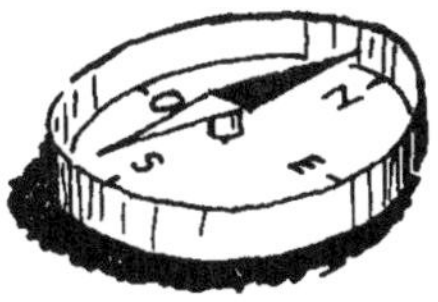

- A orientação do terreno é obtida por meio da bússola. A ponta azulada da agulha indica o Norte Magnético (N.M.)
- O Norte Verdadeiro (N.V.) ou Norte Astronômico é, em geral, diferente do N.M. Trata-se de um fator muito importante para que o arquiteto faça o projeto levando em conta a posição do sol (insolação) e a direção dos ventos nas diferentes épocas do ano.

RESUMO:
Conhecer (e reconhecer: ir ao local) o terreno é fundamental para o projeto e para a construção. Um terreno com suas dimensões, ângulos, relevo, árvores, blocos de pedra e acidentes geográficos conhecidos, torna a construção menos sujeita a imprevistos. É a representação convencional destes itens que se estuda a seguir.

- Quando o terreno é acidentado ou é inclinado o levantamento planimétrico não é suficiente para seu conhecimento. O relevo, a variação de alturas será medida no levantamento altimétrico e representada por meio de curvas de nível.

CURVA DE NÍVEL É A REPRESENTAÇÃO DOS PONTOS DE MESMA COTA OU ALTURA EM RELAÇÃO A UM PLANO HORIZONTAL TOMADO COMO REFERÊNCIA

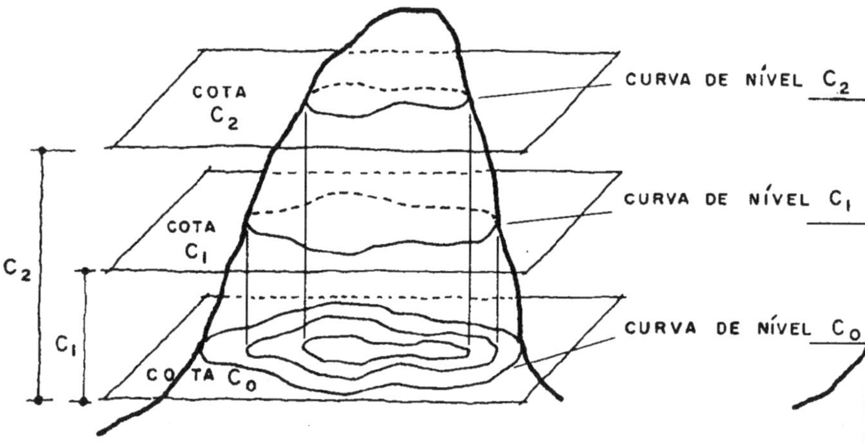

PERSPECTIVA

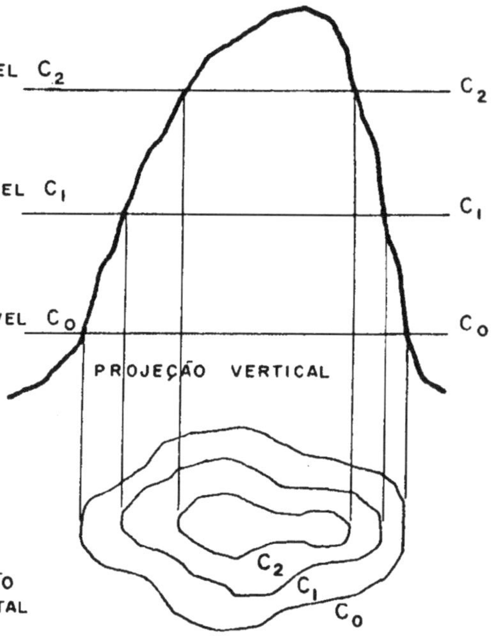

PROJEÇÃO HORIZONTAL

A partir de medições de distância e de alturas (cotas) dos pontos A, B, C, D ... e M, N, P, Q ...

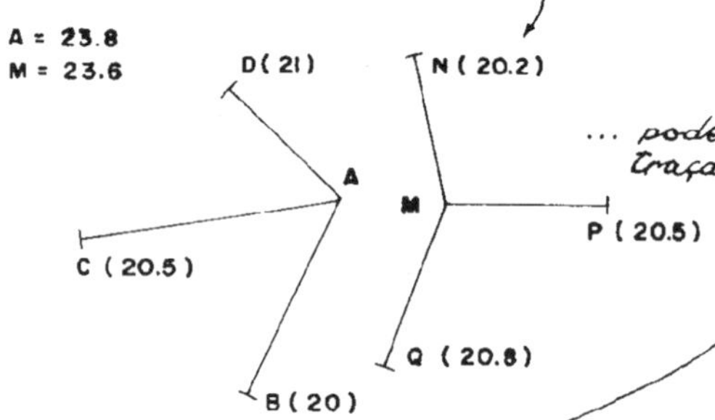

... podemos traçar as **SEÇÕES:**

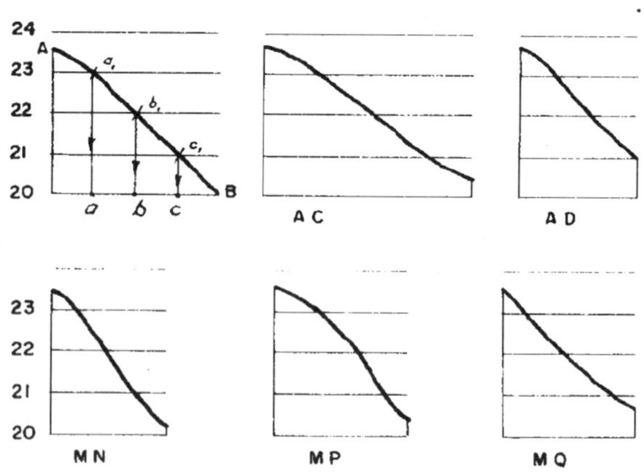

Depois,

... as cotas INTEIRAS (como a, b, c...) obtidas nas seções são levadas para a planta:

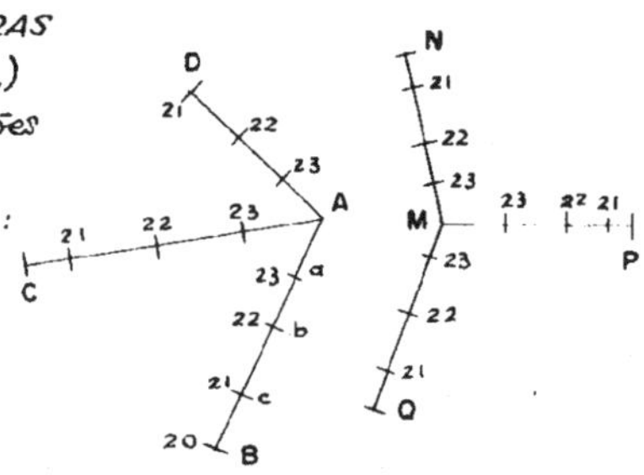

Ligando entre si os pontos de mesma cota obtemos as CURVAS DE NÍVEL, tanto mais precisas quanto maior for a quantidade de pontos.

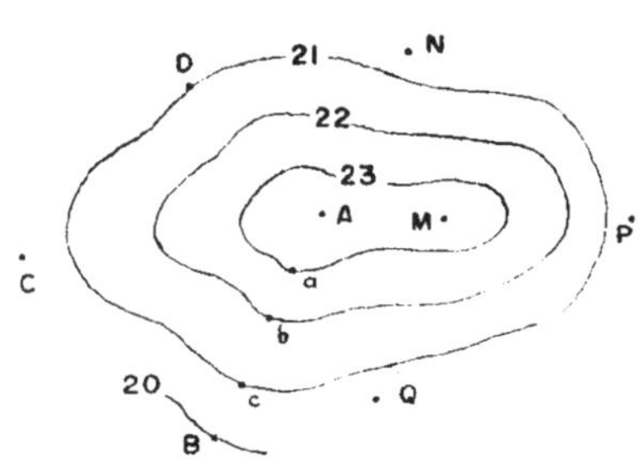

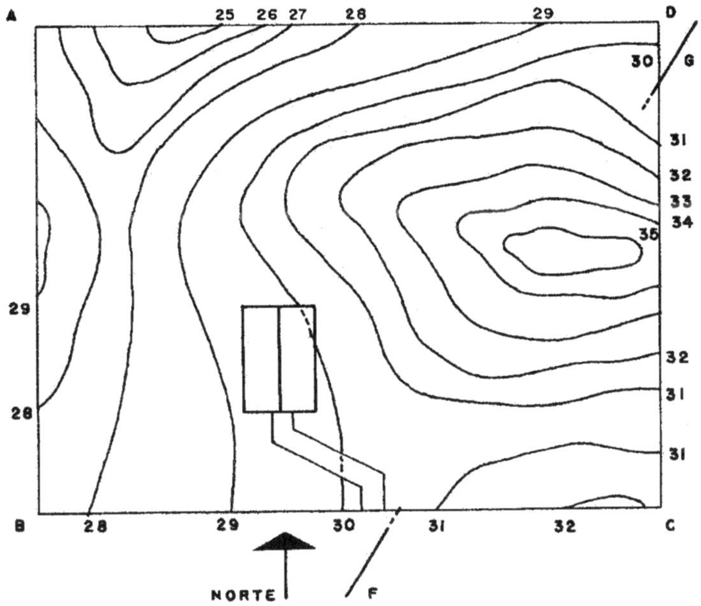

1) Ampliar a planta ao lado para a escala de 1:500 ou de 1:200.
2) Fazer várias seções, inclusive por planos não paralelos às fachadas, como FG.(O livro não apresenta as soluções dos itens acima.)
3) Dado o levantamento planialtimétrico ao lado, pedem-se
   - a representação dos muros de contorno...
   - ... com as fachadas da casa.

   Outros dados necessários:
   Piso da casa na cota 30,50
   Cumeeira na cota 33,90
   Inclinação da coberta i = 40%
   Altura do muro 1m
   Escala 1: 500

Atenção:
Este não é um exercício para principiantes!

Orientação
Inicialmente escolhemos uma fachada, por exemplo, BC ou Sul e traçamos o perfil do terreno (base do muro). O procedimento é semelhante ao que foi usado para determinar as seções na página anterior; aqui as distâncias horizontais devem ser multiplicadas por 2, de modo a passar da escala 1:1.000 (planta) para a de 1:500 (fachada) ou seja: 1/1.000 x 2 = 1/ 500. Desenhamos a fachada da casa segundo as cotas fornecidas. Procuramos os pontos de interseção de cada curva de nível com a linha de chamada e levamos para a fachada, obtendo o perfil do terreno (traço fino) nesta fachada. Depois passamos uma paralela à base do muro (h = 1 m) e fazemos a parte superior do muro, como se vê na Fachada Sul (parte à direita). Podemos fazer o muro escalonado, isto é, em degraus, como está desenhado num trecho da Fachada Oeste.

RESPOSTAS

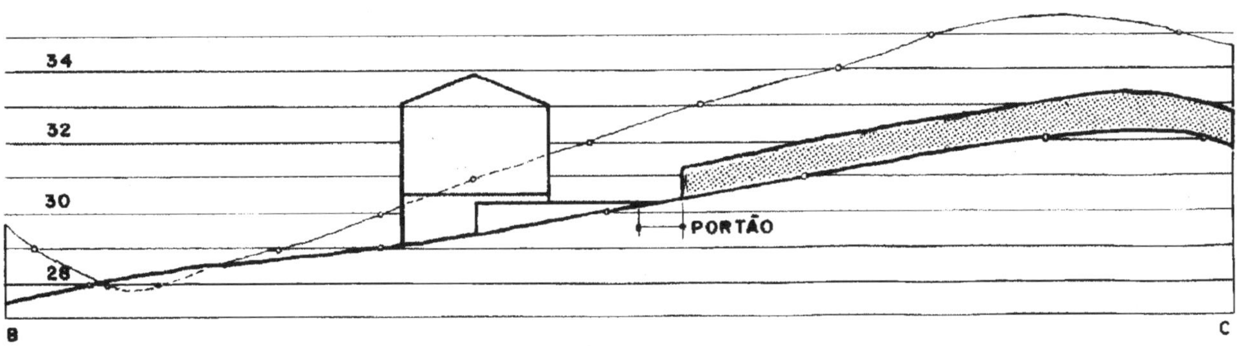

ELEVAÇÃO SUL ESCALA 1:500

Continuação:
Solução dos exercícios sobre Topografia. Os desenhos estão na escala de 1: 500.

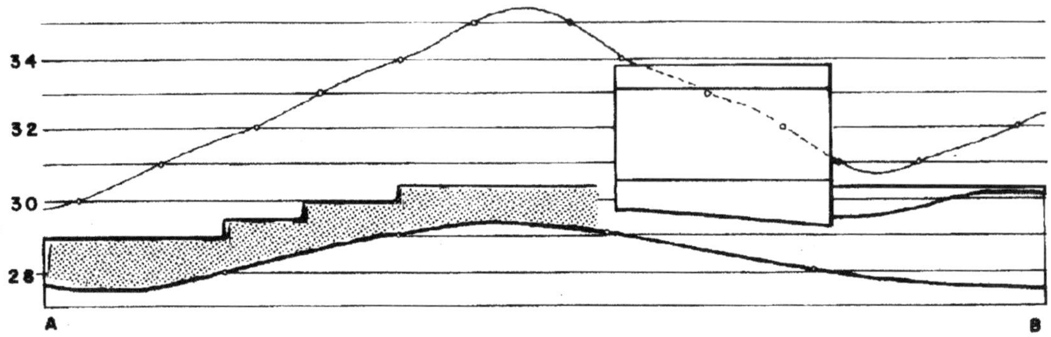

ELEVAÇÃO OESTE

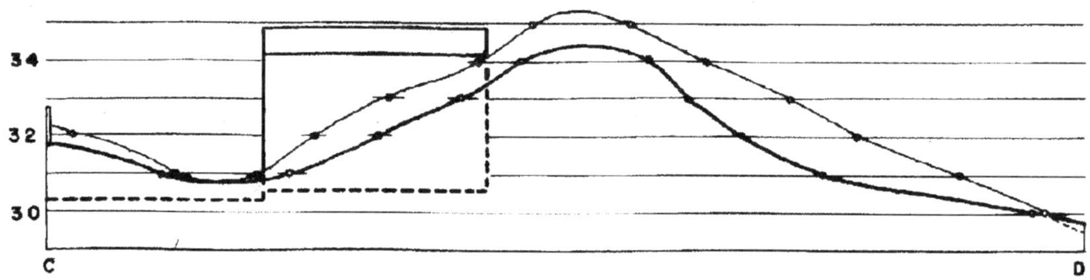

ELEVAÇÃO LESTE

14 Detalhes construtivos

O desenhista não deve limitar-se à utilização das técnicas de desenho, dos instrumentos, dos símbolos, etc. Ele deve conhecer uma construção por dentro, aquilo que está por trás das tintas e dos revestimentos, o que existe por baixo dos pisos e por dentro das lajes, as canalizações e outros detalhes.

Este conhecimento — dado aqui e em outros capítulos de forma resumida — deve ser complementado com a vivência da construção, isto é, o acompanhamento de uma obra em suas diversas etapas. Nenhum livro e nenhum professor pode substituir aquilo que se chama '*o saber feito de experiência'*. Assim, a apresentação que se segue deve servir de ponto de partida para maior aprofundamento pelo interessado.

Quase diariamente são lançados novos produtos e novas técnicas construtivas. Em ambos os casos há *elementos básicos* que são alterados; alguns outros permanecem.

FUNDAÇÃO É A PARTE INFERIOR DA CONSTRUÇÃO; É ELA QUE TRANSMITE AS CARGAS DA CONSTRUÇÃO AO TERRENO.

O tipo da fundação depende do estudo do subsolo. Sondagem geológica é a retirada de amostras das camadas do solo e sua análise física.

TIPO DE FUNDAÇÃO

RASA: (DE POUCA PROFUNDIDADE).
EXEMPLOS:

- EM RACHÕES (BLOCOS DE PEDRA) VER NA PÁGINA SEGUINTE
- EM SAPATA CORRIDA DE CONCRETO ARMADO

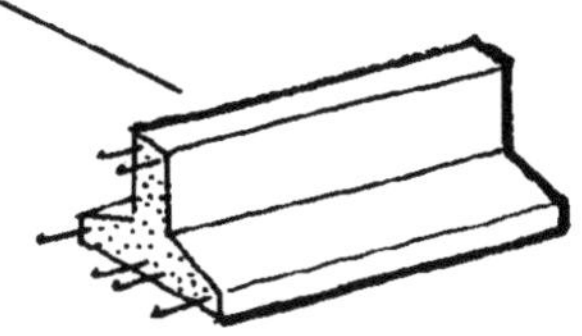

- EM SAPATAS ISOLADAS LIGADAS POR CINTAS. →
- EM BLOCOS PRÉ-MOLDADOS - VEJA A PÁGINA SEGUINTE

PROFUNDA: FEITA POR MEIO DE ESTACAS...

- DE MADEIRA
- DE CONCRETO ARMADO
- METÁLICAS

SÃO SEMPRE FEITAS POR FIRMAS ESPECIALIZADAS

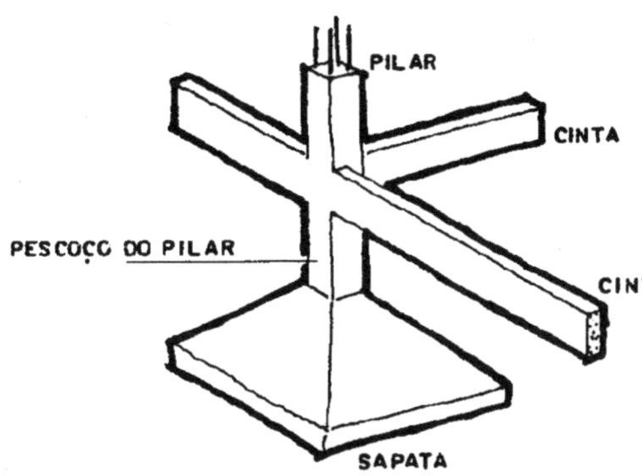

RESUMO:
Noção das etapas sucessivas de uma construção. Alicerce ou fundação e seus tipos. A alvenaria e as paredes: de pedra e de tijolo e seus revestimentos. Pisos. Estruturas e sua representação. Painéis divisórios. Uma visão geral das coberturas. Estruturas metálicas e telhados. Interseção de telhados. Um detalhe de cima a baixo.

CONSTRUÇÃO DE UMA FUNDAÇÃO EM RACHÕES (ETAPAS)

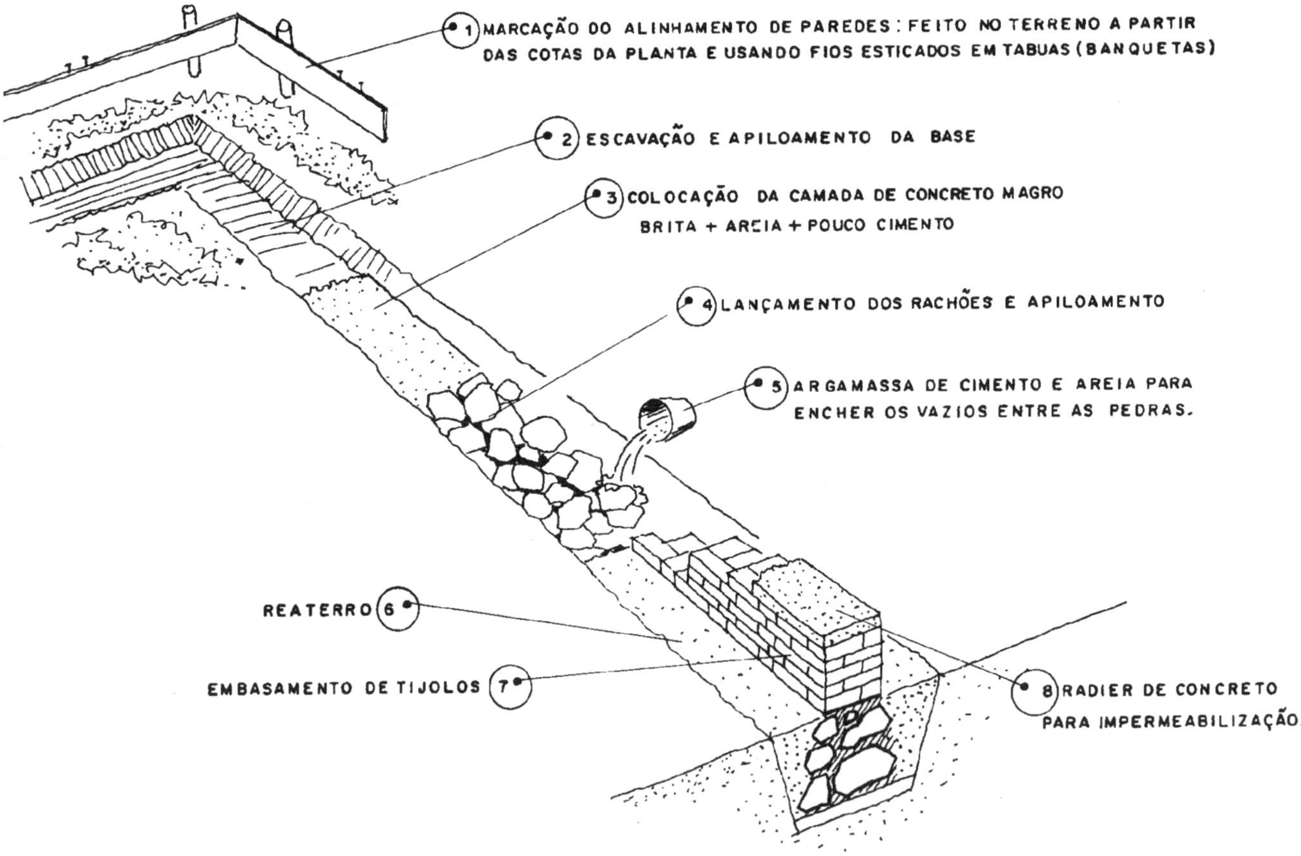

ALVENARIA

É O SISTEMA CONSTRUTIVO FORMADO POR MATERIAIS COLOCADOS REGULARMENTE E MANTIDOS EM POSIÇÃO DE EQUILÍBRIO.

TIPOS

- DE PEDRA
  - COM ARGAMASSA
  - SEM ARGAMASSA OU PEDRA SECA
  - DE PEDRA APARELHADA
- DE TIJOLO
  - DE GESSO
  - DE BARRO (ARGILA) COZIDO
  - DE CIMENTO
  - COM REVESTIMENTO
  - APARENTE

REPRESENTAÇÃO

TIPOS DE TIJOLO

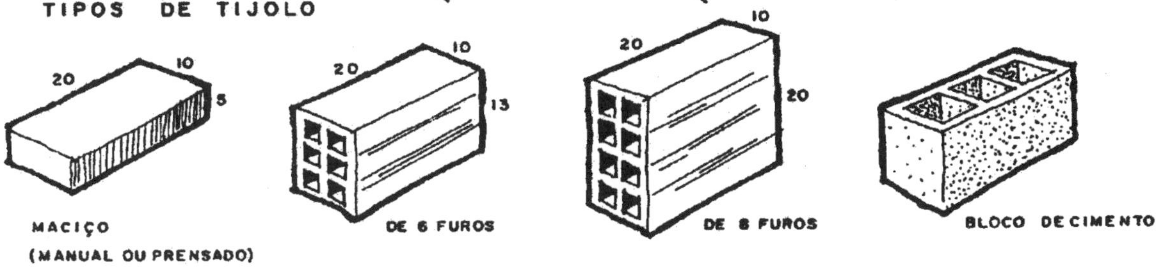

MEDIDAS APROXIMADAS: VARIAM COM O FABRICANTE.

PAREDES DE TIJOLO

- A GALGA OU A CUTELO
- DE MEIA VEZ OU DE MEIO TIJOLO
- DE VEZ E MEIA OU DE UM E MEIO TIJOLO.
- DE UMA VEZ, DE UM TIJOLO OU PAREDE DOBRADA

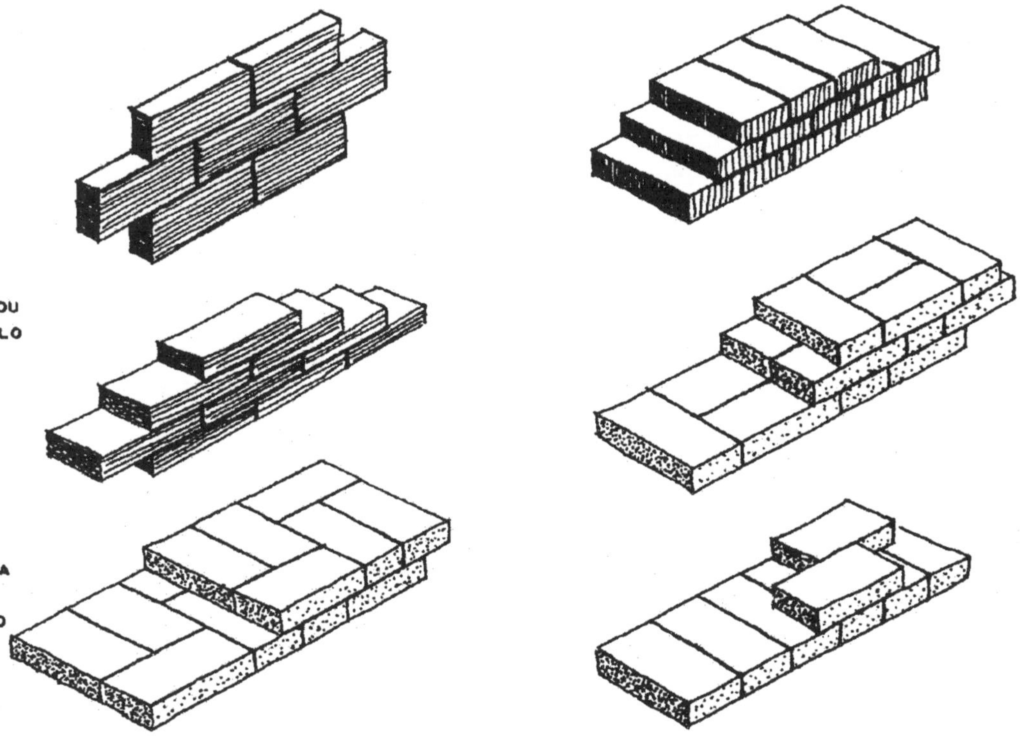

OS REVESTIMENTOS TRADICIONAIS DE PAREDES SÃO ...

ARGAMASSAS...

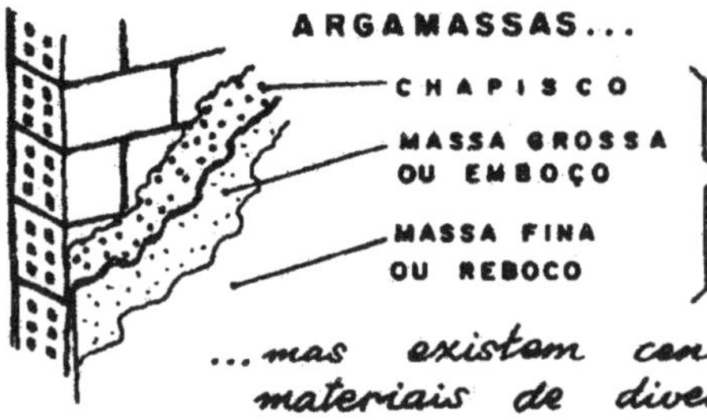

- CHAPISCO — 0,3 cm
- MASSA GROSSA OU EMBOÇO — 1,5 a 2 cm
- MASSA FINA OU REBOCO — 0,2 a 0,5 cm

... E AZULEJOS,...

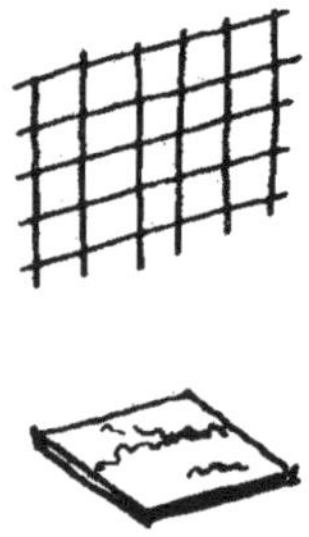

...mas existem centenas de materiais de diversos tipos:

CERÂMICAS

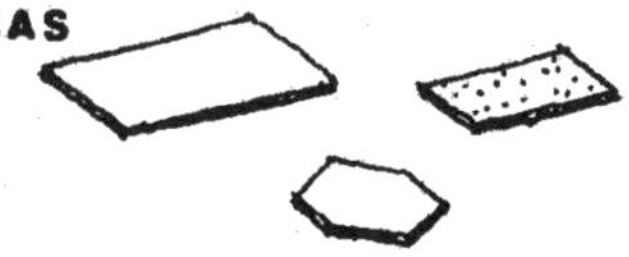

PASTILHAS
- FOSCAS
- VITRIFICADAS
- ESMALTADAS

MÁRMORES

PEDRAS

LAMBRIS DE MADEIRA
PLÁSTICO
ALUMÍNIO

TINTAS E VERNIZES

CHAPAS DE
- *cimento-amianto*
- *acrílico*
- *borracha*
- *cortiça*
- *aço inoxidável*
- *vidro*
- *laminados plásticos*

REVESTIMENTOS DE PISOS

A • PISOS DE MADEIRA

ASSOALHO

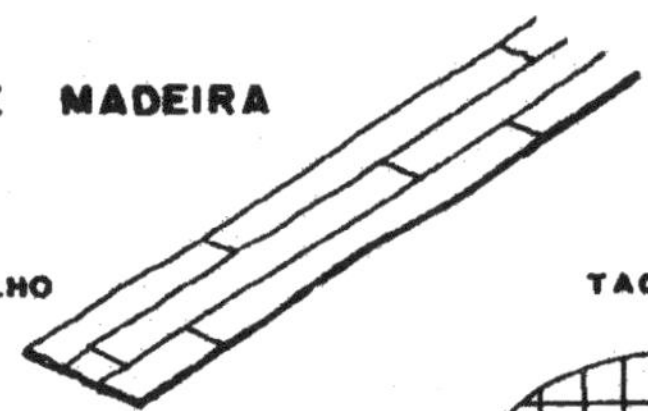

TACOS

PARQUÊS

B • PISOS FEITOS NO LOCAL

- CIMENTADO
  - DESEMPOLADO OU DESEMPENADO
  - "QUEIMADO" OU ALISADO À COLHER
  - COR NATURAL
  - COLORIDO COM ÓXIDOS
  - ENDURECIDO COM ADITIVOS
- DE EPOXI SOBRE BASE DE CIMENTO
- *Granilite, marmorite, granito artificial ou lençol de granito* — *com grãos de mármore e de granito ligados por cimento branco, cinza ou colorido, e polido por máquina.*

C • PISOS EM PEÇAS

- LADRILHOS
  - HIDRÁULICOS
  - GRANÍTICOS
  - CERÂMICOS
- PASTILHAS
- CHAPAS
  - DE PLÁSTICO
  - DE BORRACHA
  - DE ALCATIFA

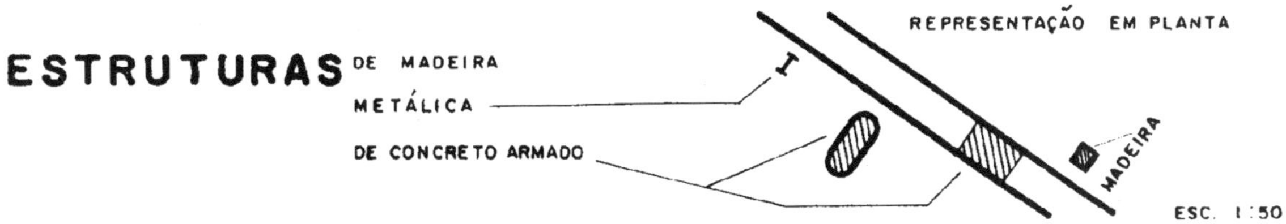

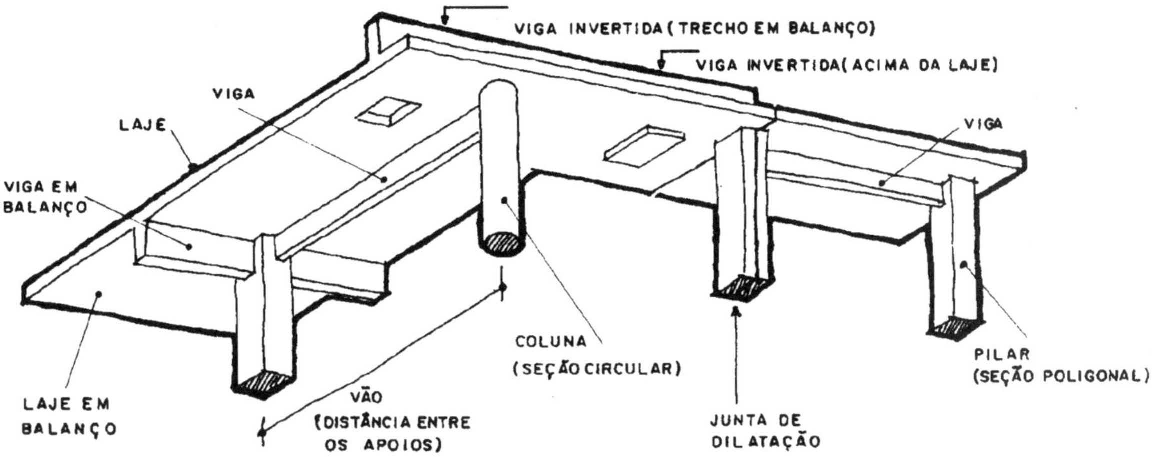

BALANÇO: SITUAÇÃO DO ELEMENTO APOIADO NUMA SÓ EXTREMIDADE.

Trecho de laje com pequeno rebaixo (aqui 2 cm, inscrito no círculo). É representação CONVENCIONAL, pois o contorno é visível; portanto, seria desenhado com traço contínuo, não alertando para a mudança.

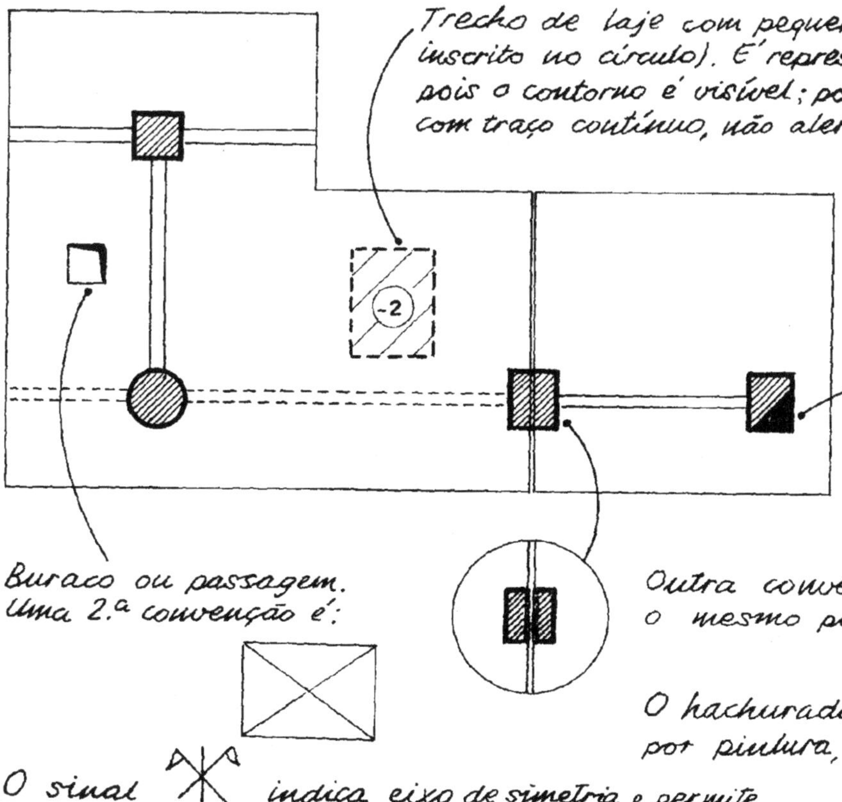

Este sinal indica que o pilar varia de dimensões no pavimento a seguir.

Buraco ou passagem. Uma 2.ª convenção é:

Outra convenção para o mesmo pilar acima.

O hachurado pode ser substituído por pintura, em geral, vermelha.

O sinal

indica eixo de simetria e permite que se desenhe apenas uma das metades da figura.

PAINÉIS DIVISÓRIOS

SÃO USADOS PARA A SEPARAÇÃO DE AMBIENTES. UMA BOA DIVISÓRIA DEVE TER:

- ESTRUTURA METÁLICA (ALUMÍNIO).
- PAINEIS PROTEGIDOS CONTRA FOGO.
- POSSIBILIDADE DE DESMONTAGEM.
- VERSATILIDADE (PORTAS-JANELAS -GUICHÊS - VISORES).
- ACABAMENTO VARIADO.
- FACILIDADE DE MONTAGEM.

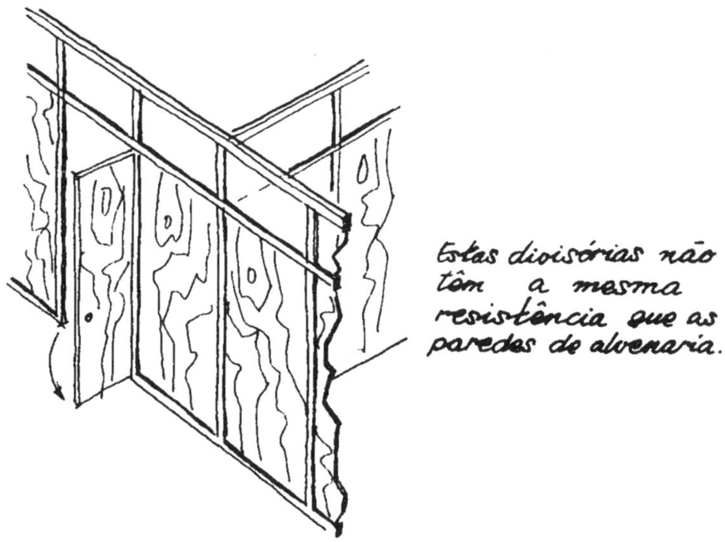

COMBOGÓ

OU

ELEMENTO VASADO

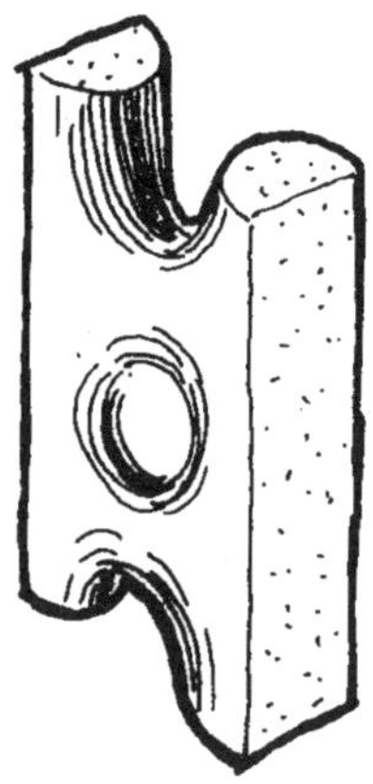

- PEÇA DE TAMANHOS E DE FORMAS VARIÁVEIS.
- PODEM SER FABRICADOS EM CIMENTO (TIPO POPULAR) OU EM PORCELANA VITRIFICADA (EXCELENTE ACABAMENTO). RECOMENDADO PARTICULARMENTE PARA OS CLIMAS QUENTES.

A construção tende a se tornar uma montagem de produtos pré-fabricados e os painéis divisórios se encaixam nesta linha, assim como as esquadrias, as instalações em geral e as cobertas.

Para os que vivem em regiões de clima tropical, a ventilação — tanto como o sombreamento — é necessidade de primeira ordem. O combogó atende a ambos os propósitos, como se pode verificar em nosso livro *Ventilação e Cobertas*, onde se estudam as **aplicações práticas** mas sem esquecer o lado teórico e científico do assunto.

COBERTURA É A PARTE SUPERIOR DA CONSTRUÇÃO E SERVE DE PROTEÇÃO CONTRA O SOL, A CHUVA, ETC...

- DE SUPERFÍCIES PLANAS
  - LAJE
    - HORIZONTAL
    - INCLINADA
  - TELHADO
    - TELHAS DE BARRO (ARGILA)
    - ALUMÍNIO
    - PLÁSTICO
    - CIMENTO-AMIANTO
    - ZINCO
- DE SUPERFÍCIES CURVAS

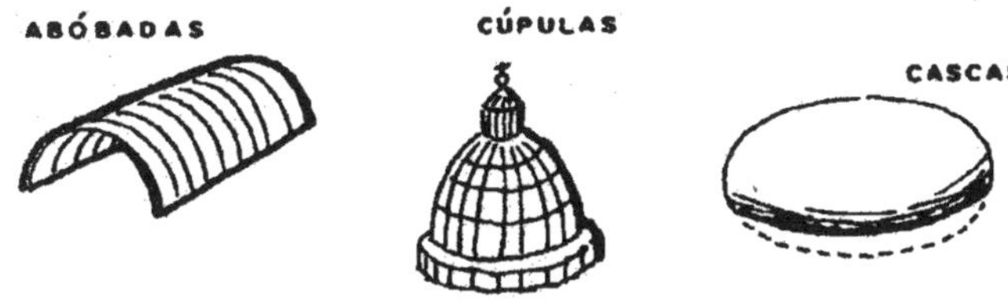

TELHAS DE BARRO (ARGILA)

TELHAS DE
- AÇO (AUTOPORTANTES)
- ALUMÍNIO

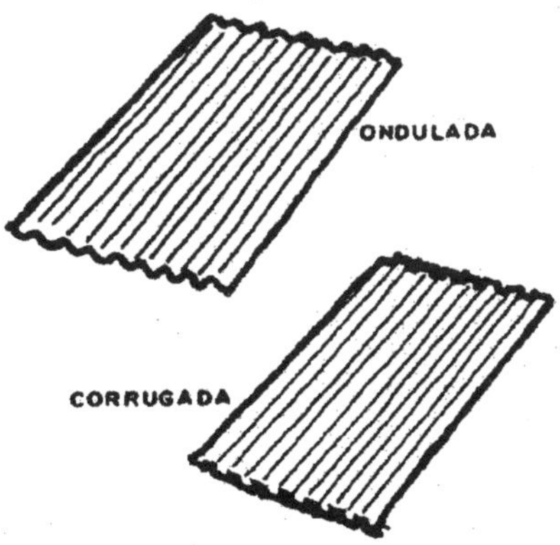

TELHAS DE PLÁSTICO
- OPACAS
- TRANSLÚCIDAS

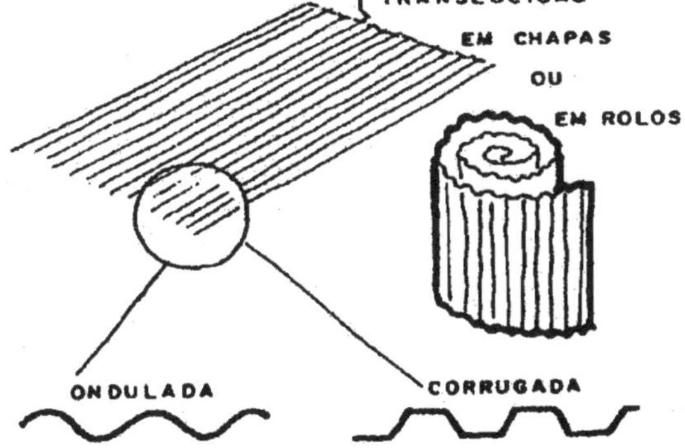

TELHAS DE CIMENTO-AMIANTO
DE FORMAS E TAMANHOS OS MAIS DIVERSOS
- ONDULADA
- CORRUGADA
- MEIOS TUBOS

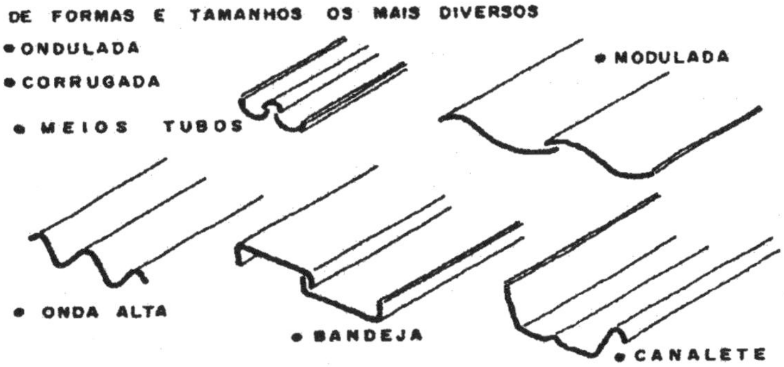

AS TELHAS DE PLÁSTICO TRANSLÚCIDO PODEM SER USADAS EM CONJUNTO COM TELHAS DE CIMENTO-AMIANTO REDUZINDO AS NECESSIDADES DE ILUMINAÇÃO ARTIFICIAL.

As telhas de cimento-amianto provocam acentuada redução do uso da madeira, mas a telha em si é cara. Podem ser usadas em clima quente, desde que a ventilação seja bem estudada.

TELHADOS

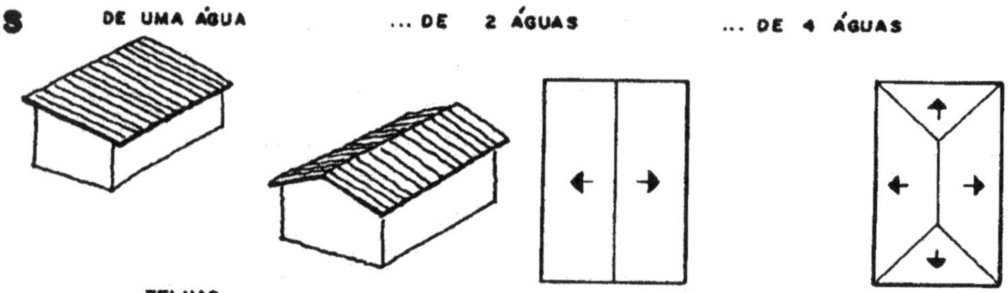

TELHADO "SHED"

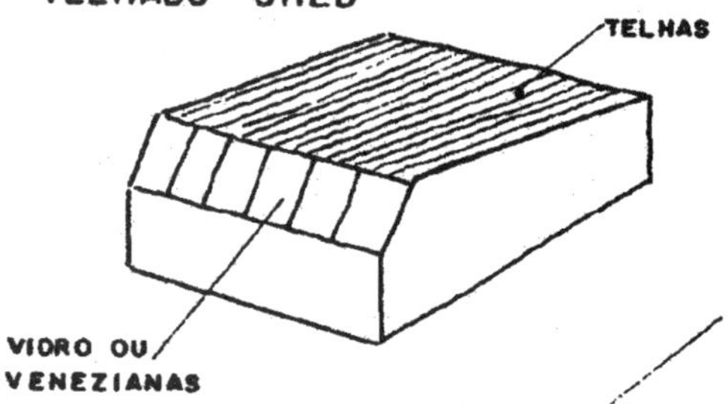

Vários problemas sobre o traçado de telhados estão resolvidos no final deste Capítulo.

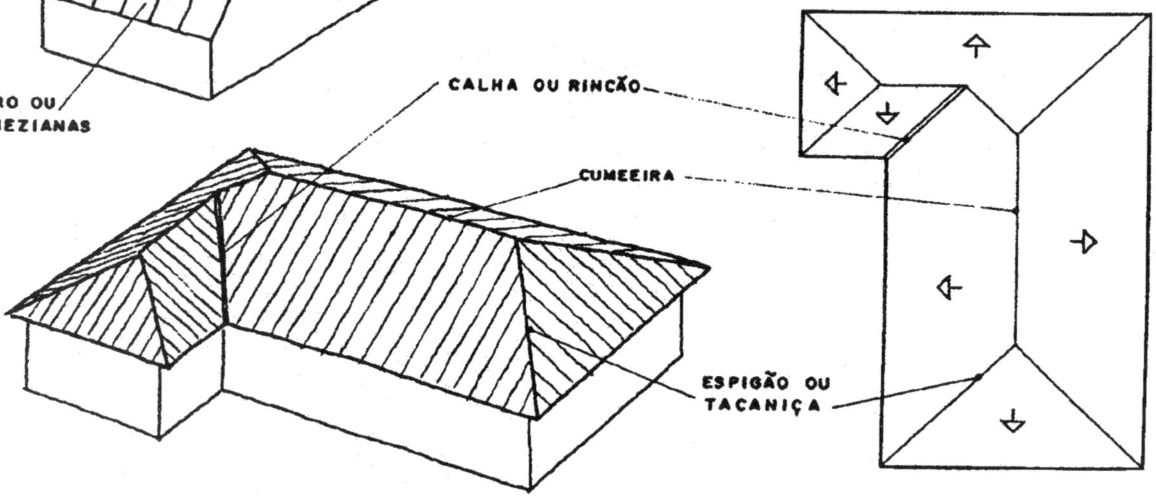

A INCLINAÇÃO (DECLIVE) DE UMA COBERTA PODE SER INDICADA EM:

(1) GRAUS – A SER LIDO COM TRANSFERIDOR. SISTEMA EM DESUSO.

(2) PONTO DE UM TELHADO É A INCLINAÇÃO DEFINIDA PELA RELAÇÃO $\frac{h}{v}$

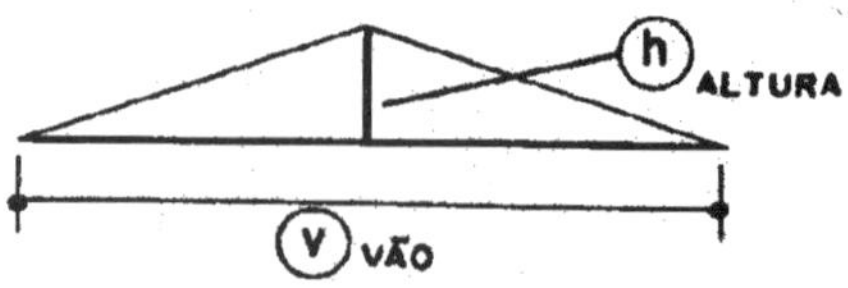

O PONTO (1/4, 1/5, ...) <u>SEMPRE</u> SE REFERE À COBERTURA COM DUAS ÁGUAS.

(3) PORCENTAGEM.

Dada pela relação entre os catetos do triângulo retângulo

h (*altura*) - *variável*

m - *constante e igual a 10 cm independentemente de escala.*

NA FIGURA ABAIXO TEMOS:

$$\alpha = \frac{h}{m} = \frac{2\ cm}{10\ cm} = \frac{20\ mm}{100\ mm} =$$

= 20 (*dividido*) *por* CEM = 20%

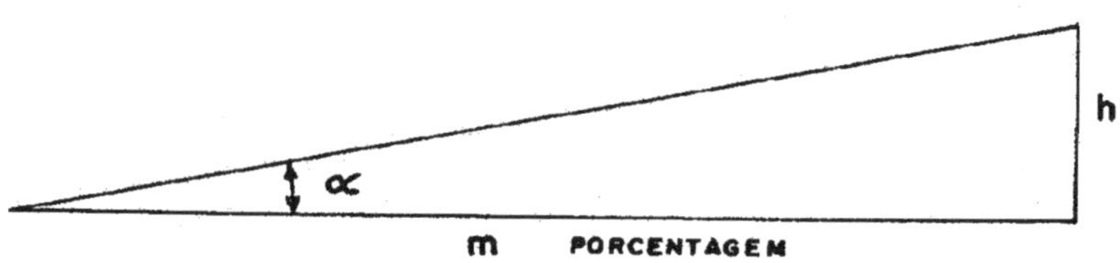

TESOURA

DE TELHADO FEITA DE MADEIRA OU DE FERRO

A TESOURA PROPRIAMENTE DITA É FORMADA POR...

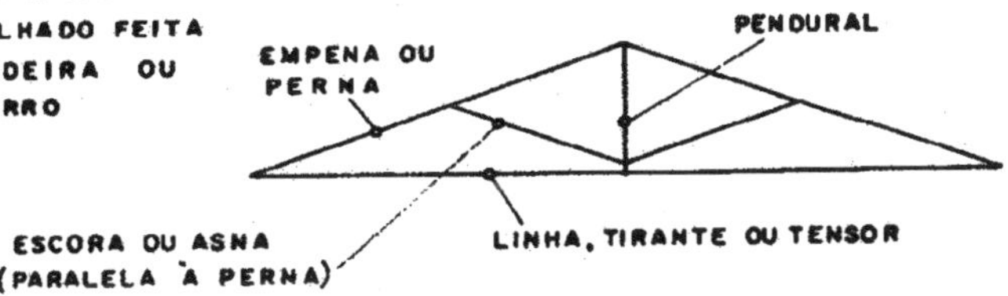

A tesoura de madeira está caindo em desuso: é difícil encontrar boa madeira, a mão-de-obra é lenta, a madeira não resiste ao fogo, a estrutura é pesada, as peças sofrem a ação de fungos e de insetos. É, enfim, é cara!

A figura abaixo mostra as inúmeras peças que formam o telhado convencional.

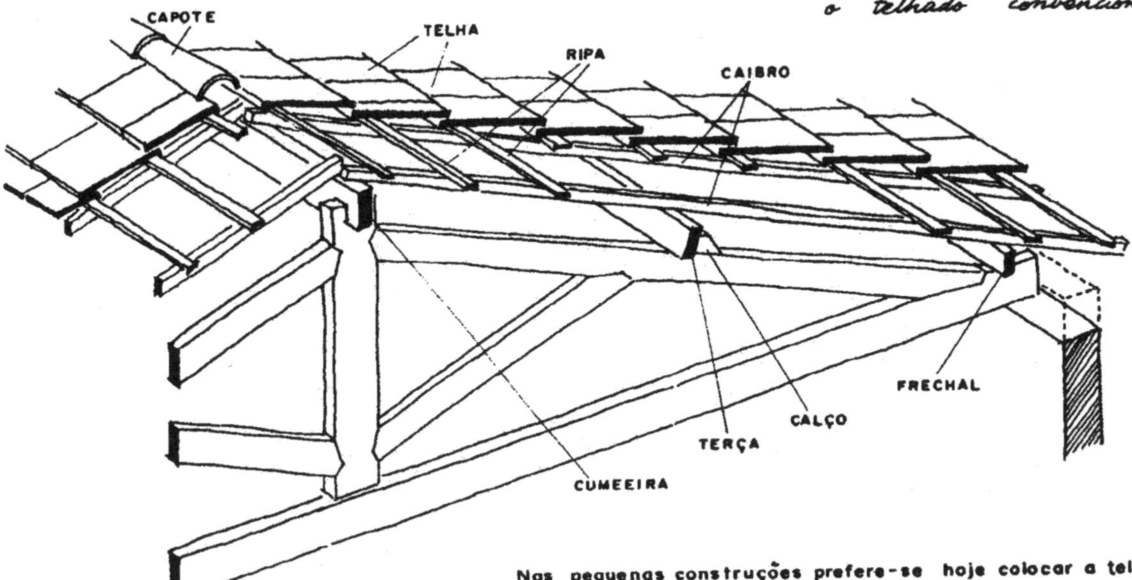

Nas pequenas construções prefere-se hoje colocar a telha diretamente sobre a laje, evitando o uso da madeira. O ponto fraco é que a laje pré-fabricada é pouco homogênea e TRINCA se não houver cuidados especiais.

E NOS GRANDES VÃOS DA ARQUITETURA ATUAL AS VANTAGENS ESTÃO TODAS COM AS **ESTRUTURAS METÁLICAS**.

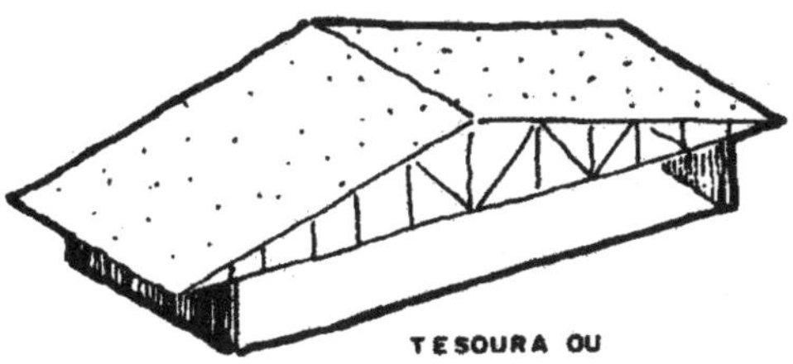

TESOURA OU TRELIÇA

Mais simples, mais leves, mais rápidas na montagem, mais econômicas; e, acima de tudo, elas permitem ao arquiteto maior liberdade de formas.

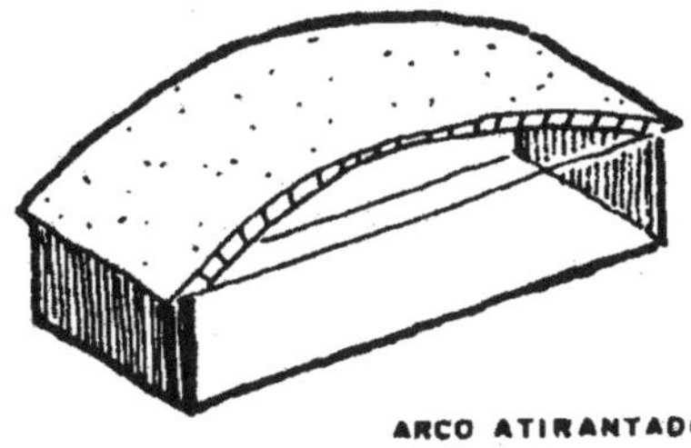

ARCO ATIRANTADO

FIRMAS ESPECIALIZADAS DÃO ORIENTAÇÃO AO PROJETISTA, NÃO APENAS CALCULAM E FABRICAM.

CÚPULA GEODÉSICA

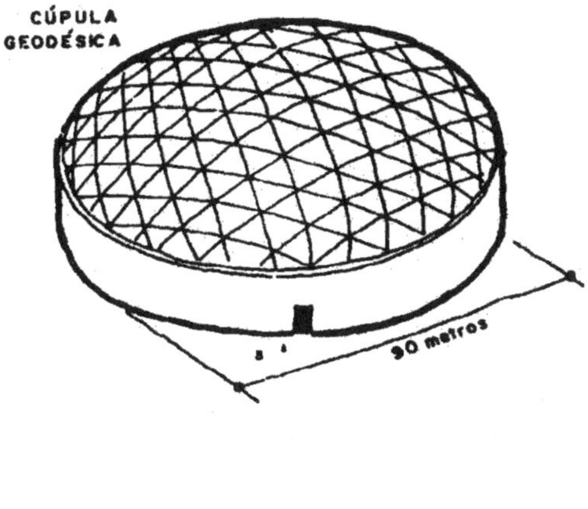

Em temperaturas elevadas (incêndios) as estruturas metálicas sofrem deformação ou destruição.

Antes de iniciar um estudo rápido da **interseção de telhados** apresentamos uma tabela em que cada material de telhado tem ao lado as...

INCLINAÇÕES MÍNIMAS RECOMENDADAS:

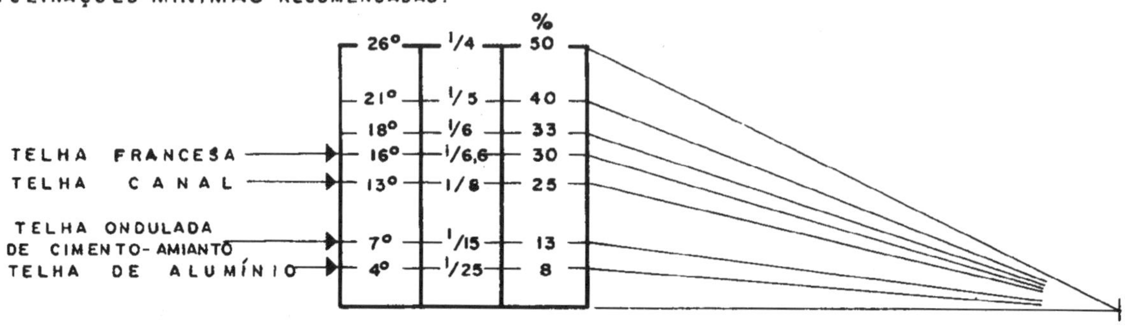

Aviso: o estudo que começa aqui e vai até o final do capítulo pode ser dispensado numa primeira leitura, a menos que o leitor tenha bons conhecimentos de Geometria Descritiva.

A Geometria Descritiva demonstra que, quando se trata de planta em que as paredes de contorno são perpendiculares entre si — caso do retângulo e do quadrado — o encontro de duas águas adjacentes se faz segundo um ângulo de 45°, ou seja, segundo a bissetriz do ângulo formado pelas fachadas. Evidentemente estamos supondo que as águas do telhado sejam igualmente inclinadas, o que normalmente ocorre. Esta propriedade geométrica simplifica o traçado das plantas de coberta, por tornar desnecessário o desenho da elevação ou fachada nesta etapa do trabalho.

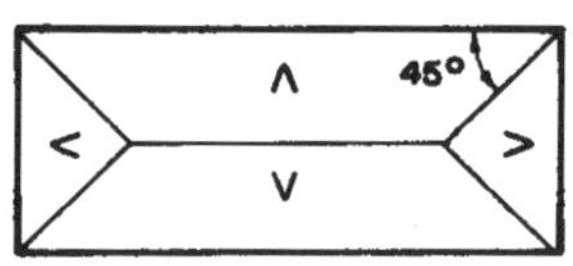

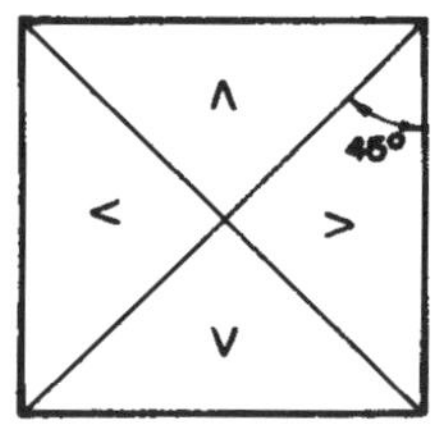

Na planta ao lado começa-se por traçar a cumeeira no meio do retângulo, paralelamente ao seu lado maior. Depois, pelos vértices, traçam-se retas a 45° (espigões) até encontrar a cumeeira.

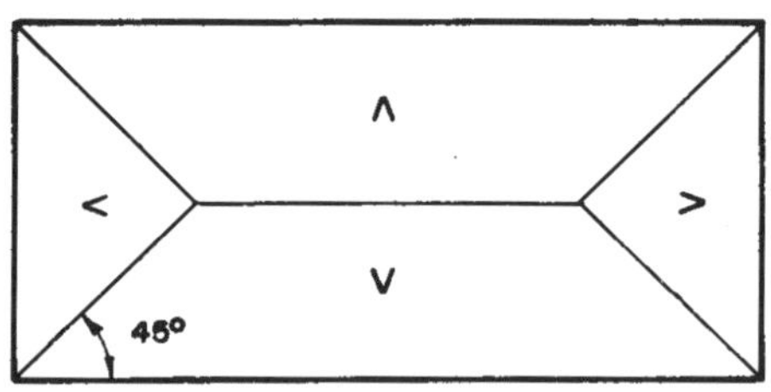

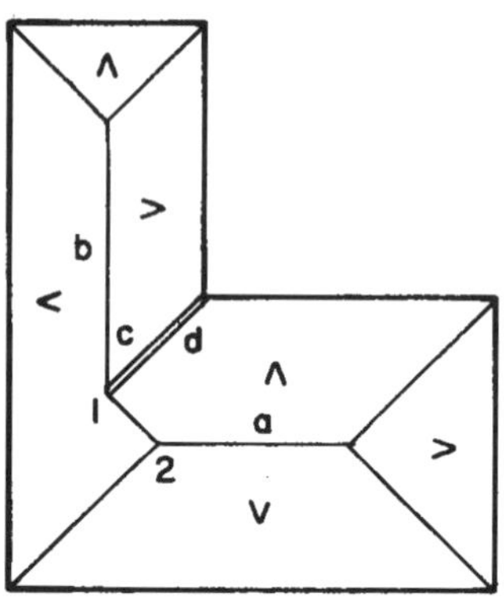

No exemplo à esquerda traçam-se as cumeeiras *a* e *b* no centro de cada bloco e, em seguida, as retas a 45° que são as bissetrizes dos ângulos dos vértices. Na figura, são seis retas. Para completar o traçado resta resolver o problema que surge junto do ponto *c*. Podemos observar que o bloco *b* é mais estreito que o *a*, portanto, a cumeeira *b* será mais baixa que *a*; estas cumeeiras, por terem alturas diferentes, não se encontram. Devemos, então, ligar os pontos 1 e 2 por uma reta a 45°. Feito isto, observamos que a reta *d* corresponde a uma calha ou rincão. Podemos, agora, desenhar qualquer corte ou fachada relativa a esta planta.

No caso ao lado, se admitirmos que o bloco menor tem o beiral mais baixo do que o bloco quadrado, teremos de representar uma vista onde as alturas dos beirais sejam marcadas; são as retas A e B na vista M. Agora deveremos definir a inclinação do telhado, desenhando a vista M do bloco maior. Em outro local faremos a vista N do bloco menor e obtemos a altura *h* da cumeeira. Esta altura será transportada para a vista M e marcada a partir do ponto *b* em *bc* = *h*. Uma horizontal em *c* determina o ponto *d*, no bloco maior (vista), a ser transportado até a cumeeira do bloco menor em *e* (planta). A partir deste último ponto traçaremos retas a 45°, completando a coberta.

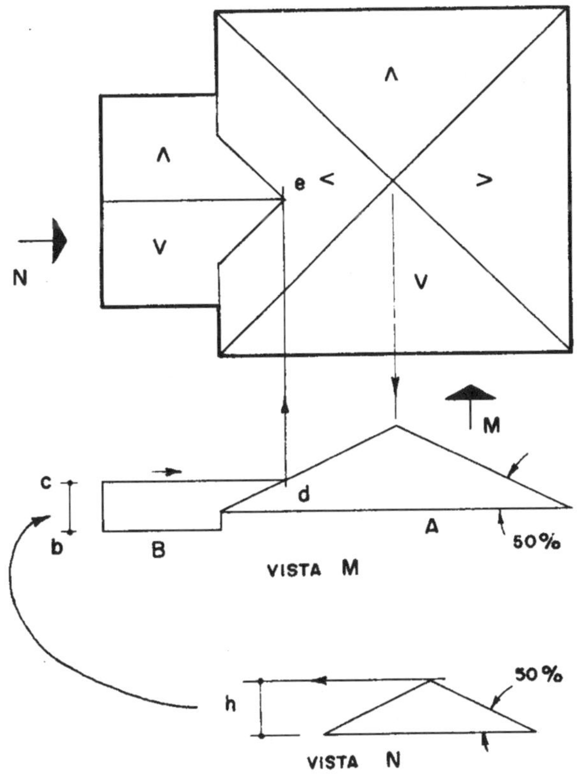

A planta *abcd* deverá ser coberta por um telhado de 4 águas. A cumeeira será a bissetriz 1-2 do ângulo formado pelas retas *ad* e *bc*. Traçamos a bissetriz em cada um dos vértices e prolongamos até a cumeeira. Representamos a fachada *ad*, depois de obter as alturas h_1 e h_2 de dois pontos da cumeeira por meio das seções *m* e *n*, considerando a inclinação de *i* = 50%.

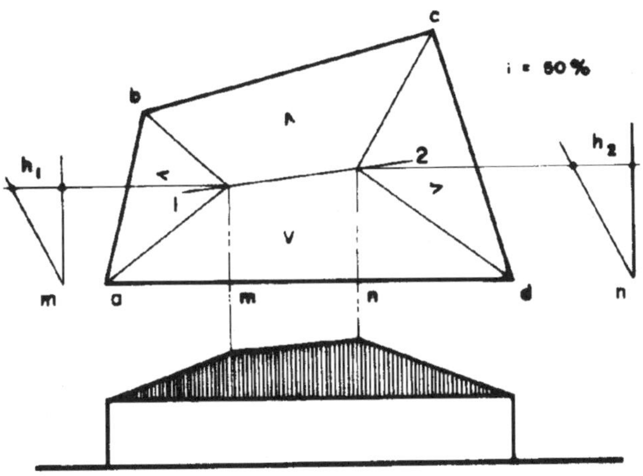

A representação das fachadas A e B permite a determinação imediata do ponto C em que a cumeeira mais baixa encontra o telhado do do bloco A; este ponto é transportado para a planta (ponto C'). Uma outra solução, sem recorrer às fachadas é traçar as bissetrizes dos ângulos *dme* e *fng*; elas se encontram no ponto C'.

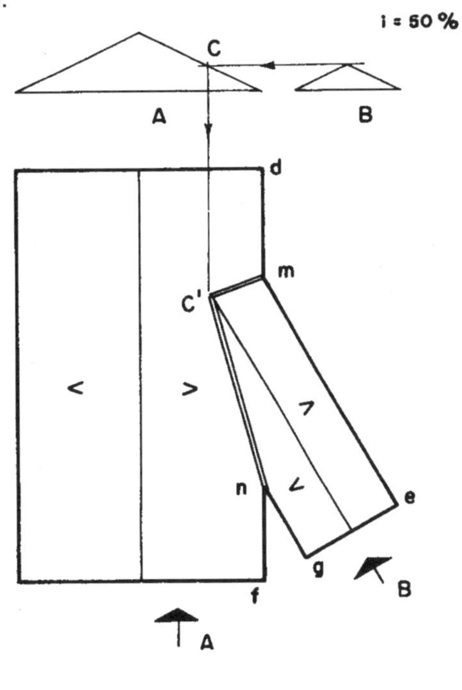

Tal como nos problemas anteriores, verificamos que nos pontos A e C forma-se um rincão na direção de cada bissetriz BA e DC. O trecho BD corresponde a uma cumeeira horizontal.

Esta solução é tecnicamente correta por evitar a calha horizontal, que é desaconselhada por causa dos inconvenientes que costuma provocar. Nosso livro *Ventilação e Cobertas* aprofunda este assunto, inclusive com o estudo mais desenvolvido das interseções de telhados (problemas e respostas).

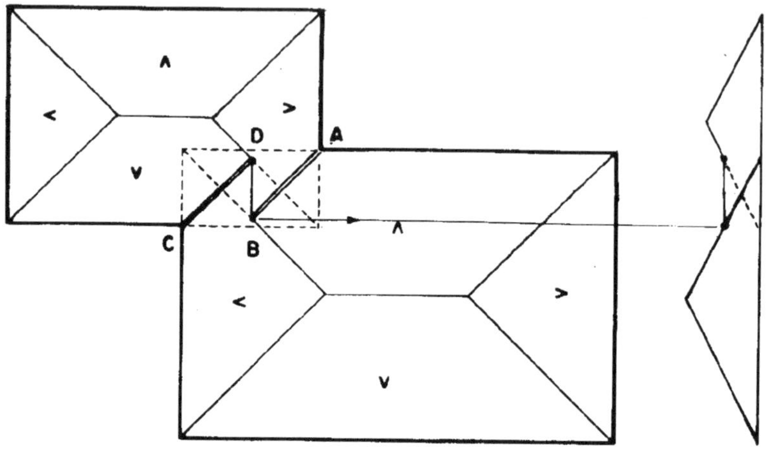

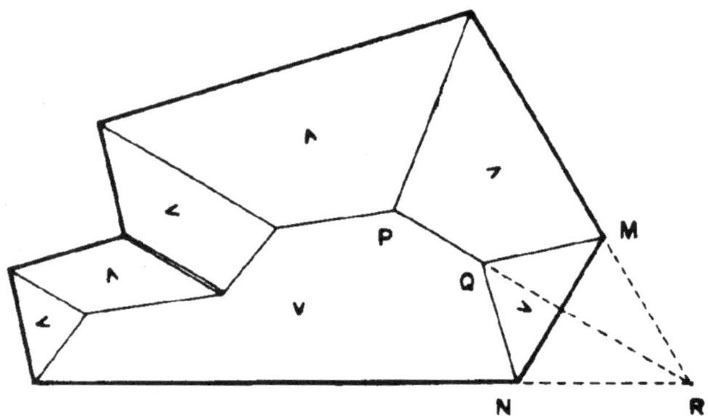

Ao lado: uma aplicação dos conhecimentos já adquiridos; o problema novo aparece nos pontos M e N, pois o espigão PR foi interrompido pela fachada MN. Traçam-se as bissetrizes dos ângulos M e N, que se encontram em Q, sobre o espigão ou tacaniça.

Ao leitor mais atento recomendamos que desenhe as fachadas de cada uma das cobertas apresentadas.

RECOBRIMENTO

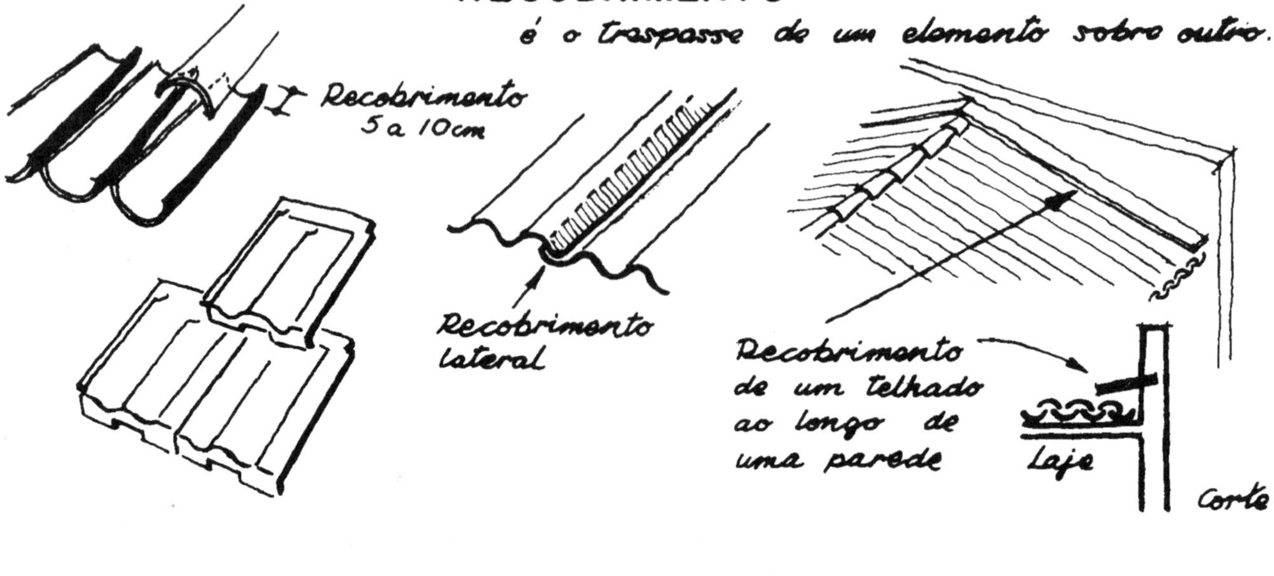

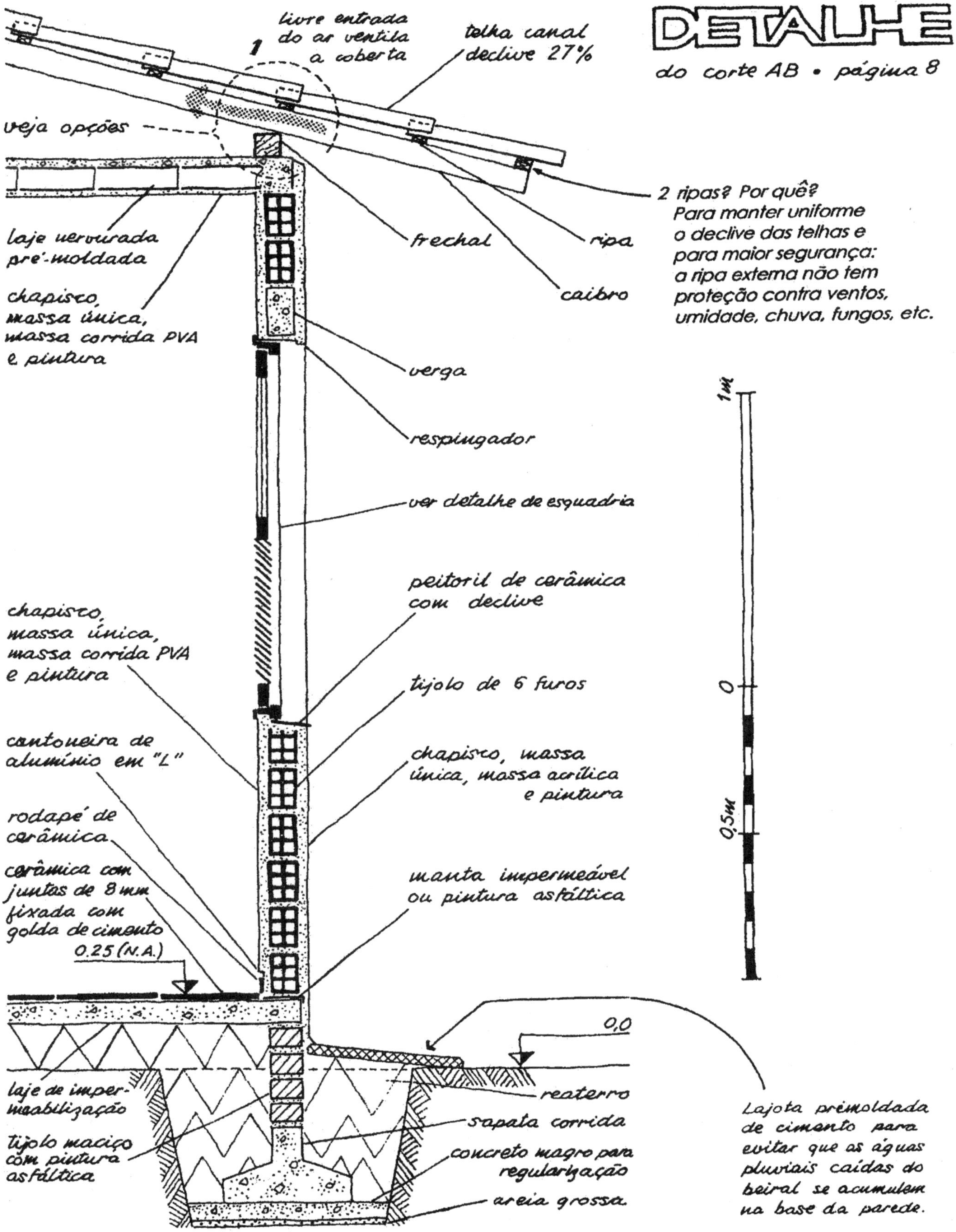
DETALHE
do corte AB • página 8
livre entrada do ar ventila a coberta
1
telha canal declive 27%
veja opções
2 ripas? Por quê?
Para manter uniforme o declive das telhas e para maior segurança: a ripa externa não tem proteção contra ventos, umidade, chuva, fungos, etc.
laje nervurada pré-moldada
frechal
ripa
caibro
chapisco, massa única, massa corrida PVA e pintura
verga
respingador
ver detalhe de esquadria
1m
peitoril de cerâmica com declive
chapisco, massa única, massa corrida PVA e pintura
tijolo de 6 furos
0
cantoneira de alumínio em "L"
chapisco, massa única, massa acrílica e pintura
0,5m
rodapé de cerâmica
cerâmica com juntas de 8 mm fixada com golda de cimento
manta impermeável ou pintura asfáltica
0,25 (N.A.)
0,0
laje de impermeabilização
reaterro
Lajota premoldada de cimento para evitar que as águas pluviais caídas do beiral se acumulem na base da parede.
sapata corrida
tijolo maciço com pintura asfáltica
concreto magro para regularização
areia grossa

O detalhe (1) tem alternativas como:

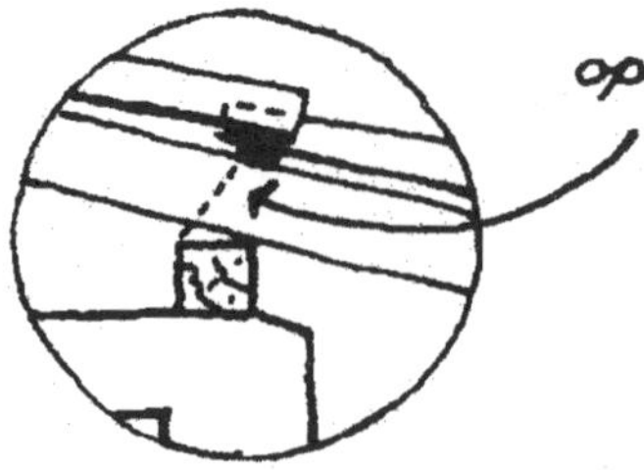

opção 2 • A tela impede a entrada de aves e de morcegos.

3 • Alvenaria vedando a entrada de ar e de animais.

4 • A laje de forro se prolonga até o beiral.

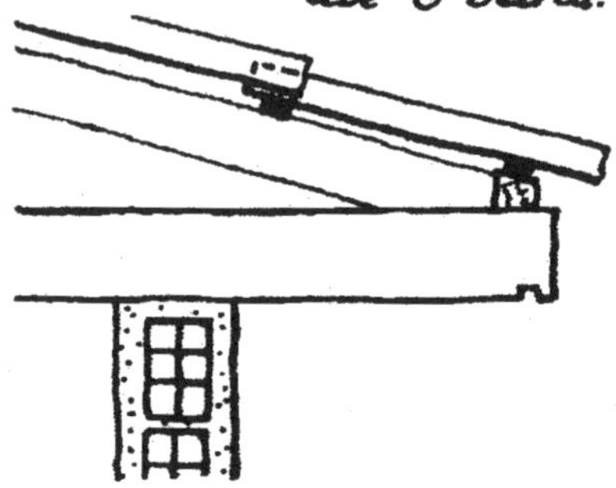

Um beiral generoso de 0,80m ou maior é o ideal em regiões de clima quente. Suas vantagens são:

- protege contra o calor
- cria sombras
- direciona o ar para o interior
- evita chuva nas paredes e nas esquadrias
- afasta da base da parede a água empoçada (infiltração)

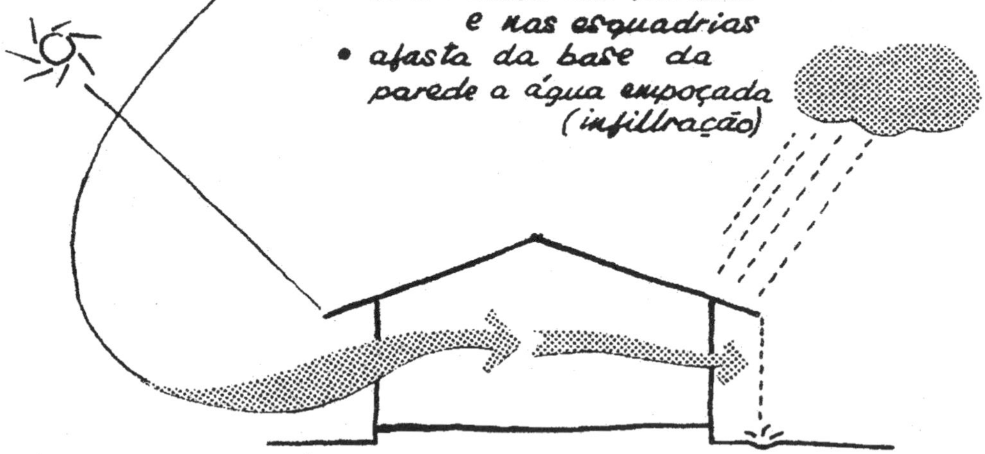

Mais detalhes no livro 'Ventilação e Cobertas,' do mesmo autor e editora.

O beiral curto é adequado para regiões frias, onde se aproveita o escasso calor do sol.

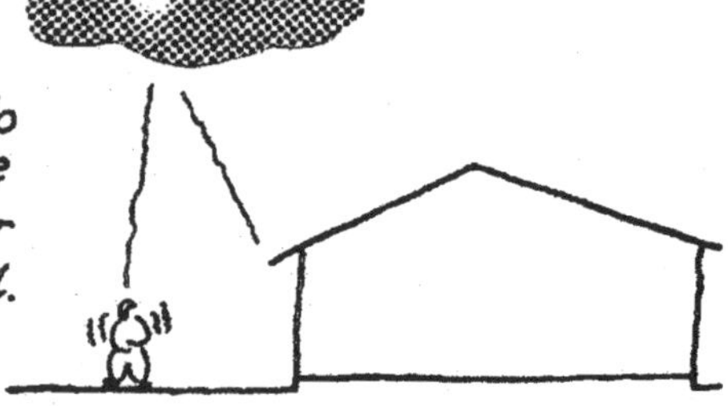

15 Circulação vertical

A concentração de construções nas grandes cidades criou exigências de aproveitamento cada vez maior dos terrenos. Assim surgiu a construção de pavimentos superpostos servidos por uma circulação **vertical**, além da costumeira circulação horizontal, que é feita através de corredores, passagens, terraços e de dependências entre si. A circulação vertical faz-se por meio de escadas, de rampas, de elevadores, de monta-cargas, de tubos pneumáticos, etc. Estudaremos as três primeiras soluções, dando destaque às escadas, por ser o tipo mais usado de circulação vertical.

WALTER GRÖPIUS E JOOST SCHMIDT - ARQUITETOS

ARQUITETURA COLONIAL BRASILEIRA

A escada traz uma nova série de termos técnicos que serão mostrados a seguir.

RESUMO:
Mais alguns novos termos técnicos. Cálculo e desenho de uma escada. Forma dos degraus e seu balanceamento. Escada helicoidal: cálculo e representação. Rampa reta e helicoidal: como calcular e desenhar. Elevadores.

TERMOS TÉCNICOS

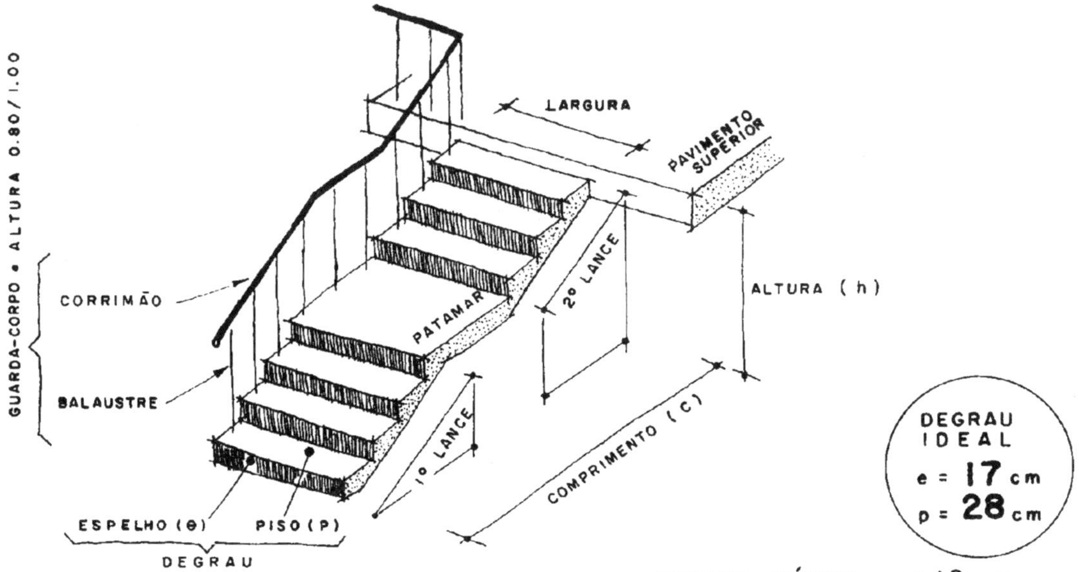

ESPELHO MÁXIMO e = 18 cm
PISO MÍNIMO p = 25 cm

Uma escada não pode ser colocada arbitrariamente. Se o espelho tiver mais de 18 centímetros a escada torna-se cansativa. Se o piso do degrau é menor do que 25 centímetros, o pé não encontra bom apoio e pode provocar quedas ou, no mínimo, arranhar o calcanhar no espelho ao descer. Com pisos de 45 cm fica a dúvida: daremos passadas maiores do que o normal ou encurtaremos os passos? Se os espelhos de uma escada forem variáveis quebra-se o ritmo dos passos e a possibilidade de quebrar também algum osso na queda.

Para o cálculo das escadas existem...

FÓRMULAS

1. QUANTIDADE DE ESPELHOS = $n = \frac{h}{e}$
2. COMPRIMENTO = $C = p\,(n-1)$ ← escada sem patamar ($n \leq 19$)
3. COMPRIMENTO = $C =$ patamar $+ \; p\,(n-2)$ ← escada com um patamar.
4. FÓRMULA DE BLONDEL = $2e + p = 62$ cm (MÉDIA)

Numa escada, a largura útil é a distância medida entre os guarda-corpos. As larguras mínimas são:

0,60 m — para uma só pessoa. Recomenda-se, se possível, fazer com 0,80m ou 0,90m.
1l,20 m —para duas pessoas
1,80 m — para três pessoas.

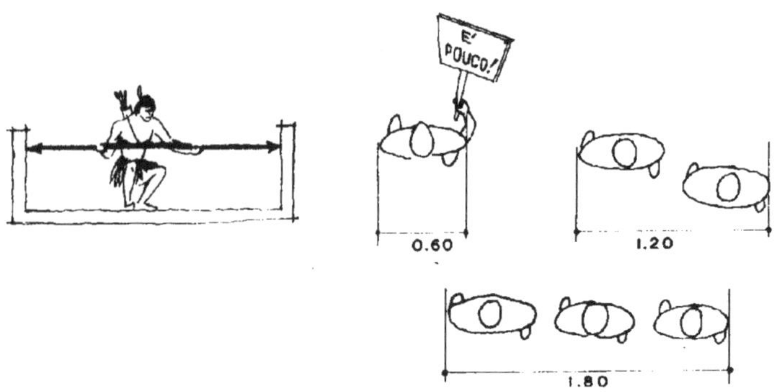

Vamos desenhar uma escada bem simples, de eixo reto, com um só lance e sem patamar. Em primeiro lugar, faremos os cálculos.

CÁLCULO DE UMA ESCADA (EXEMPLO) • DADOS : h = 2,45m

FÓRMULA **1** $n = \frac{2.45}{0.17} = 14,4$

ARREDONDA PARA • NÚMERO INTEIRO •

VERIFICAÇÃO

$14 \rightarrow n = \frac{h}{e} \therefore e = \frac{h}{n} = 17,5$ cm

$15 \rightarrow e = \frac{h}{n} = \frac{2.45}{15} = 16,3$ cm

ESCOLHIDO n = 14
p ESCOLHIDO ENTRE 25 a 30 cm

FÓRMULA **2** $c = 30 \times (14-1) = 3,90$ m

DESENHO ESCALA 1:50

• TRACE DUAS HORIZONTAIS COM AFASTAMENTO IGUAL A "h" (ALTURA DADA).

• COM SEGMENTOS DE 0,5cm FICA n x 0,5cm = 7cm

COLOQUE O ZERO DA RÉGUA NUMA HORIZONTAL...

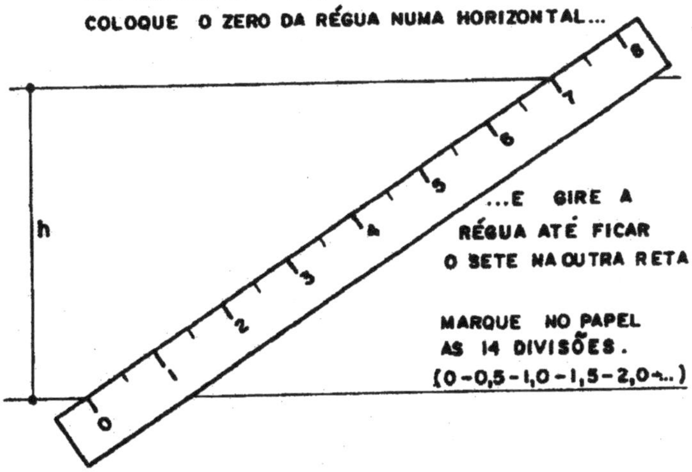

• POR ESTES PONTOS DA DIVISÃO TRACE HORIZONTAIS.

• MARQUE O COMPRIMENTO "c" NA HORIZONTAL E LOGO SUAS DIVISÕES "p" E POR ELAS TRACE VERTICAIS.

Bom; e agora?

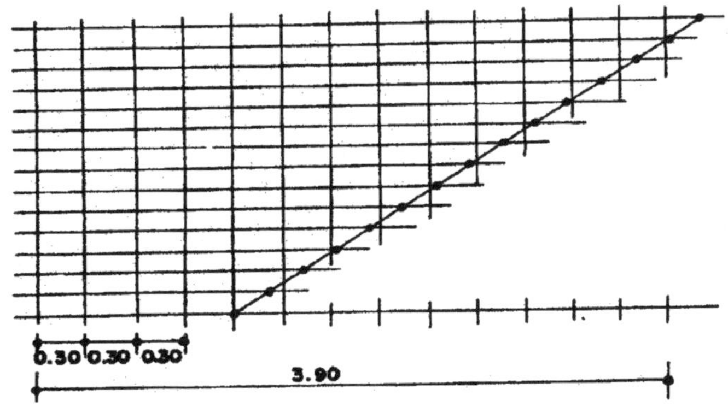

2º processo de cálculo:
Quando se considera o espelho máximo sendo e = 18 cm (ou outro valor), divide-se a altura dada (aqui h = 2,45 m) por **e**. No exemplo obtemos n = 13,611... O arredondamento, neste processo de cálculo, é **SEMPRE** para o número inteiro maior; no caso do exemplo será n = 14, não havendo necessidade de conferir a altura do espelho, pois ela será menor que o **e** inicialmente considerado; no limite, o espelho será igual a 18 cm, que foi o ponto de partida.

Deixamos ao leitor a escolha de um processo ou outro; contudo, nos exemplos que se seguem adotaremos o 1º processo, que é mais geral, uma vez que nem sempre se considera h = 18 cm como limite máximo de altura do espelho.

O processo, visto acima, para a divisão da reta (altura) em partes iguais deve ser utilizado em lugar daquele em que se faz a construção de um triângulo, mais demorado e menos preciso. Calcular a medida do espelho e marcá-los um por um seria também inadequado, pois acumularia erros gráficos.

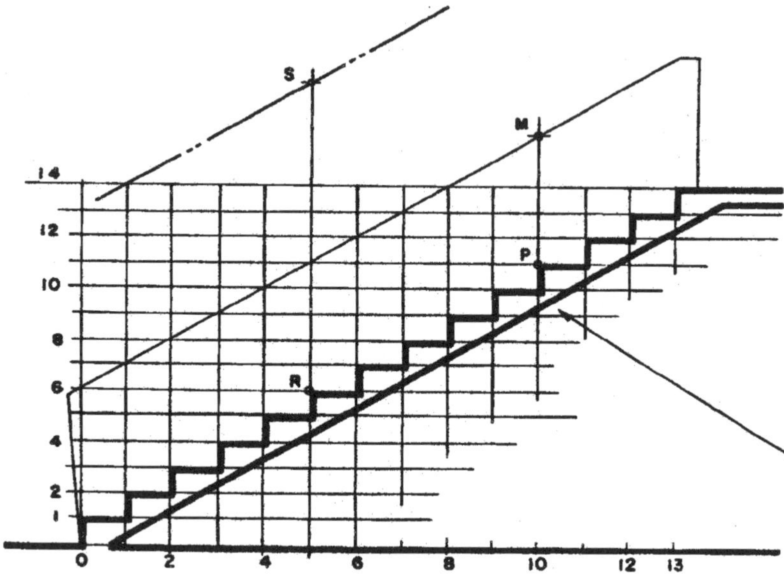

CORTE AB

- NUMERE AS HORIZONTAIS E AS VERTICAIS. O ENCONTRO DESSAS LINHAS DÁ A PARTE SUPERIOR DA ESCADA:

  HORIZONTAIS = PISOS
  VERTICAIS = ESPELHOS

- No prolongamento do espelho marque $PM \geq 0.90$ m, altura do guarda-corpo que será traçado paralelo à extremidade dos degraus, P e R.

- MARQUE A ESPESSURA DA LAJE - 6 a 10 CENTÍMETROS E TRACE A FACE INFERIOR.

- Deixe 2.10m de altura = $\overline{RS}$ para passagem livre entre a escada e a laje superior (linha auxiliar na figura).

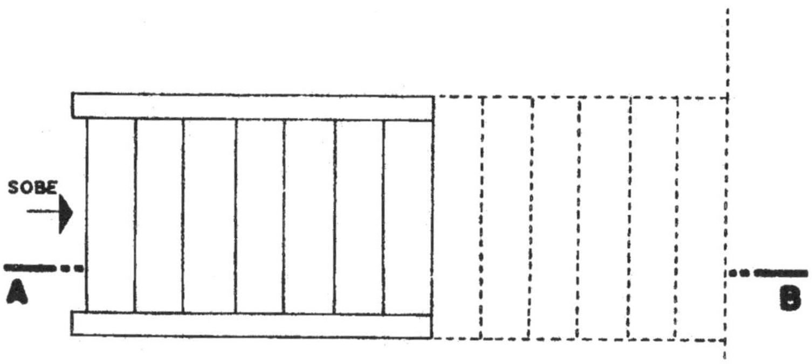

PLANTA • PAVIMENTO TÉRREO • ESC. 1: 50

- O plano de corte da planta deveria separar os degraus que estão acima (não visíveis) ou abaixo (visíveis) de 1.50m de altura, entretanto...

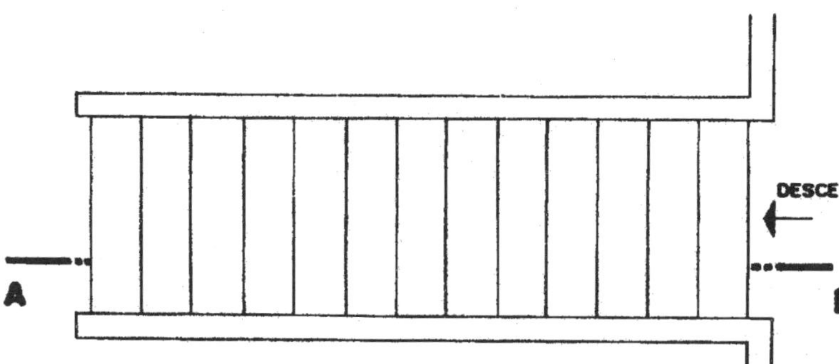

PLANTA • PAVIMENTO SUPERIOR

- ... a **Convenção** simplifica: desenhe com traços curtos a metade final da escada ou do último lanço, supostos acima de 1.50m.

NO PAVIMENTO SUPERIOR OS DEGRAUS SÃO TODOS VISÍVEIS. USE TRAÇO CHEIO.

Isto é o ABC da escada e, por isto, convém que fique muito bem entendido antes de passar para outros casos.

Vejamos o caso de uma escada com patamar. Dados: largura total = 1,50 m e altura h = 2,50 m. Aplicando a fórmula nº 1 fica: n = h/e = 2,50 — 0,17 = 14,8 e que arredondamos para 14. Teremos na planta 13 pisos e, como o patamar é um deles, restam 12; como há dois lances, temos 6 pisos em cada um. Portanto, 6 pisos x 0,30 m = 1,80 m será o comprimento de cada lance. Começamos por desenhar o corte; a planta será feita em seguida, sendo, então definidos o corrimão, os balaústres, os elementos visíveis ou não, os secionados ou não e aplicada a representação convencional.

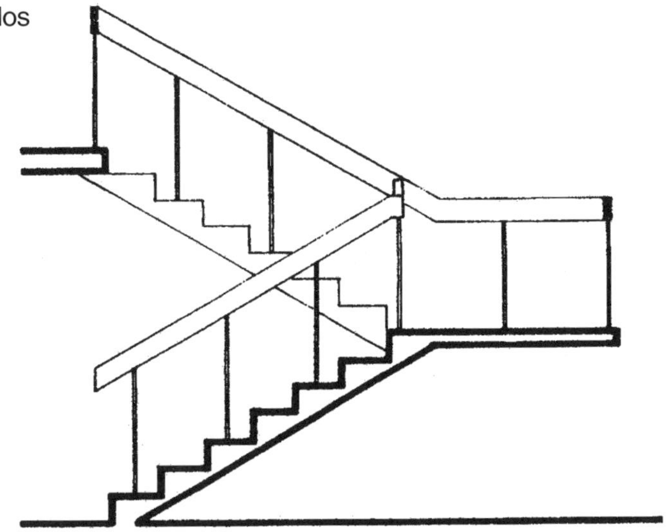

CORTE AB - ESCALA 1:50

Indique em todas as plantas a seta (sobe ou desce) e a posição do corte.

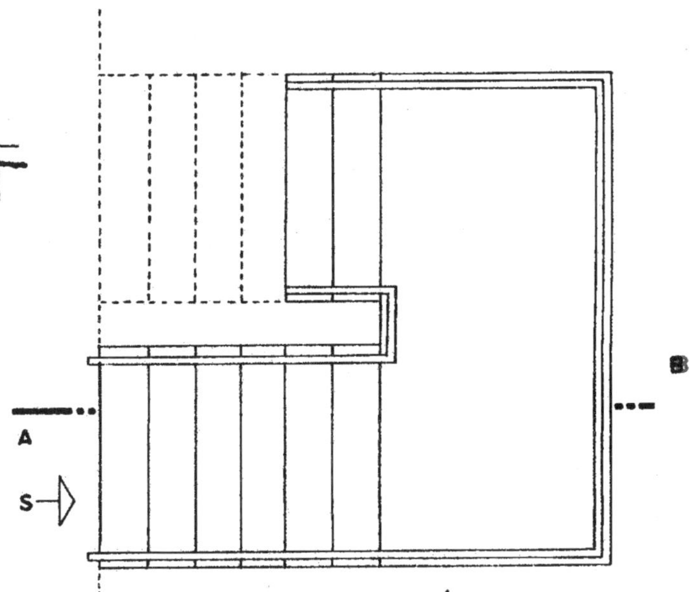

PLANTA - PAVIMENTO TÉRREO

FORMA DOS DEGRAUS

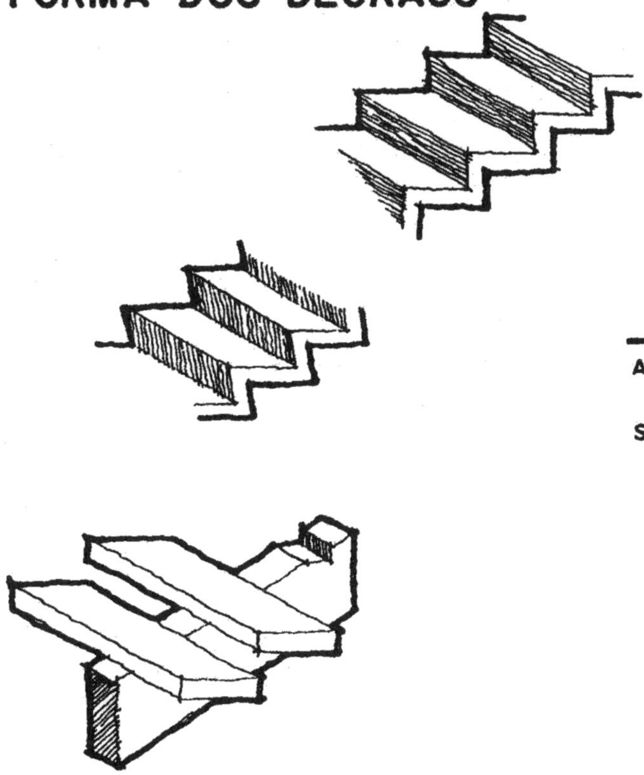

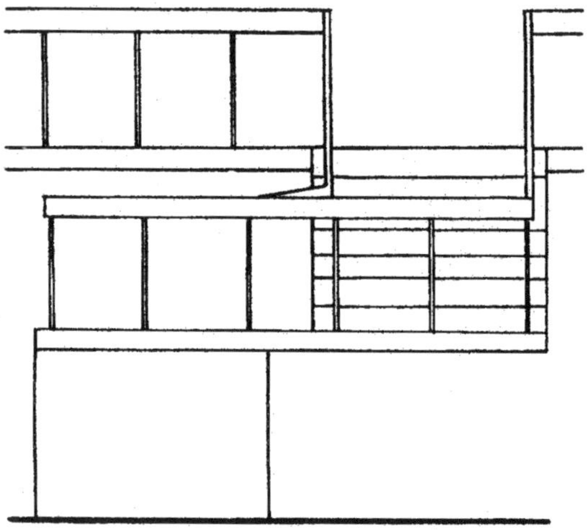

VISTA DE B

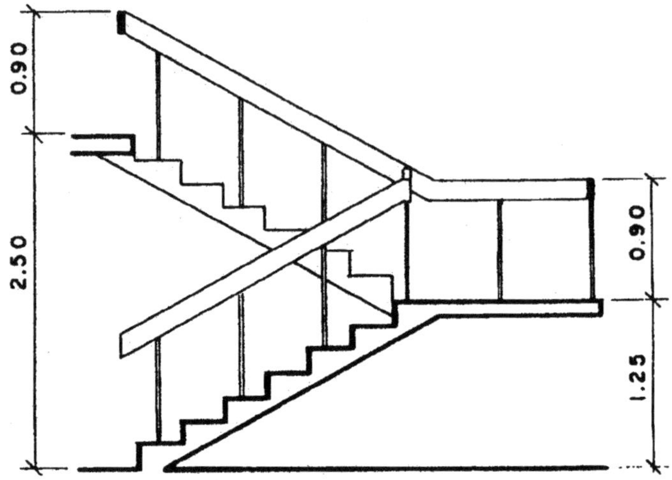

CORTE AA

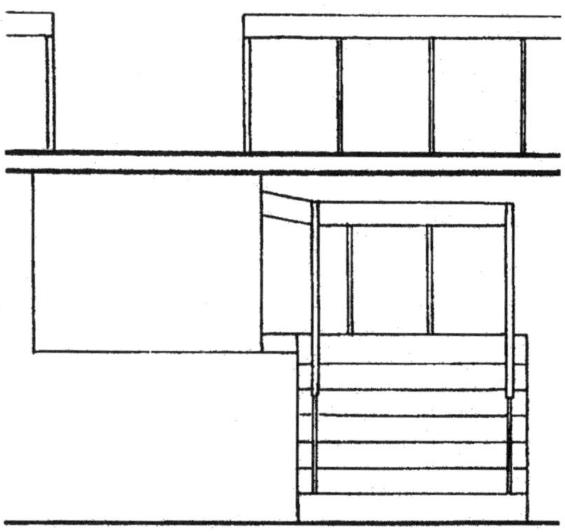

VISTA DE E

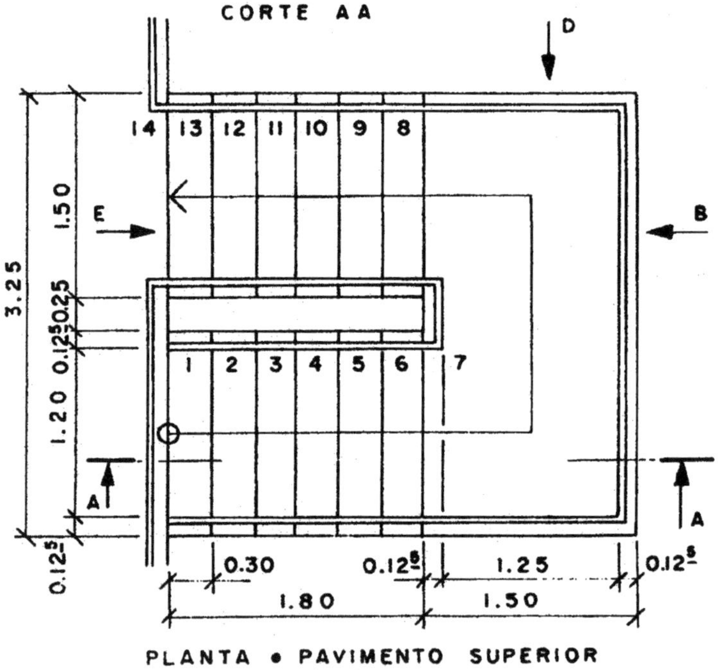

PLANTA • PAVIMENTO SUPERIOR
ESCALA 1:50

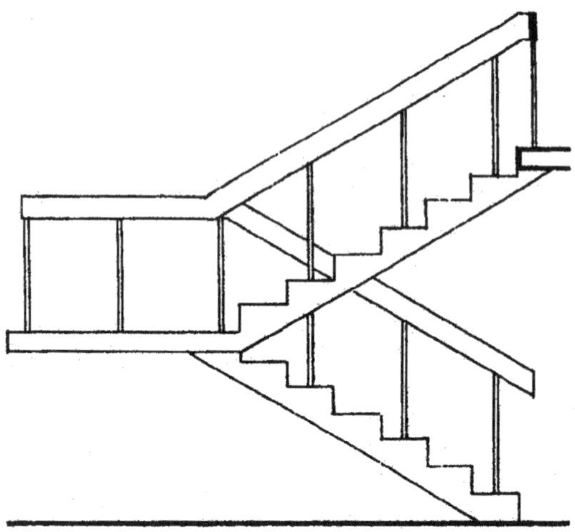

VISTA DE D

A escada da página anterior está aqui complementada com vistas e com a planta do pavimento superior. Os desenhos desta folha seguem as normas brasileiras de Desenho Técnico.

Quando ocorre mudança de direção do eixo da escada, devemos introduzir um elemento novo: é a linha de piso, linha imaginária traçada na distância de 50 a 60 cm do guarda-corpo. Ela corresponde ao local onde se apóia o pé e, portanto, deve ser igual ou maior do que 25 cm (piso mínimo) em cada degrau.

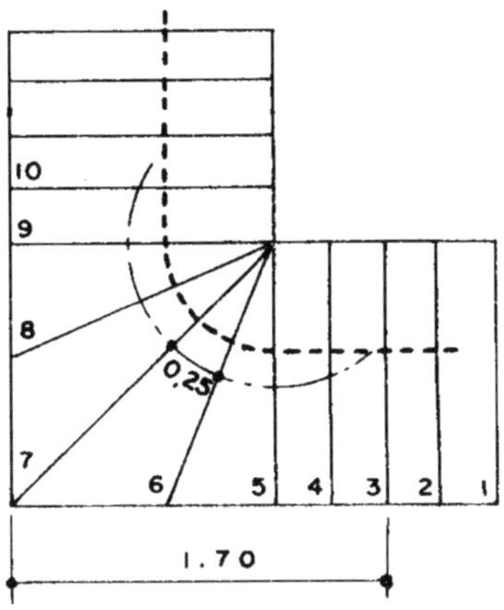

À esquerda está a planta de uma escada em que o eixo sofre desvio de 90°. A **linha de piso** aparece desenhada em traços curtos; nos pisos 5 até 8 ela se apresenta **menor** do que 25 cm. Para manter sua medida mínima ela teria de sofrer um desvio (veja o arco desenhado com traço e ponto) e esta mudança *não é natural*, pois as pessoas tendem a seguir a linha de piso, mantendo afastamento constante em relação ao guarda-corpo!

Observamos, ainda, que o piso dos degraus vai se estreitando, de modo a ficar igual a **zero**, e forma uma **área perdida** onde o pé não encontra apoio.

Outros defeitos são o maior perigo de queda com a mudança de ritmo das passadas e a existência de uma aresta pontiaguda (quina) onde o usuário arrisca ferir-se. No desenho que se segue está a solução destes problemas, com apenas o acréscimo de uns poucos centímetros ou 1,85 m - 1,70 m = 0,15 m. Vale a pena!

BALANCEAMENTO DE DEGRAUS

É UMA COMPENSAÇÃO NOS PISOS QUANDO OCORRE MUDANÇA DE DIREÇÃO NA ESCADA. NÃO SE CONHECE PROCESSO PARA TRAÇADO EXATO.

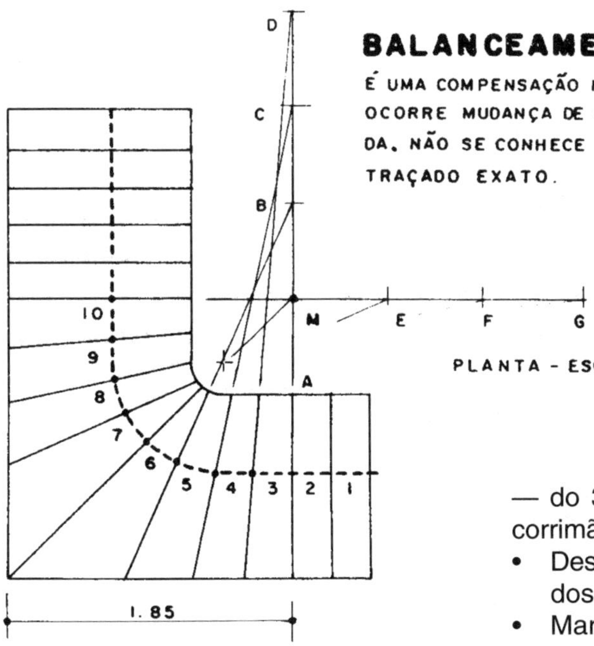

PLANTA - ESCALA 1:50

Costuma-se fazer o **balanceamento dos degraus** assim: a linha pontilhada nas duas figuras desta página está afastada de 50 cm do corrimão e representa a *linha de piso.* Nessa linha os pisos devem ser todos iguais: é o que se chama de balanceamento. Definimos antes: o piso de 25 cm, o balanceamento de oito degraus — do 3º ao 10º piso — e o raio de 20 cm para o corrimão interno (ele vai eliminar a quina!).

- Desenhe este corrimão interno, a bissetriz do ângulo dos dois lances e a linha de piso.
- Marque segmentos de 25 cm na linha de piso: os pontos 2 a 6 e os seus simétricos 7 a 10.
- Prolongue a linha dos espelhos 2 e 10, obtendo oponto M.
- Marque os pontos B,C e D de modo que MA = MB = BC = CD e, depois, MA = ME = EF = FG.
- Trace os segmentos D3, C4, B5, M6 e depois os simétricos G9, F8 e E7.

Agora desfrute de uma escada gostosa!

É claro que não se deve abusar mas, a rigor, somente duas coisas podem controlar o uso das formas livres nas escadas: a falta de dinheiro do cliente e a falta de imaginação do arquiteto. Pois a tecnologia atual permite qualquer fantasia, bastando que alguém se disponha a pagar pela beleza.

FORMA DAS ESCADAS

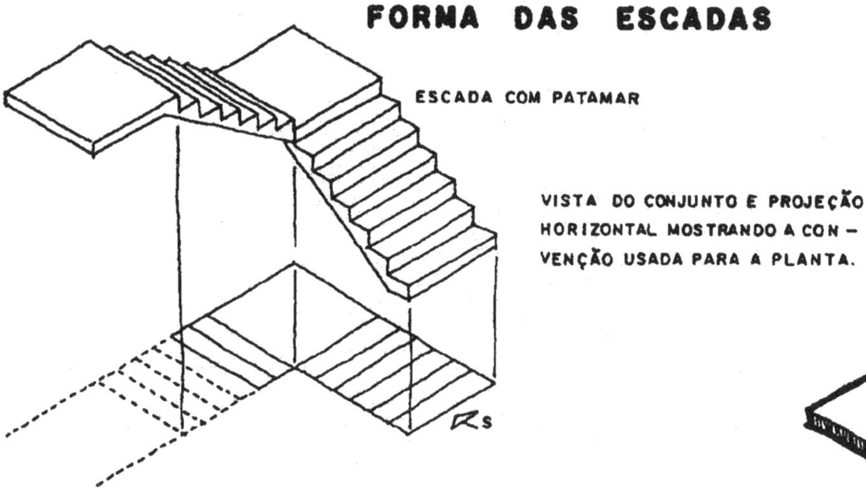

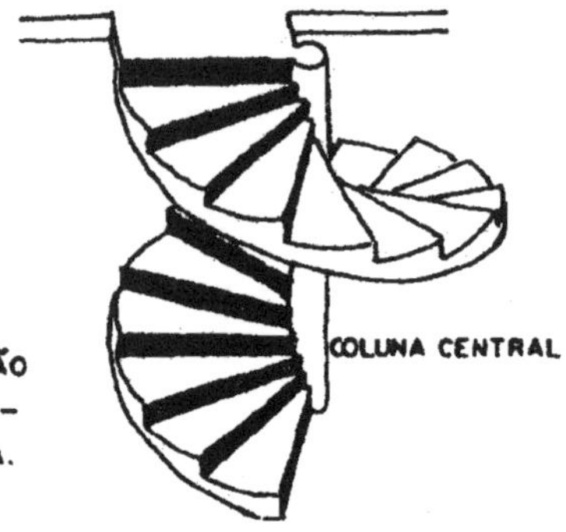

ESCADAS HELICOIDAIS

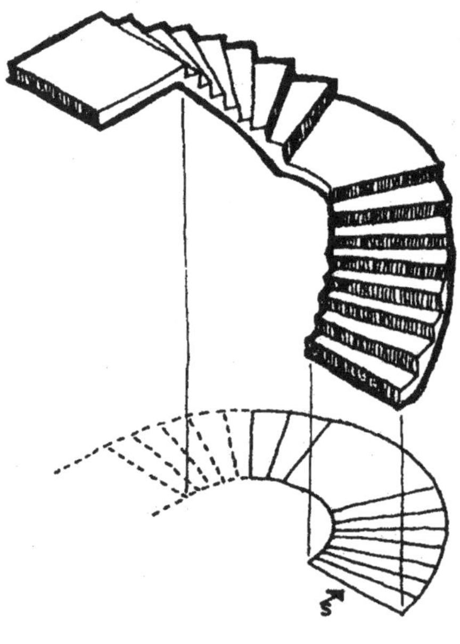

A tendência na Arquitetura atual é explorar a escada, de modo que ela venha a se integrar, a compor o ambiente. Surgem, assim, as escadas com trechos retos e patamares curvos ou com lances curvos e patamares retos, escadas helicoidais e outras criações. É importante que o desenhista domine bem o cálculo e o traçado de modo a evitar erros. Existe grande probabilidade de de não se poder consertar uma escada depois de construída!

ATENÇÃO:
NAS ESCADAS A ALTURA É DIVIDIDA EM n ESPELHOS E A PLANTA EM n-1 PISOS.

HÉLICE

A hélice era conhecida já na Grécia Antiga. Arquimedes escreveu o livro 'Parafuso' e diz-se que foi o primeiro a aplicar seus conhecimentos: teria inventado um parafuso sem-fim para irrigação. Se o grego tivesse registrado a patente, não teríamos hoje esta dúvida e ele estaria riquíssimo, cobrando *royalties* de cada parafuso. Claro; se aquele soldado romano não o tivesse degolado quando fazia cálculos na areia da praia.

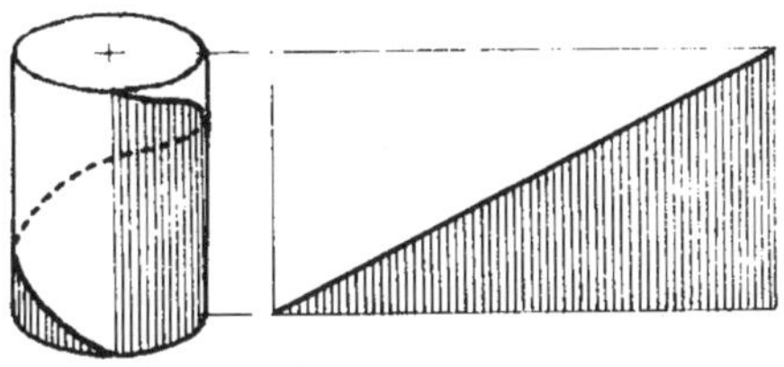

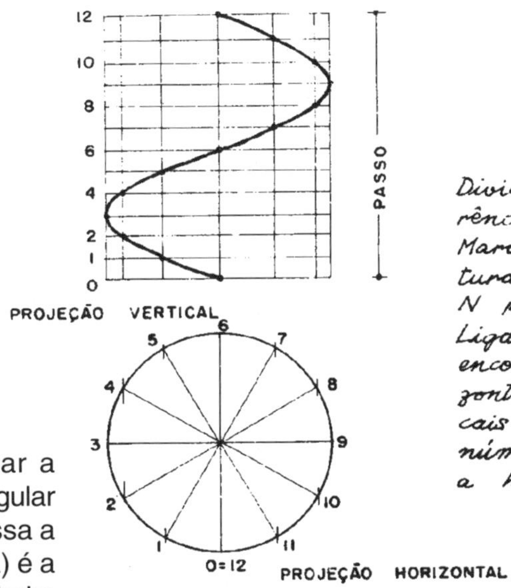

TRAÇADO:
Dividir a circunferência em N partes. Marcar o passo (altura) e dividir em N partes. Numerar. Ligar os pontos de encontro das horizontais com as verticais de mesmo número: está traçada a hélice.

Uma sugestão para visualizar a hélice é traçar a diagonal de um papel cartão cortado de forma retangular e enrolar em forma de um cilindro; a diagonal passa a ser uma hélice. A base do cilindro (circunferência) é a projeção da hélice no plano horizontal. A altura do cilindro (geratriz) é o **passo** da hélice: distância vertical entre dois pontos da curva.

NA ESCADA HELICOIDAL

O PISO É UM SETOR CIRCULAR.

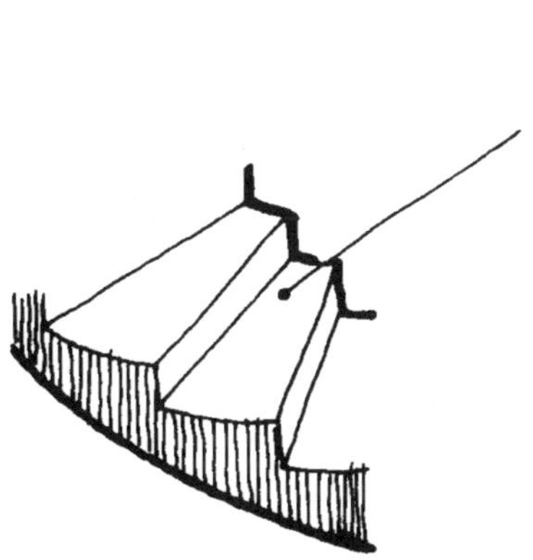

Para o cálculo desta escada consideramos uma linha imaginária (linha de piso) afastada de 50 a 60 cm do corrimão e medimos o piso $\widehat{AB}$.

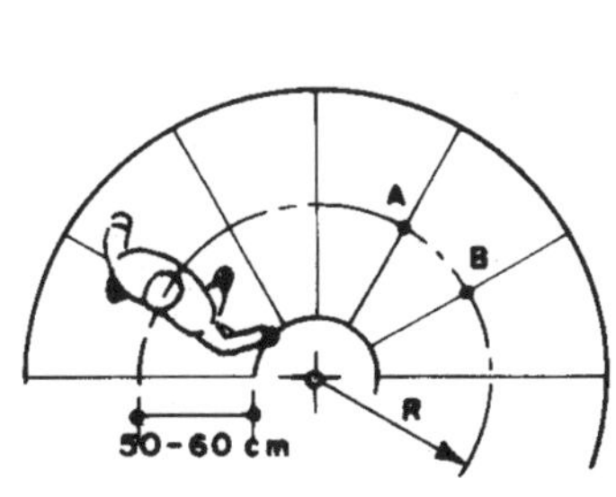

$\widehat{AB}$ VARIA DE 18 a 32 cm

CÁLCULO

Dados : h = 2.80 (altura)

L = 0.80 (largura) ACHAR : R = ?

NA FORMULA [1] $n = \frac{h}{e} = \frac{2.80}{0.17} = 16,5$ ∴ FAZEMOS = n = 17.

Como 1ª tentativa admita que a escada dê uma volta completa, uma circunferência. Seu comprimento será $C = 2\pi R$. Pela fórmula 2 o comprimento da escada é $c = p(n-1)$, sendo na escada helicoidal $p = \widehat{AB}$. Escolhendo $p = 23cm$ fica:

Comprimento $= 2\pi R = 23(17-1)$ e daí: $R = \frac{23 \times 16}{2\pi} = 55 cm$ (*)

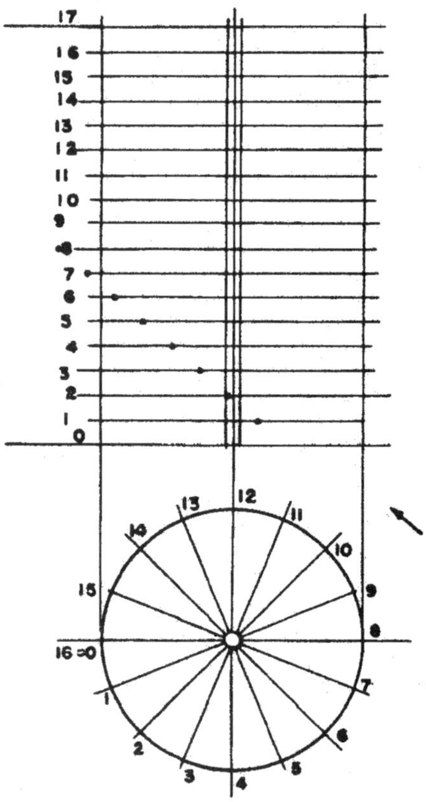

- DESENHE A LINHA DE PISO (CIRCUNFERÊNCIA) COM RAIO DE 0,55m NA ESCALA ESCOLHIDA.
- O corrimão interno está a 50cm da linha de piso: trace a pequena circunferência que será a coluna central da escada.
- A PARTIR DESTA CIRCUNFERÊNCIA INTERNA MARQUE A LARGURA DADA E TRACE A CIRCUNFERÊNCIA EXTERNA

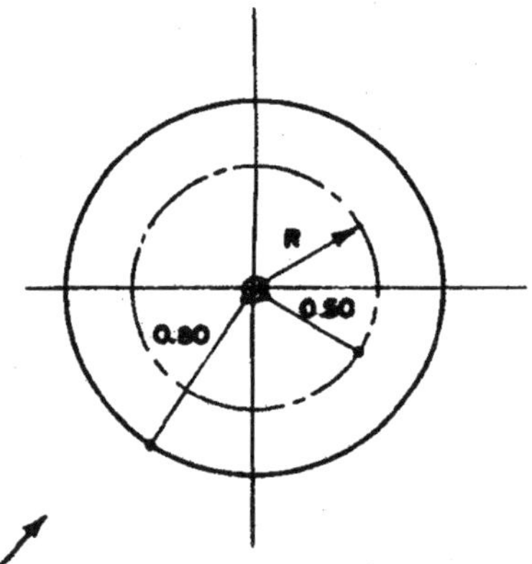

PLANTA
ESCALA 1/50

- Por meio de duas horizontais marque a altura, que será dividida em n = 17 partes, tal como nas escadas retas. Numere as horizontais de 0 a 17.
- LEVE PARA O PLANO VERTICAL A COLUNA CENTRAL E O CILINDRO EXTERNO. DIVIDA AS CIRCUNFERÊNCIAS EM n - 1 = 16 PARTES. NUMERE AS DIVISÕES DE ZERO ATÉ 16.

(*) Se o cálculo fornece R> 50 cm (mínimo aceito para a linha do piso), optamos por ¾ ou ½ circunterência em lugar de uma circunferência inteira. Em qualquer dos casos, o cálculo de R é feito por **tentativas**. Por exemplo: para h = 2,25 m temos n = 13; com piso de 22 cm fica $2\pi R = 22x12$, onde será R = 42 cm: INACEITÁVEL!

Fazendo ¾ x 2π R = 22x12 fica R = 56 cm (satisfaz).

Fazendo ½ X 2π R = 22x12 fica R = 84 cm, igualmente satisfatório.

Neste caso, qualquer das duas respostas pode ser escolhida. Na página seguinte está desenhada uma escada helicoidal onde C = 1/2π, h = 2,25 m e largura útil de 0,90 m.

• NO ENCONTRO DAS HORIZONTAIS E DAS VERTICAIS DE MESMO NÚMERO ESTÃO OS DEGRAUS. TRACE O CONTORNO DA FACE EXTERNA E DEPOIS A FACE INTERNA, DEFININDO A SEGUIR AS PARTES VISÍVEIS.

• ACRESCENTE A ESPESSURA DA LAJE E O CORRIMÃO, FORMADOS POR HÉLICES. RESTA COLOCAR OS BALAUSTRES E INTRODUZIR AS CONVENÇÕES NAS PLANTAS.

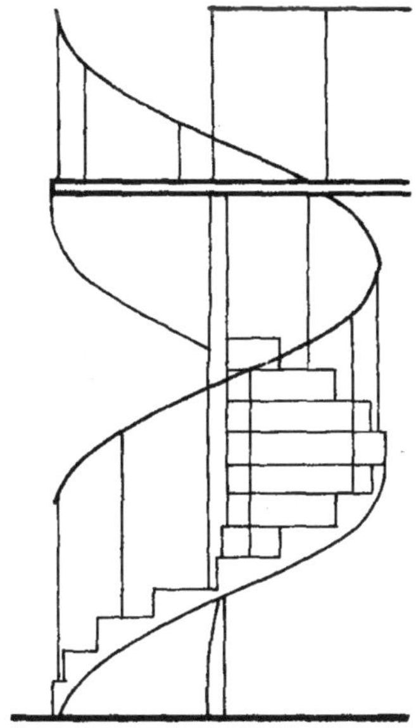

ELEVAÇÃO M

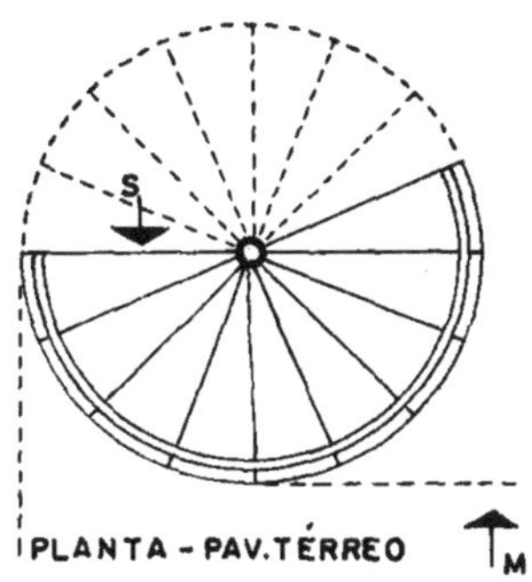

PLANTA - PAV.TÉRREO

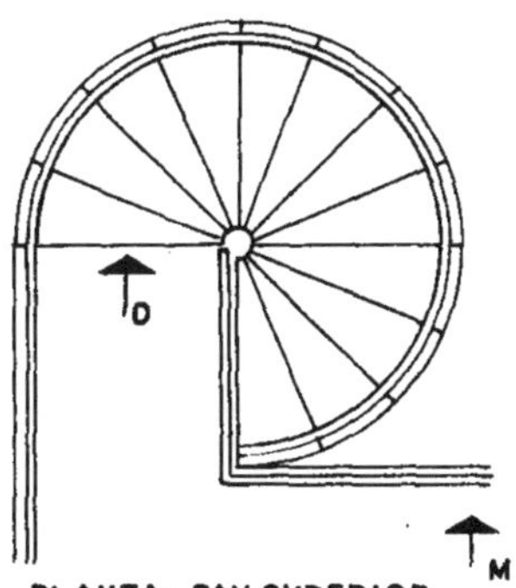

PLANTA - PAV.SUPERIOR

EXERCÍCIOS

(Alô, principiante: passe ao assunto seguinte)

1 - Desenhar a planta e elevação de uma escada helicoidal.
Dados :
Altura h = 2,25 m
Escala 1:25
Largura: 1 m
Piso médio: 0,25 m a 0,60 m na borda interna

2 - Fazer o balanceamento de 12 degraus de uma escada.
Dados: o esboço da planta e dimensões
Piso médio com 0,25 m a 0,55 m da borda interna.
Escala 1:25.

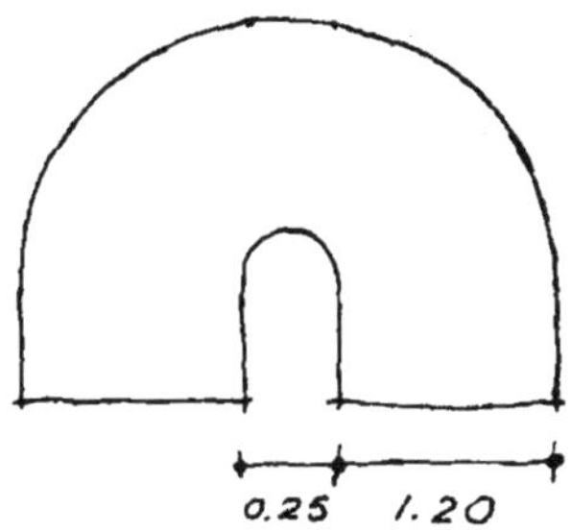

3 - Calcular uma escada semelhante ao esboço abaixo e destinada a um prédio de vários pavimentos.
Dados:
Diferença de cota (h) entre pisos: 2,75 m
Largura útil: 1,20
Prever corrimão interno e guarda-corpo externo com 0,10 m cada um
Escala 1:50

Apresentar planta, cortes e fachadas.

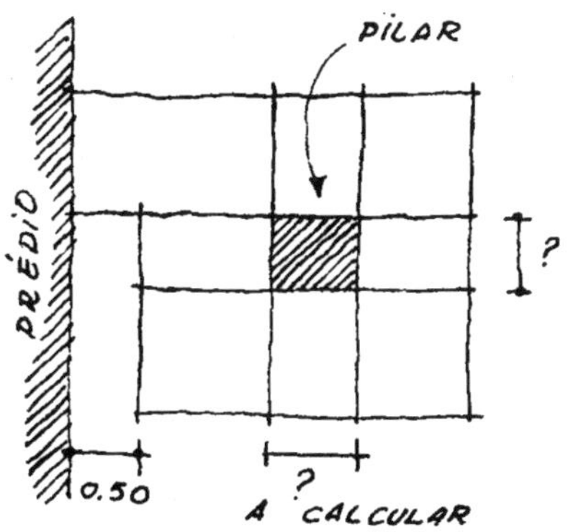

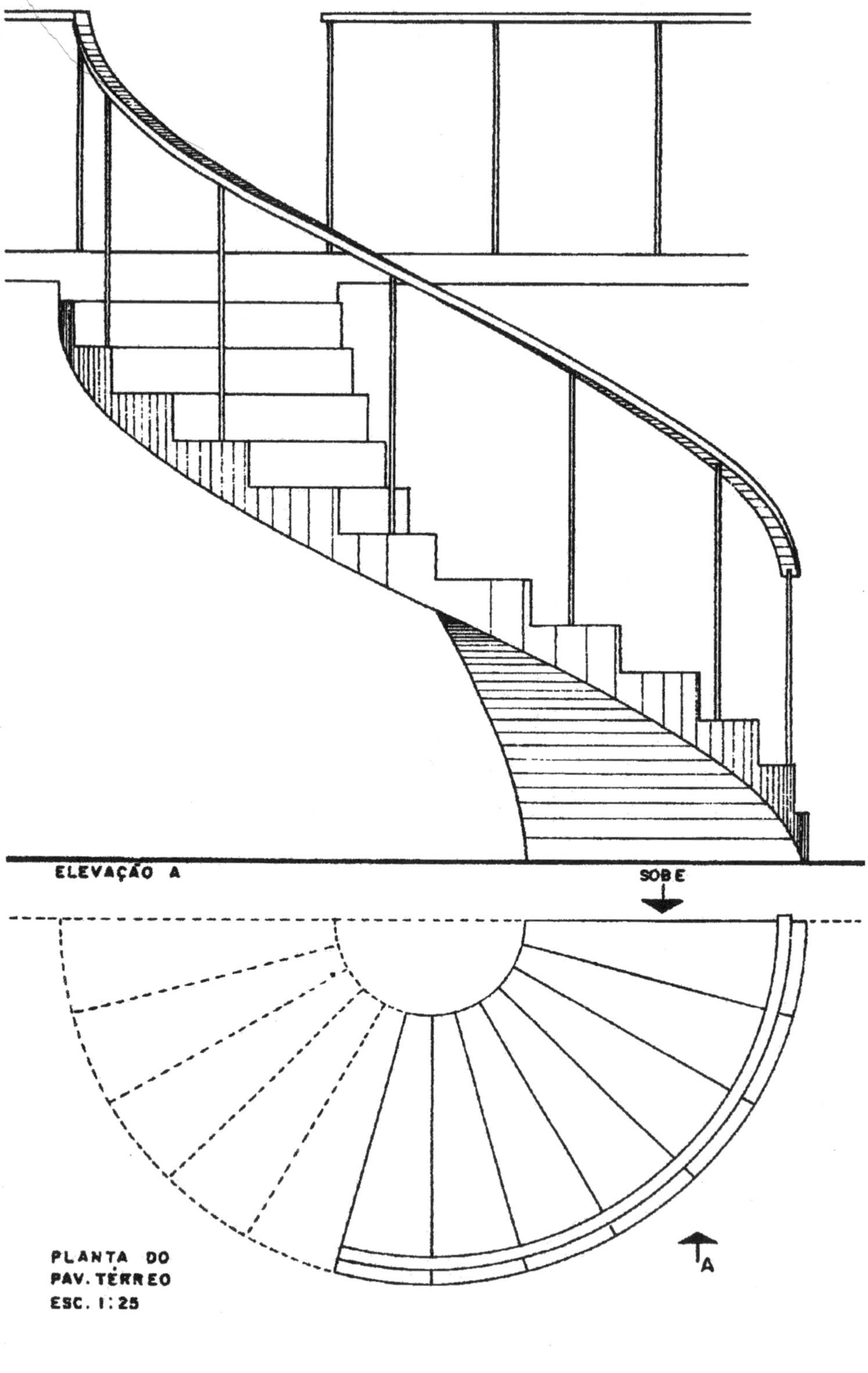

DESENHO MAIS DETALHADO DE UMA ESCADA HELICOIDAL.

O CORRIMÃO INTERNO FOI ELIMINADO PARA MAIOR CLAREZA DO DESENHO.

SOLUÇÕES DOS EXERCÍCIOS:

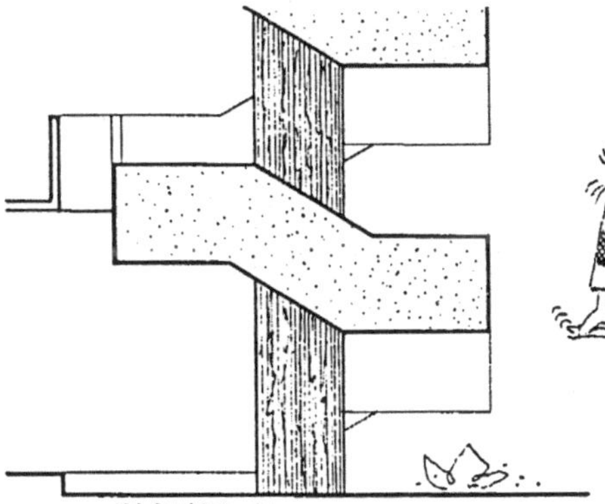

FACHADA M

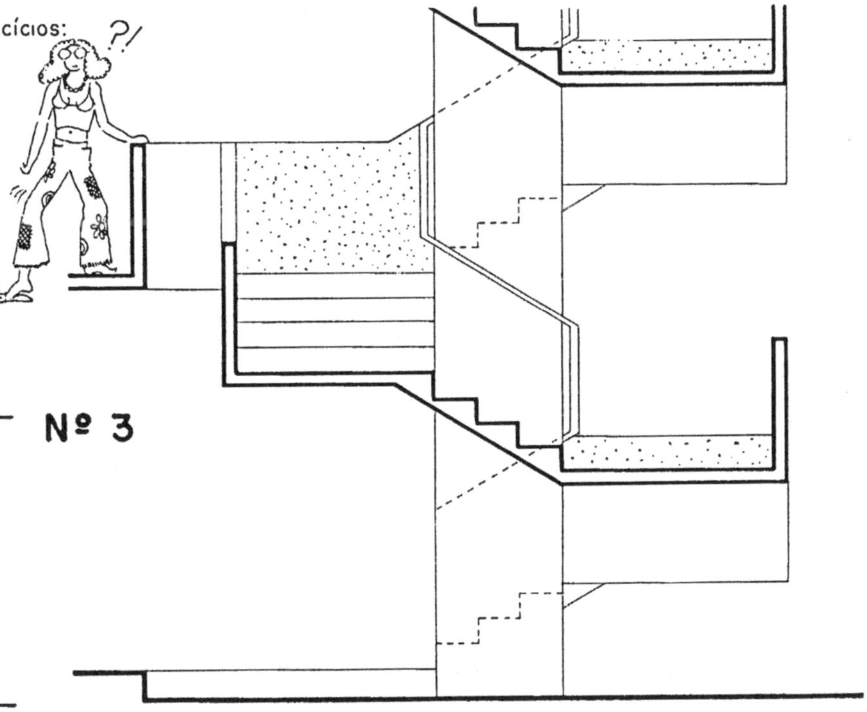

Nº 3

CORTE AB

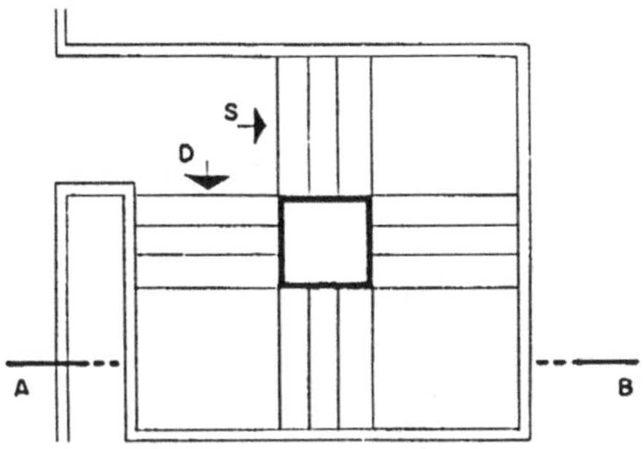

PLANTA · 2º PAV. EM DIANTE · ESC. 1:100

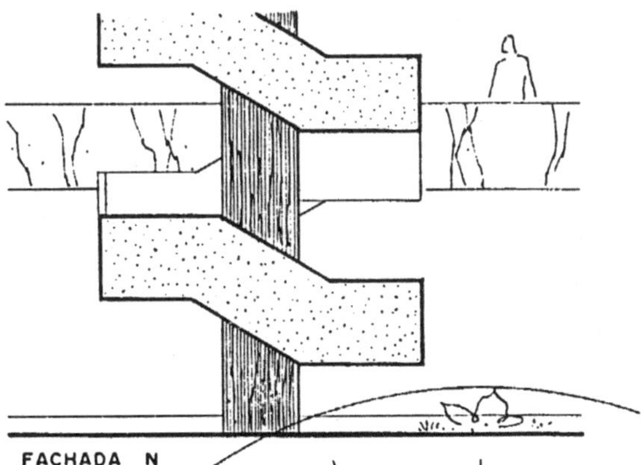

FACHADA N

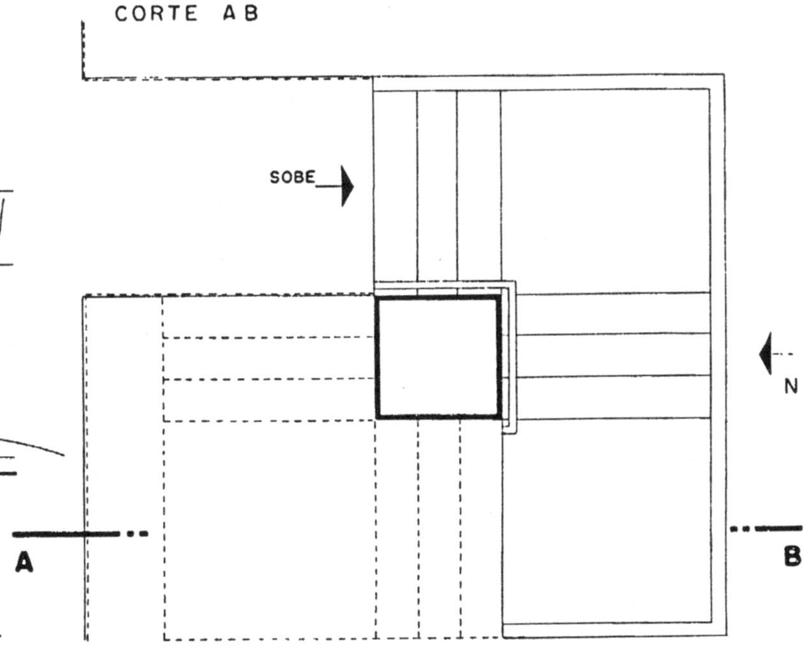

PLANTA · 1º PAVIMENTO (TERREO) · ESCALA 1:50

Nº 2

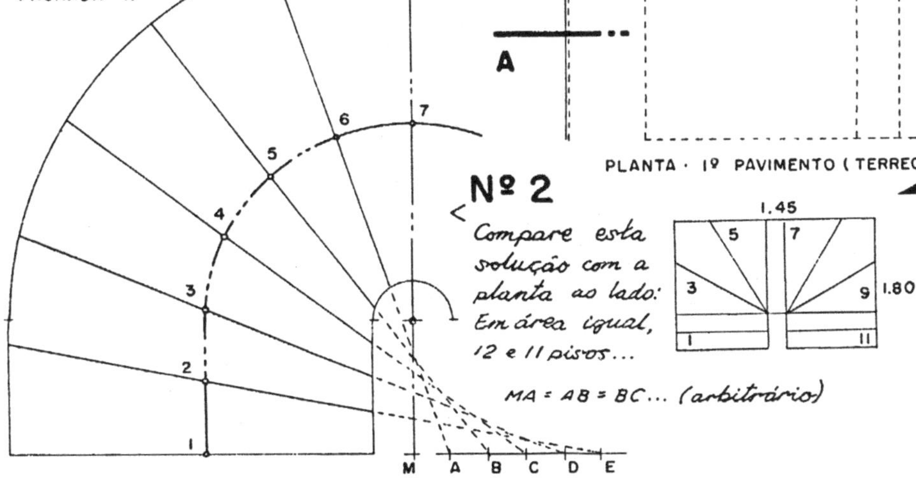

RAMPAS

Rampa é um plano inclinado que se utiliza para circulação de pessoas, de cargas ou de veículos.
Deve-se prever patamar de descanso em condições semelhantes às da escada.
Para uso por pedestres a inclinação ideal é de 8%; por ocupar muito espaço, costuma-se fazê-la com 10%.

O elemento que deve nortear a inclinação de uma rampa é a sua extensão. Em rampas curtas pode-se fazê-la até com inclinação superior a 10% no caso de absoluta falta de espaço no ambiente.
Como nas escadas, o guarda-corpo costuma ser colocado com altura de 0,80 m a 1,00 m. Em caso de pânico esta altura maior não é suficiente para dar proteção, pois a altura da metade do corpo humano situa-se em torno de 1,10 m (altura do umbigo); segue-se que, para proteção mais eficaz, deve-se usar guarda-corpo com altura MÍNIMA de 1,20 m.

PROCESSO DE CÁLCULO

Uma regra de três fornece o comprimento da rampa:
comprimento C = (altura a vencer x 100)¸ percentual < Colocar o sinal de divisão da inclinação (i).
Para o caso de h = 3,00 m (altura a vencer) e inclinação de 10%, temos:
C = (3,00 x 100), 10 = 30 metros.
De novo! (Este exemplo corresponde ao desenho ao lado.)
Se tivermos h = 3,00 m e i (inclinação) = 8%, fica:
C = (3,00 x 100), 8 = 37,50 m.
Nos dois casos, devemos acrescentar ao comprimento obtido para a rampa a medida do patamar, que é geralmente igual à de sua largura útil.

CASOS ESPECIAIS

1 - Rampa para paraplégicos

- Deve-se projetá-la com 7 a 10%, sendo este o limite máximo, que deve ser evitado.
- Excepcionalmente, em rampas muito curtas pode-se chegar a 12%.

2 - Rampa para automóveis

Inclinação usual: 10 a 13%
Em rampas longas: até 5%
Em rampa muito curta: até 20%

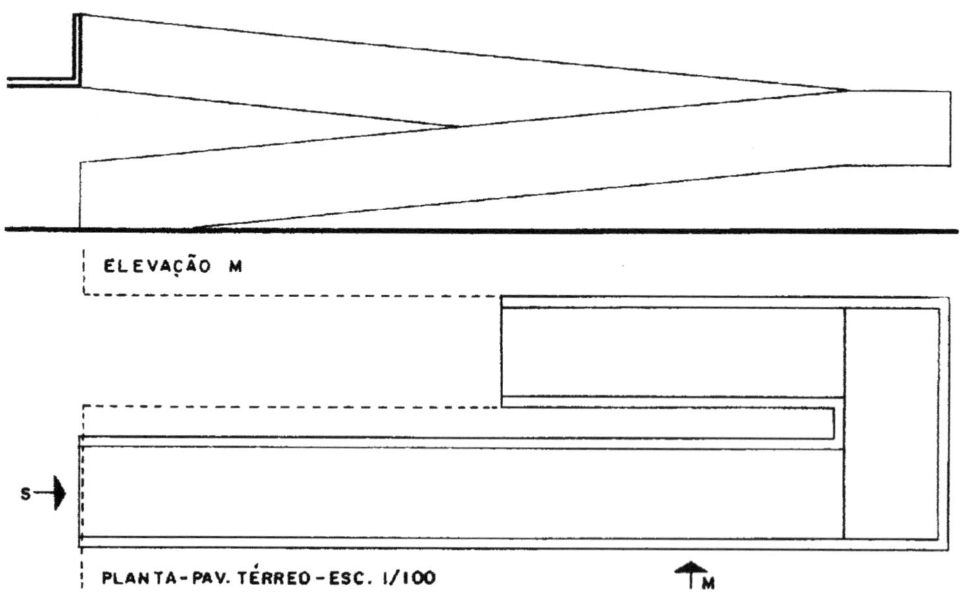

As rampas são pouco utilizadas em residências, porém largamente aplicadas em escolas, hospitais, edifícios esportivos, mercados, etc. onde a circulação intensa justifica sua utilização.

RAMPA HELICOIDAL

1º - CÁLCULO

Na rampa helicoidal o comprimento que se obtém nos cálculos é o do eixo médio, ou seja, aquele que é medido na metade da largura da rampa. Para o exemplo abaixo faremos:

h = 2,40 m; inclinação i = 10% e largura útil L = 1,20 m.

Aplicando a regra de três já referida fica:

C = (h x 100) ÷ i = (2,40 x 100) ÷ 10 = 24 metros.

Tal como no caso de uma escada e para esta altura devemos colocar patamar; temos, pois:

Comprimento da rampa + Patamar = 2πR ou 24 + 1,20 (largura) = 2πR.

Daí o cálculo nos dá R = 4 metros, que será o raio do eixo médio.

2º - DESENHO

Traçamos o raio médio na escala dada e colocamos de cada lado do eixo (circunferência) a metade da largura e mais a espessura do guarda-corpo. Daí por diante o leitor atento notará diversos pontos de semelhança entre as rampas e as escadas helicoidais no que se refere a traçado, convenções e cálculo.

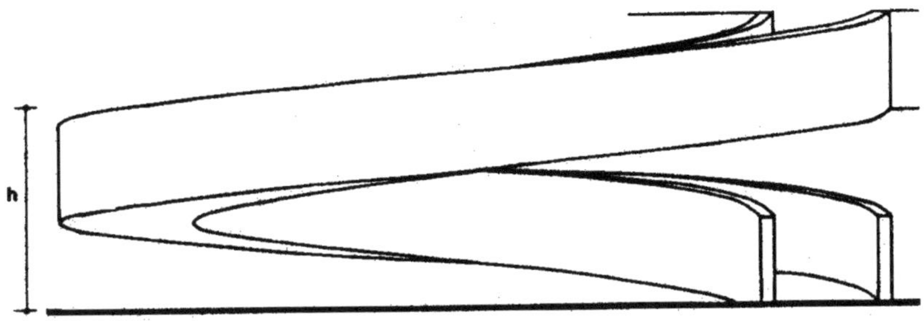

ELEVAÇÃO N

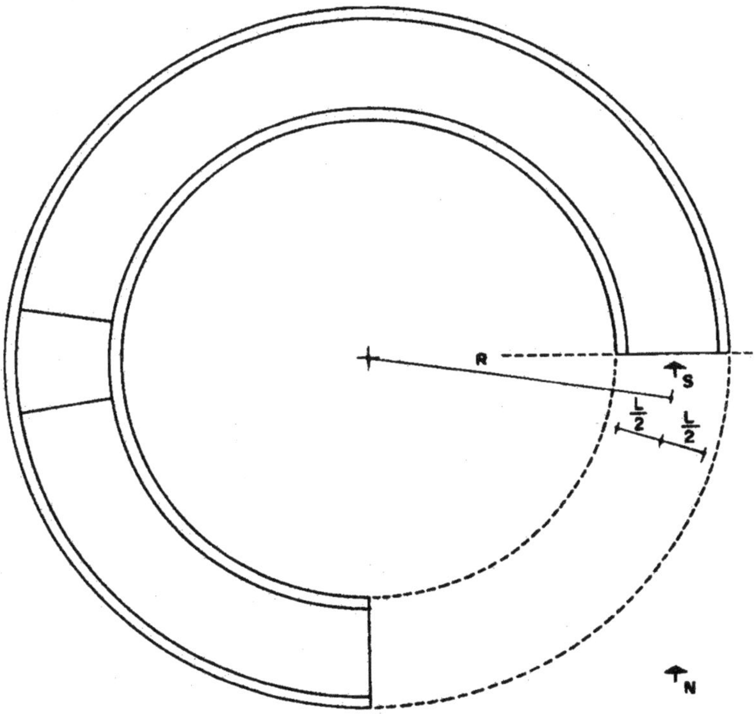

PLANTA • PAVIMENTO TÉRREO • ESCALA 1:100

ELEVADOR

O corte desenhado ao lado mostra a caixa do elevador (prisma onde ele se movimenta), o poço e a casa de máquinas. Na planta aparecem a cabine do elevador e o contrapeso.
Os fabricantes fornecem todos os dados e cálculos para a definição de medidas e capacidade do elevador.

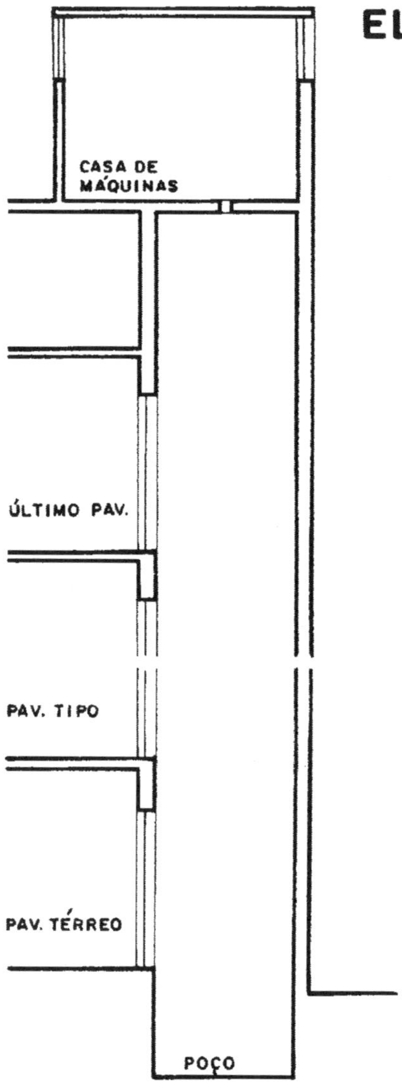

CORTE AB • ESCALA 1:100

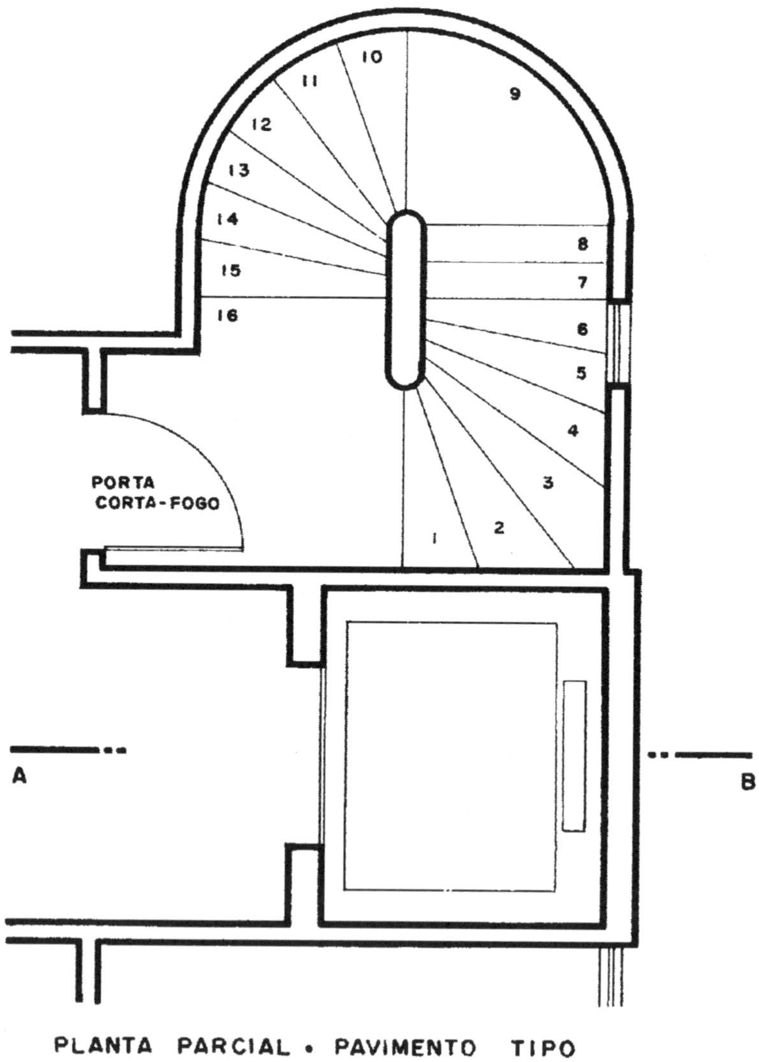

PLANTA PARCIAL • PAVIMENTO TIPO
ESCALA 1:50

Chama-se **caixa de escada** ao conjunto, aparente ou não, formado pela caixa do elevador e pela escada.

16 Instalações prediais

UM PROJETO ARQUITETÔNICO COMPLETO
DEVE SER ACOMPANHADO DOS
PROJETOS COMPLEMENTARES DE

- ÁGUA
- ESGOTO
- AGUAS PLUVIAIS
- LUZ E FORÇA
- TELEFONE
- PROTEÇÃO CONTRA INCÊNDIO
- ESTRUTURA
- INSTALAÇÕES ESPECIAIS

Não competem aos arquitetos estes projetos, ainda que alguns deles saibam e possam fazê-los. É uma questão de eficiência e de especialização ou divisão do trabalho; o correto e lógico é que o arquiteto e os projetistas de instalações trabalhem **em equipe**. Comumente os projetos arquitetônicos limitam-se a *indicar os pontos* de eletricidade e de telefone. Os pontos de água e de esgotos deduzem-se das peças sanitárias, que sempre são desenhadas nas plantas. Os pontos de eletricidade e os de telefone são representados no projeto arquitetônico por meio dos símbolos gráficos apresentados a seguir.

O arquiteto deve ter na cabeça os símbolos mais usados de modo que possa ler (interpretar) os projetos de instalações elétricas e hidráulicas.

HIDRANTE

RESUMO:
Os projetos arquitetônicos são complementados pelos de instalação hidráulica, de esgotos, luz e força, telefone e outros, tendo cada um deles símbolos gráficos que devem ser conhecidos.

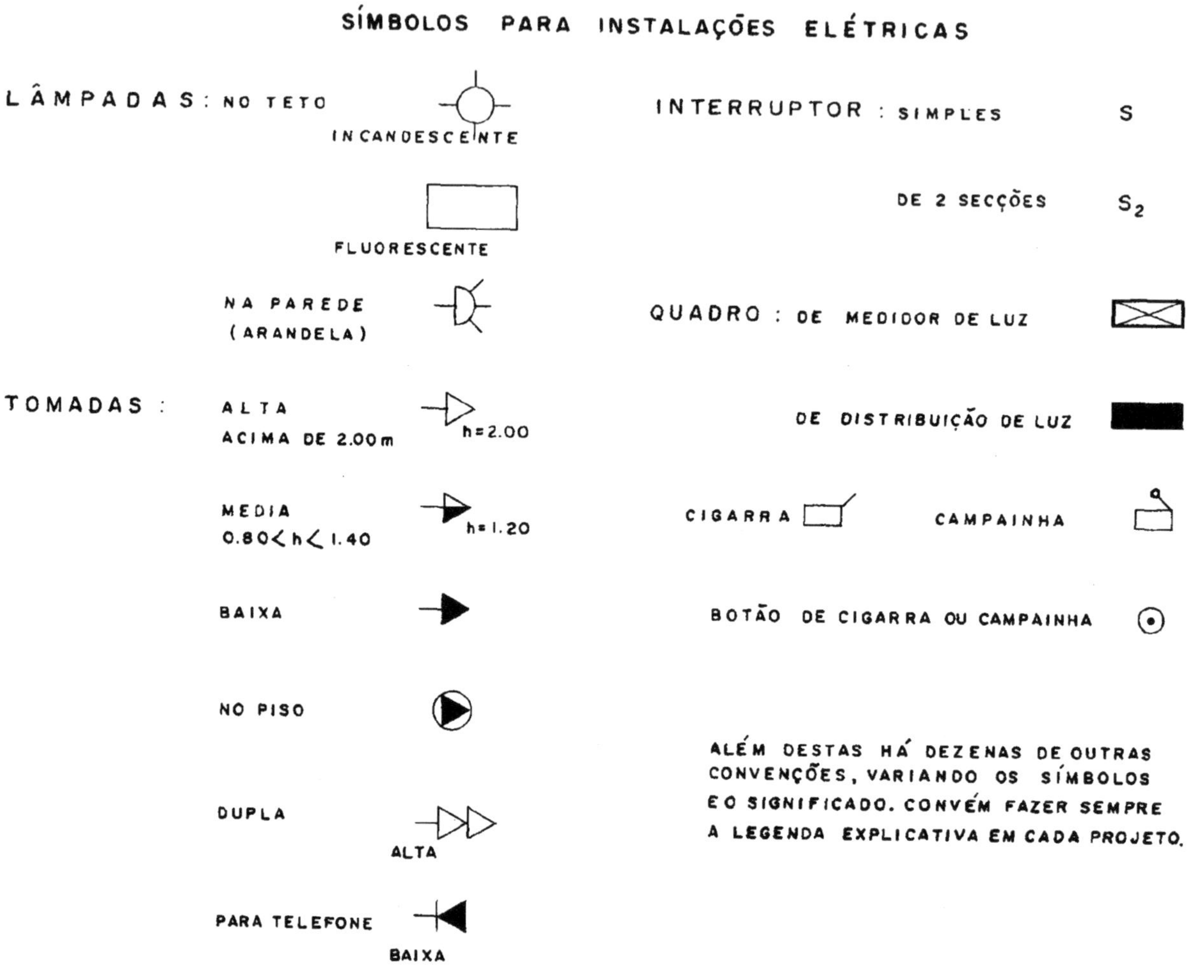

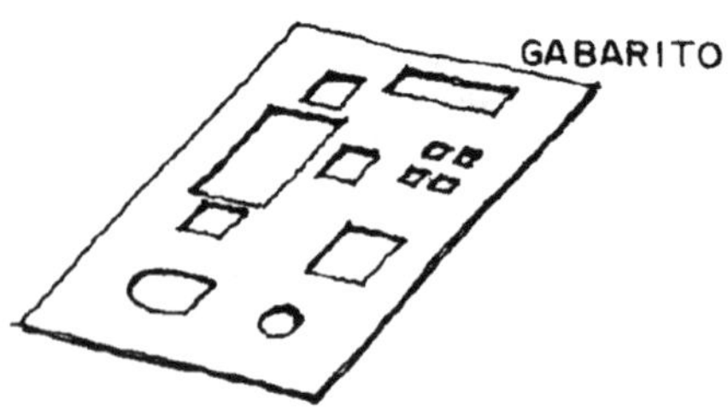

EXISTEM CHAPAS PERFURADAS COM SÍMBOLOS RELATIVOS A ELETRICIDADE, MÓVEIS, PEÇAS SANITÁRIAS E OUTRAS. O DESENHO GANHA EM RAPIDEZ E PERDE MUITO EM QUALIDADE.

Na página seguinte aparece uma típica planta de escritório de arquitetura em que se encontram desenhadas diversas espécies de pontos de eletricidade.

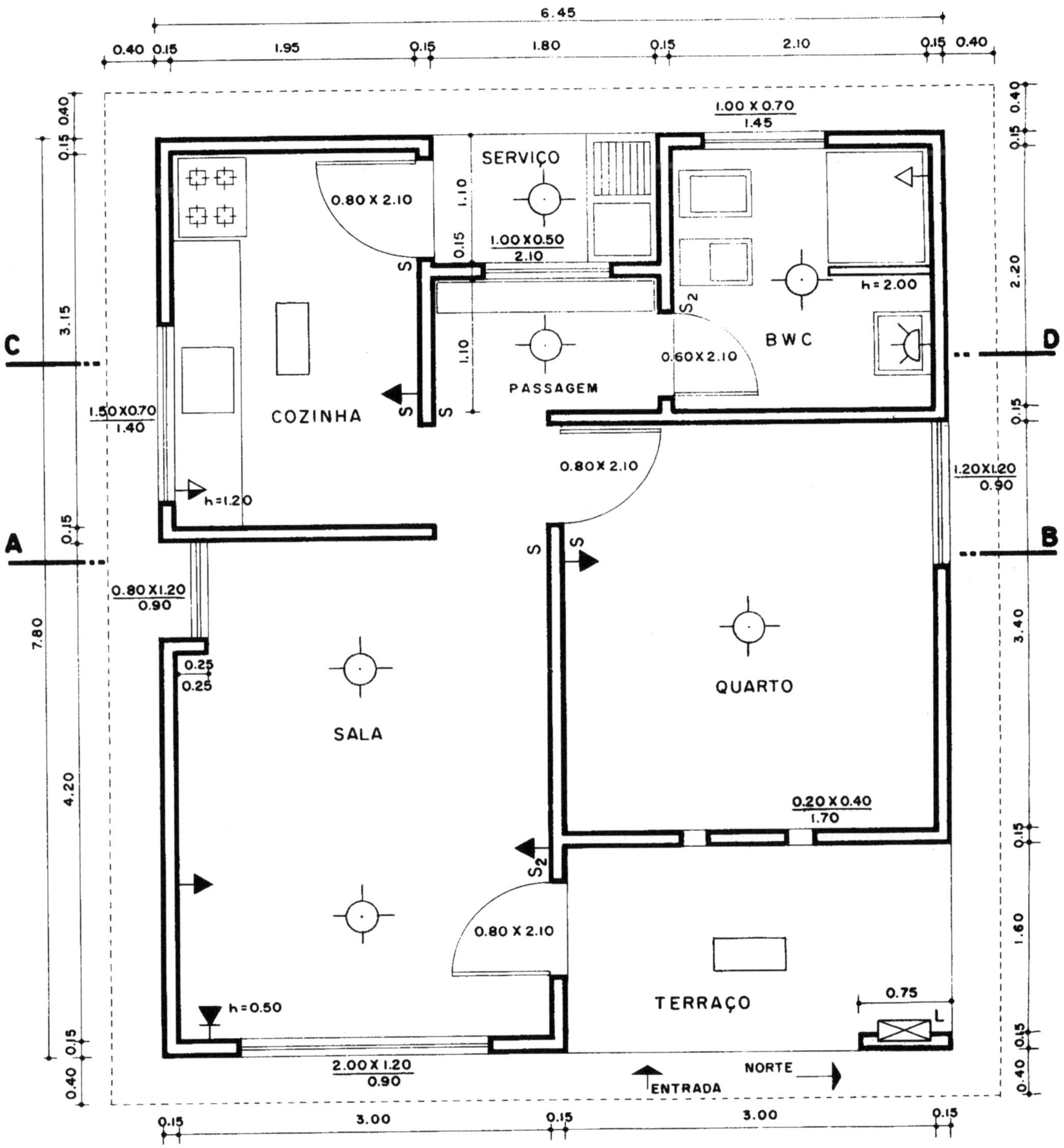

PLANTA • ESCALA 1:50

A planta desenhada no Capítulo 12 está aqui MAIS COMPLETA, apresentando os pontos de luz e as cotas de portas e de janelas; a especificação de materiais não foi incluída.

Os desenhos desta página e da que se segue apresentam alguns detalhes das instalações de água e de esgoto: coisas que ficam embutidas e só aparecem quando se quebram os revestimentos para proceder aos reparos. Examinados com atenção os desenhos mostram...

1)... por que as instalações pesam tanto no orçamento de uma construção. São centenas de peças cortadas, coladas, rosqueadas, emendadas e remendadas: o excesso de mão-de-obra e de peças/pedaços dá margem a vazamentos e entupimentos comuns;

2)... que se trata de um 'dinossauro' que remonta à Roma antiga e aos maias e muito pouco evoluiu. Daí que é um campo aberto à criatividade e à tecnologia.

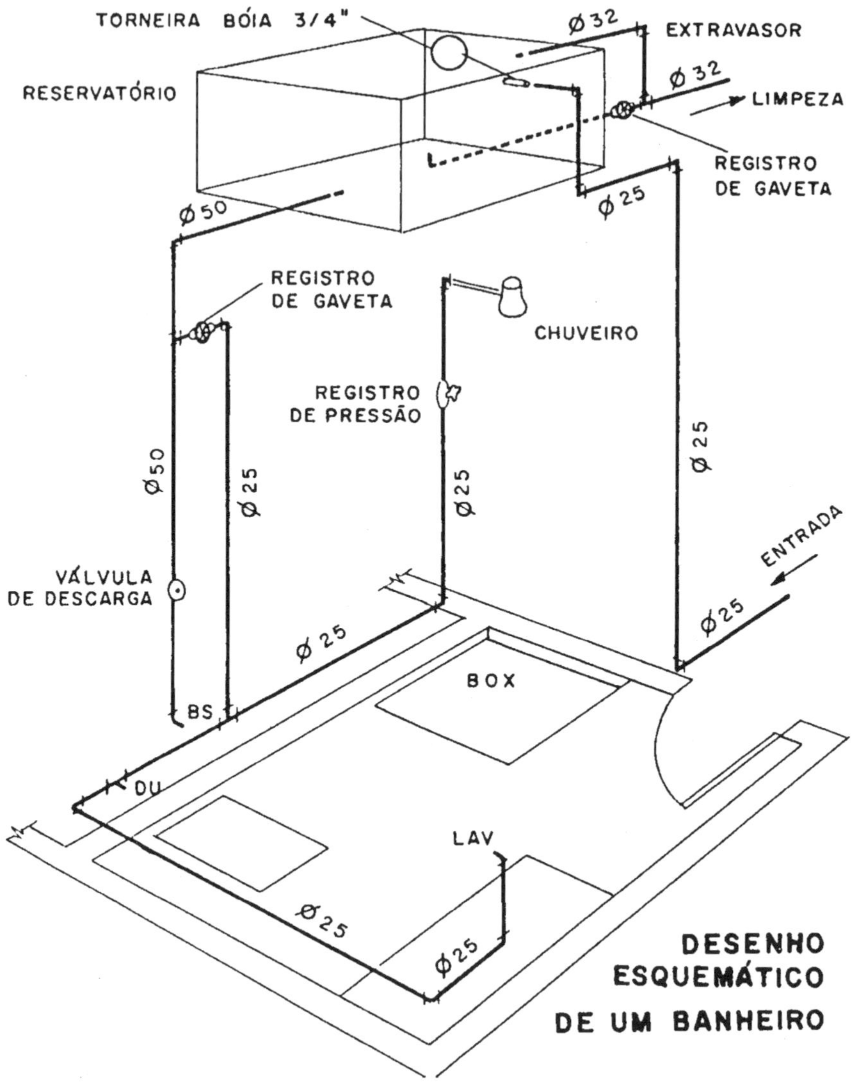

DESENHO ESQUEMÁTICO DE UM BANHEIRO

Legenda na página seguinte

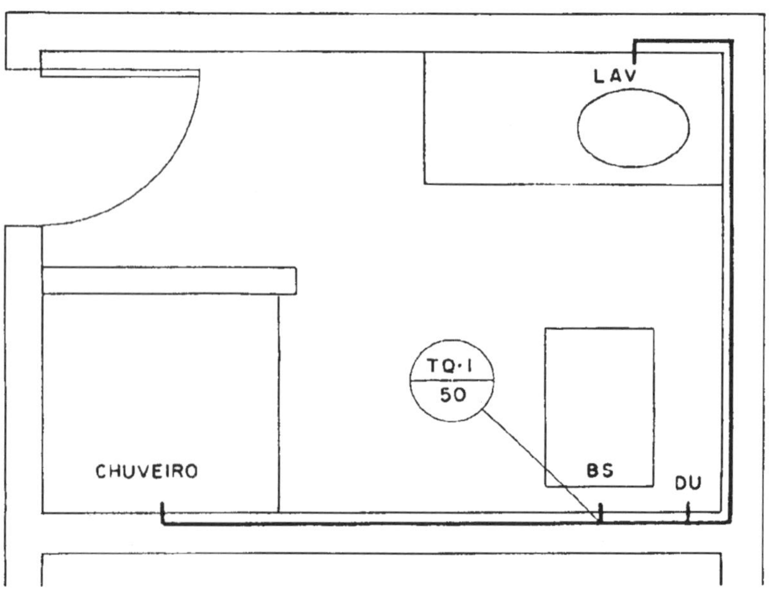

DETALHE DE BWC

ESCALA 1:25

LEGENDA

AF	ÁGUA FRIA
AP	ÁGUAS PLUVIAIS
BD	BIDÊ OU BIDÉ
BS	BACIA SANITÁRIA
CS	CAIXA SIFONADA
DU	DUCHA
FI	FILTRO
LAV	LAVATÓRIO
MIC	MICTÓRIO
REC	RECALQUE
RG	REGISTRO DE GAVETA
RP	REGISTRO DE PRESSÃO
TAQ	TANQUE DE LAVAR ROUPA
TJ	TORNEIRA DE JARDIM
VP	VÁLVULA DE PÉ
VS	VASO SANITÁRIO

SÍMBOLOS

ESGOTO ————————

VENTILAÇÃO - - - - - - - - - - -

HIDRANTE DE FACHADA

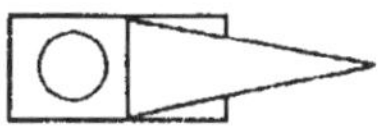

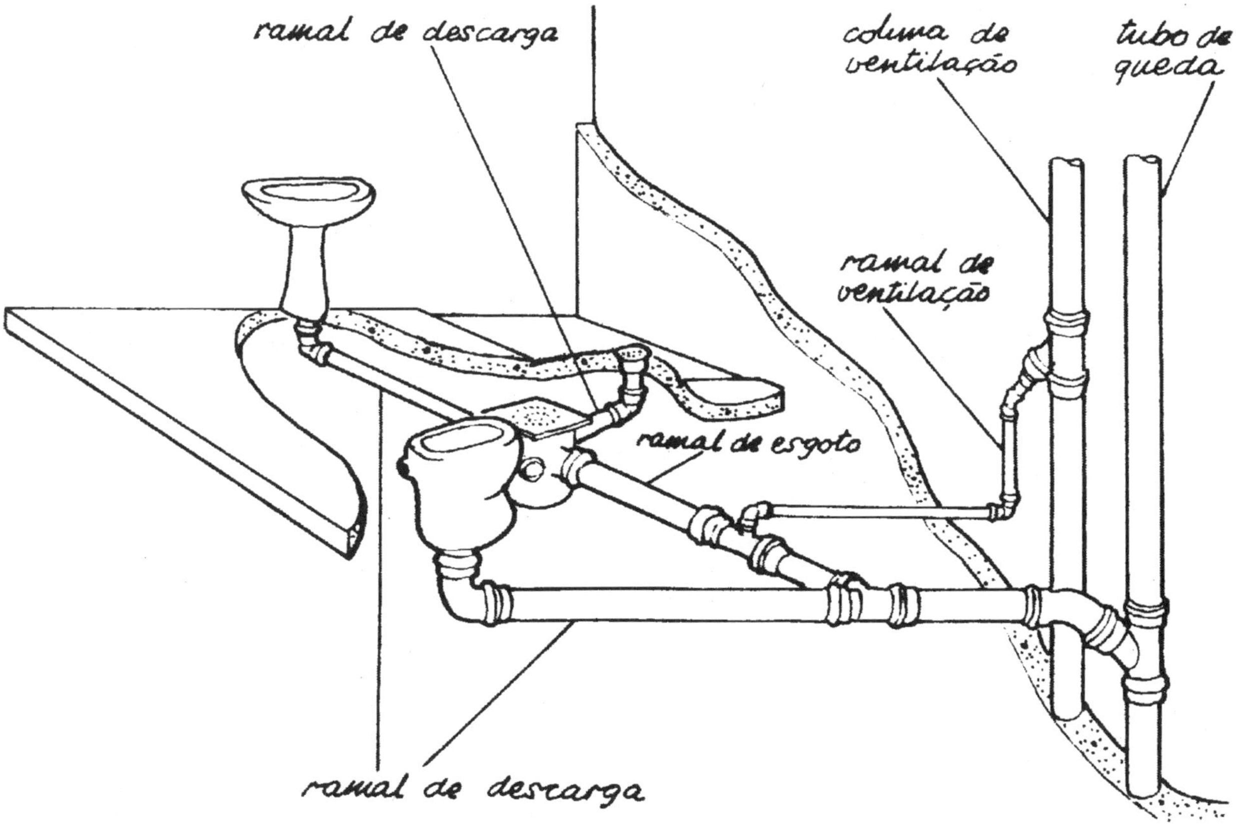

Este desenho visualiza, para um outro banheiro, as dezenas de peças (ocultas na construção acabada) que integram as instalações sanitárias. As plantas detalhadas dessas peças caíram em desuso junto aos projetistas pelo fato de que, nem sempre, o que foi projetado e desenhado corresponde exatamente ao existente na obra; e é por aí que o montador faz suas adaptações, fugindo do projeto original a fim de simplificar sua mão-de-obra. O que pode resultar em mau funcionamento.

17 Detalhes de esquadrias

ESQUADRIA É O CONJUNTO DE PORTAS E JANELAS
- DE MADEIRA
- DE FERRO
- DE ALUMÍNIO

PORTAS

MOVIMENTO	FOLHAS	TIPO
DE GIRO (DOBRADIÇAS)	DE 1 FOLHA	DE FICHAS
CORREDIÇA	DE 2 FOLHAS	DE COMPENSADO
PIVOTANTE	ETC.	ENVIDRAÇADA
BASCULANTE		DE ALMOFADAS
DE ENROLAR		

Existem diversos tipos de portas, que classificaremos quanto ao movimento, ao número de folhas e ao tipo da folha. Observe na figura novos termos técnicos.

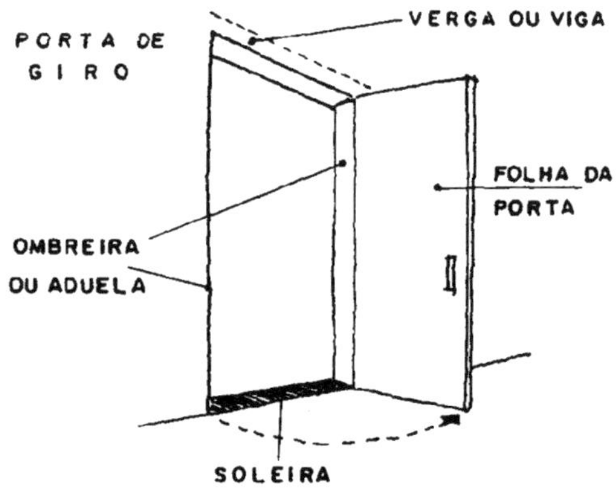

O **marco**, ou **grade**, ou **aro**, pode ser de dois tipos:

GRADE
- DE CAIXA: ADUELA IGUAL À ESPESSURA DA PAREDE
  PARA PORTAS INTERNAS
- DE CANTO: ADUELA MENOR DO QUE A ESPESSURA DA PAREDE.
  PARA PORTAS EXTERNAS

Veja detalhes na página seguinte.

RESUMO:
Nas figuras seguintes aparecem detalhes construtivos muito comuns em obras. Mais do que servirem de modelos para serem copiados, eles devem ser usados para se pensar em como e por que funcionam.

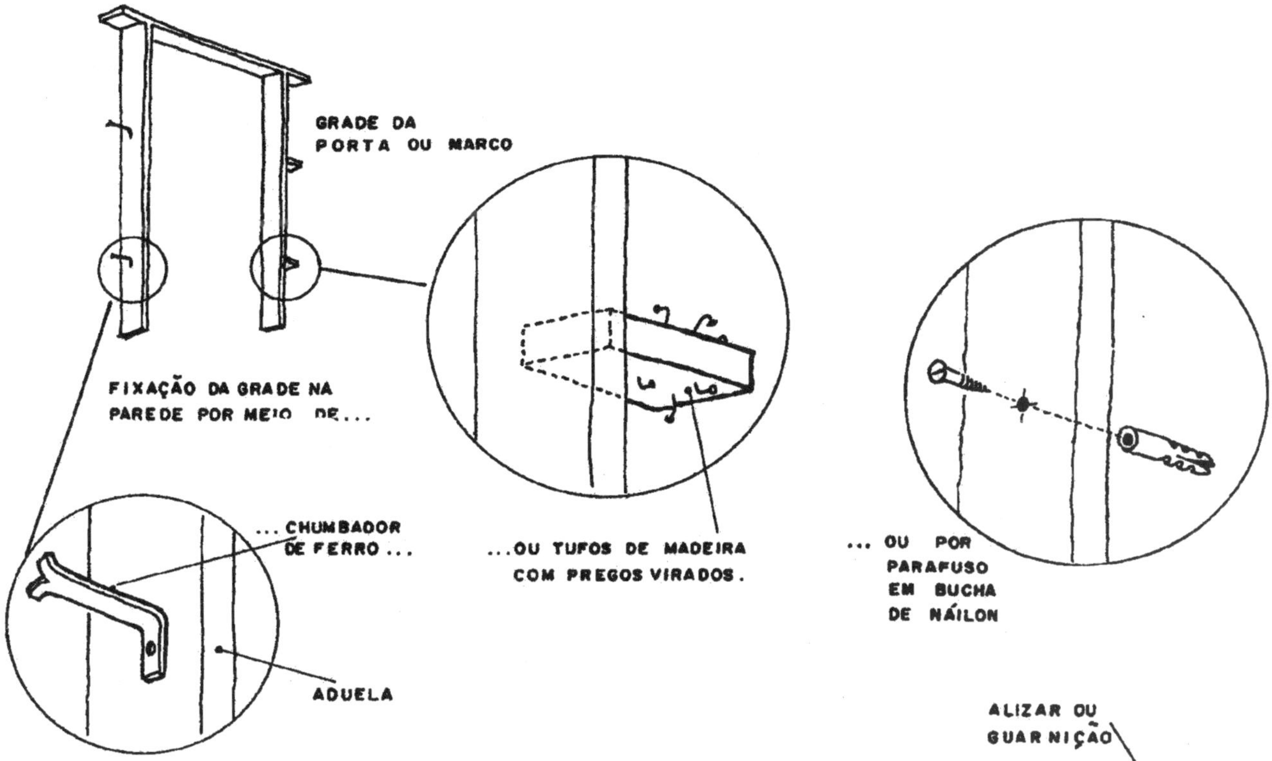

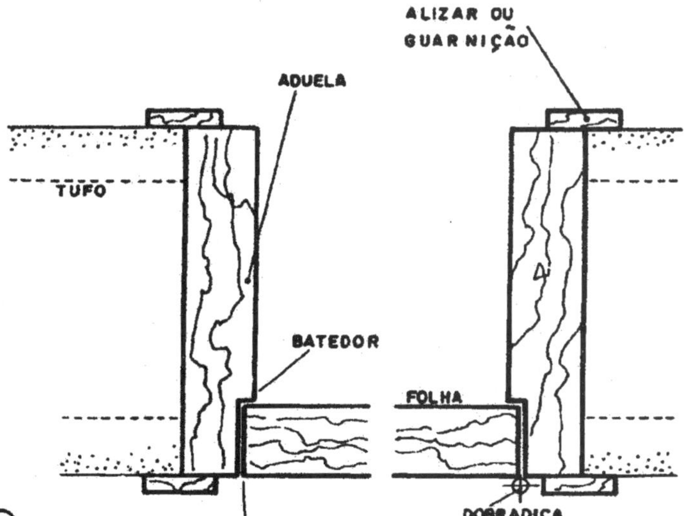

CORTE AB – ESC. 1:3
(GRADE DE CAIXA)

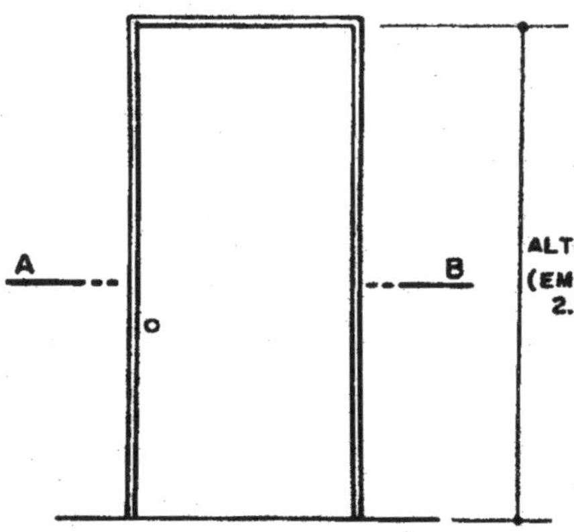

ELEVAÇÃO ESC. 1:40

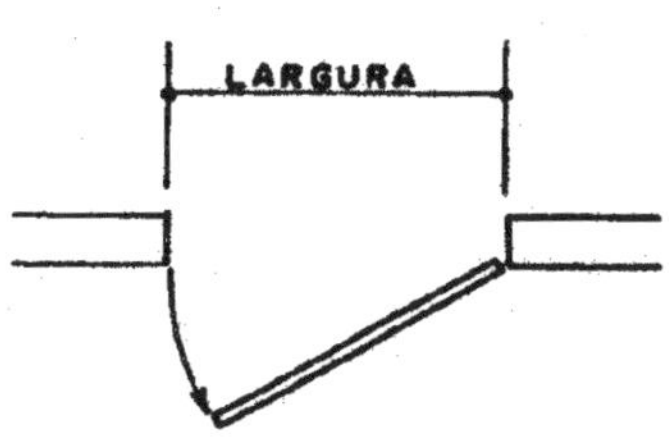

PLANTA (ESQUEMA DO MOVIMENTO)

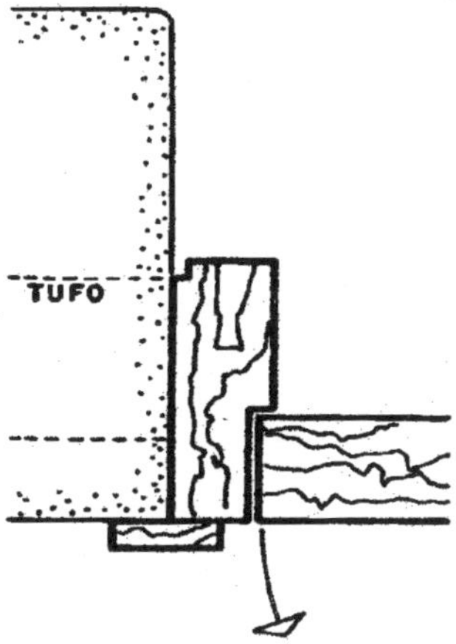

CORTE A - ESC. 1:3
(GRADE DE CANTO)

Em geral estes desenhos são feitos na escala de 1:20 ou 1:10 – a elevação e 1:1 ou 1:2 – os cortes ou detalhes propriamente ditos.

PORTA DE ALMOFADAS

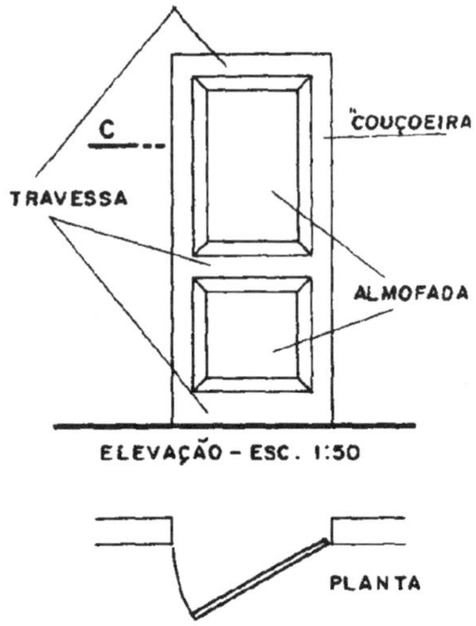

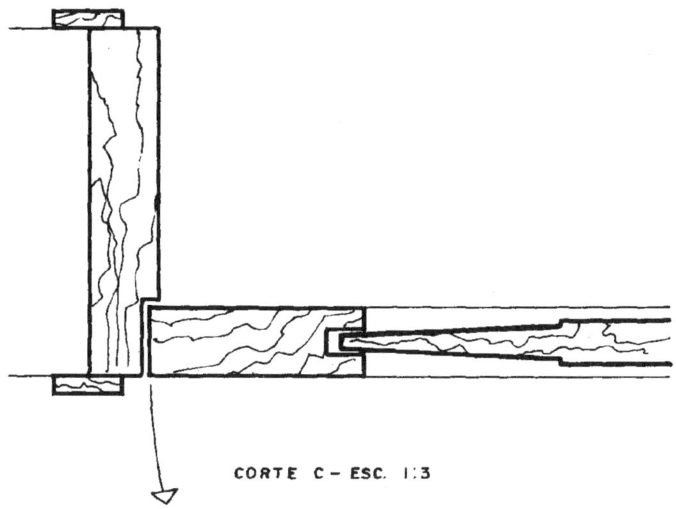

CORTE C – ESC. 1:3

PORTA ENVIDRAÇADA

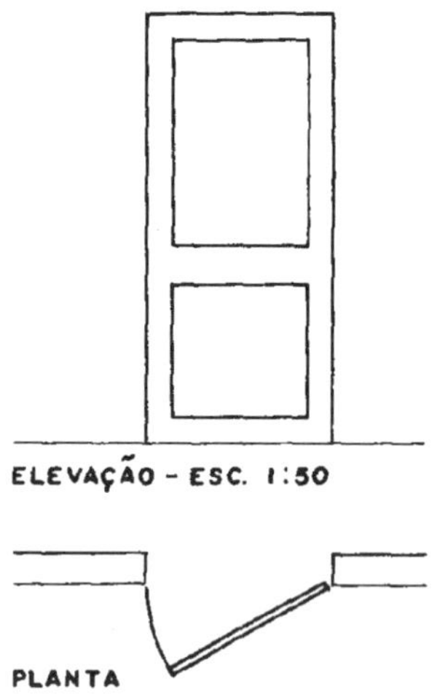

Detalhe parcial para mostrar os tipos de fixação do vidro – Esc. 1:3

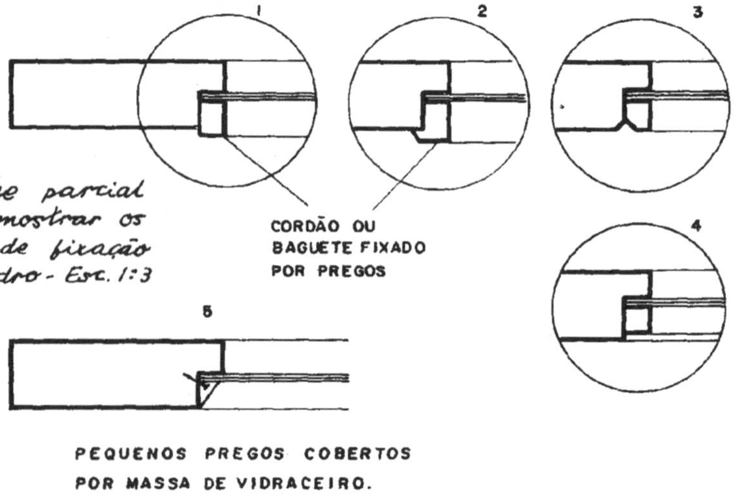

PEQUENOS PREGOS COBERTOS POR MASSA DE VIDRACEIRO.

PORTA DE FICHAS

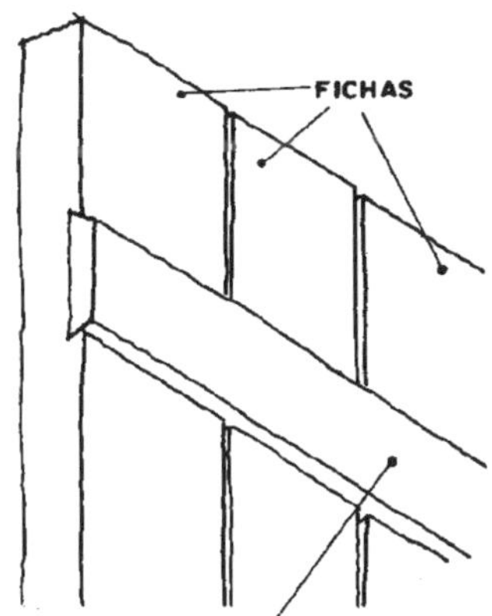

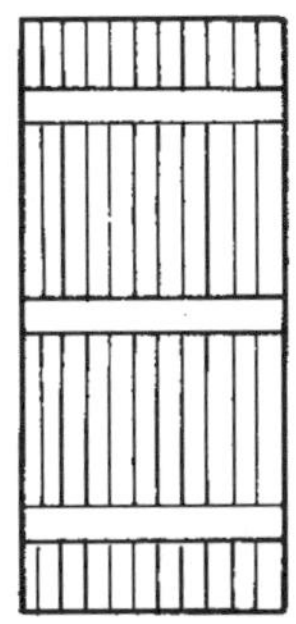
VISTA INTERNA

DIVERSOS TIPOS DE FICHAS

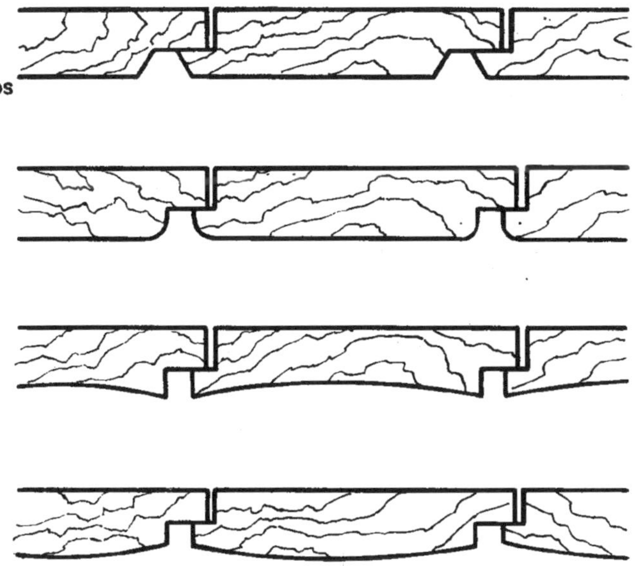

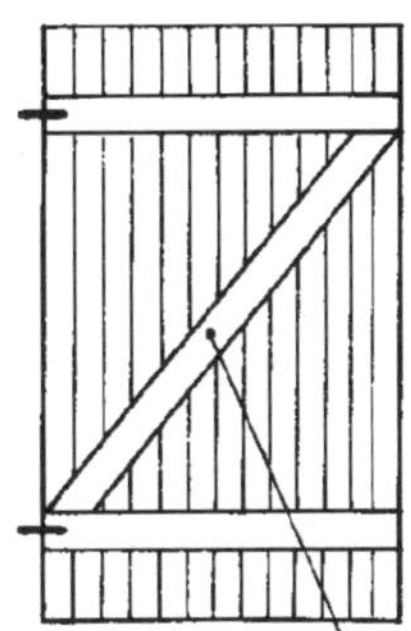

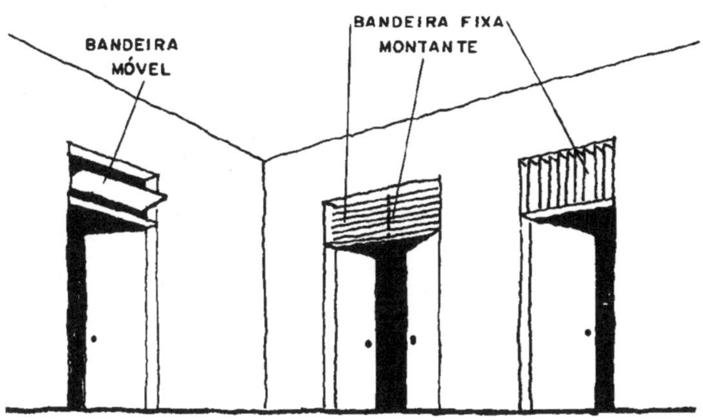

TERMOS COMUNS ÀS PORTAS E JANELAS

GRADE OU MARCO { DE CANTO / DE CAIXA

VERGA
ADUELA
TUFO OU TACO
COUÇOEIRA
FOLHA
BANDEIRA = PARTE ACIMA DA FOLHA.

OMBREIRA
ALIZAR
BATEDOR OU BATENTE
TRAVESSA
PINASIO
MONTANTE – PEÇA VERTICAL. AQUI É USADA PARA EVITAR A FLEXÃO DAS VENEZIANAS.

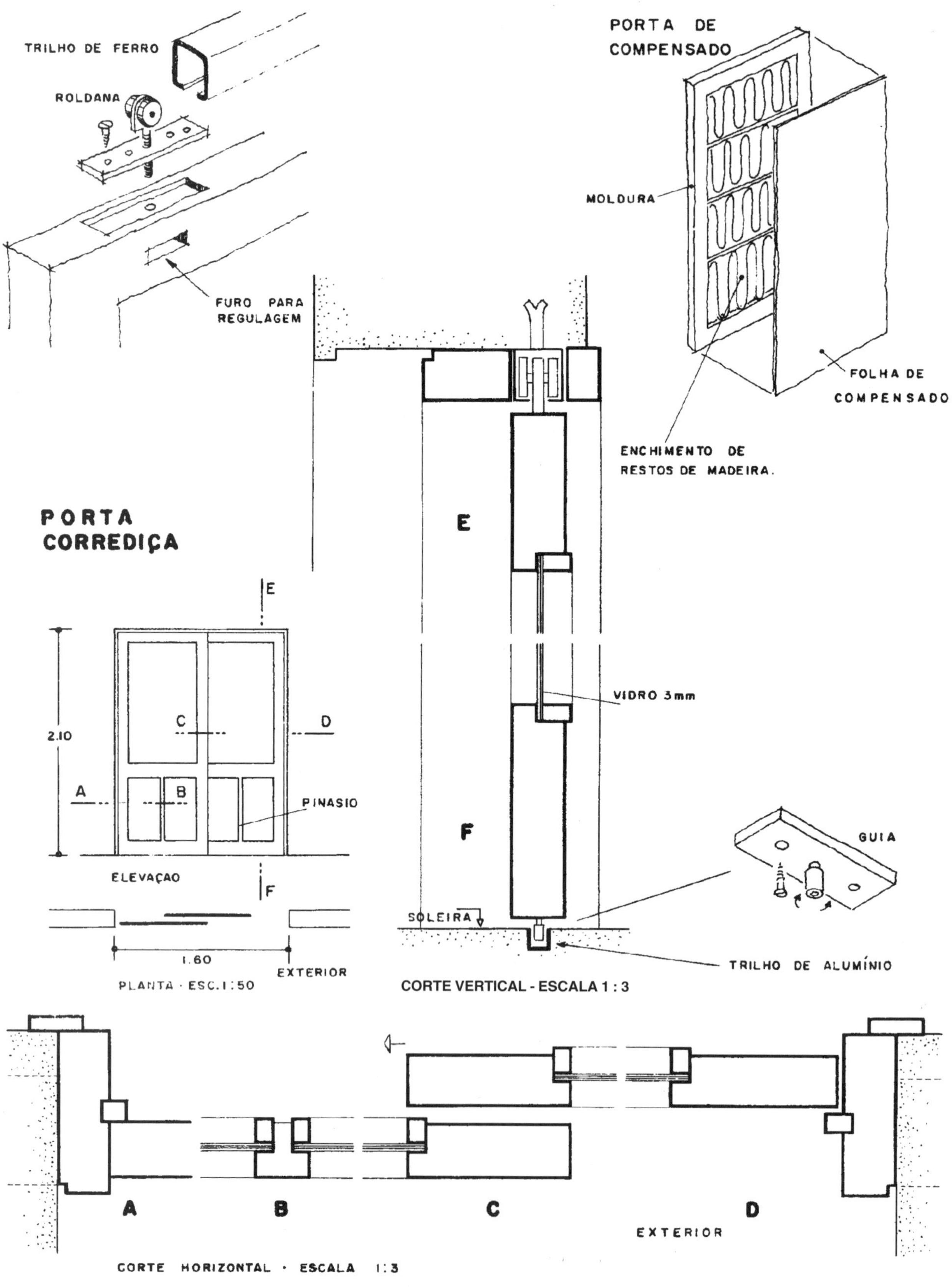
TRILHO DE FERRO
ROLDANA
FURO PARA REGULAGEM
PORTA DE COMPENSADO
MOLDURA
FOLHA DE COMPENSADO
ENCHIMENTO DE RESTOS DE MADEIRA.
PORTA CORREDIÇA
E
F
2.10
A
B
C
D
PINASIO
ELEVAÇAO
1.60
EXTERIOR
PLANTA · ESC. 1:50
VIDRO 3mm
GUIA
SOLEIRA
TRILHO DE ALUMÍNIO
CORTE VERTICAL - ESCALA 1 : 3
EXTERIOR
CORTE HORIZONTAL · ESCALA 1:3

JANELAS

QUANTO AO MOVIMENTO
- DE GIRO
- CORREDIÇA
- BASCULANTE
- PIVOTANTE - VER CAP. 11
- DE GUILHOTINA - IDEM

QUANTO ÀS FOLHAS
- DE UMA FOLHA
- DE DUAS FOLHAS, ETC.

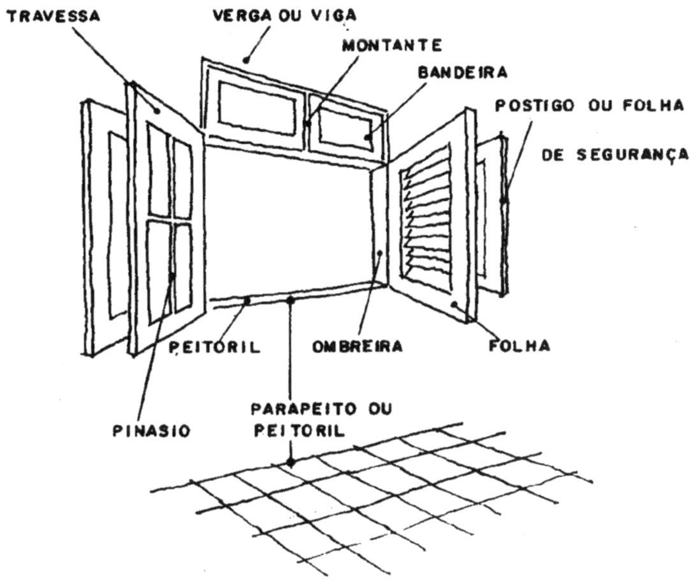

Existem outros tipos de janelas, como os das figuras abaixo, ambos projetados pelo Autor:

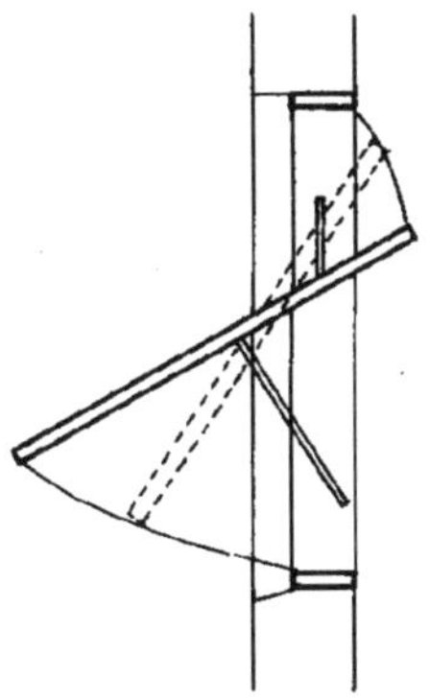

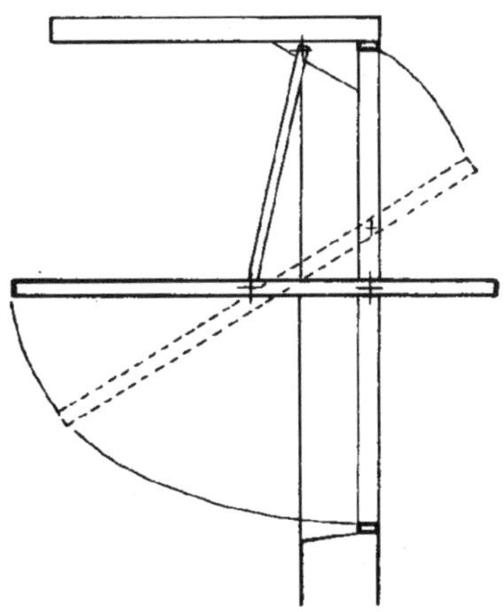

Esta janela tem um detalhe curioso: a folha abre-se pelo seu próprio peso ao ser destravado o trinco.

Portas e janelas podem ter suas FOLHAS MÓVEIS indicadas na fachada por uma diagonal em traços interrompidos.

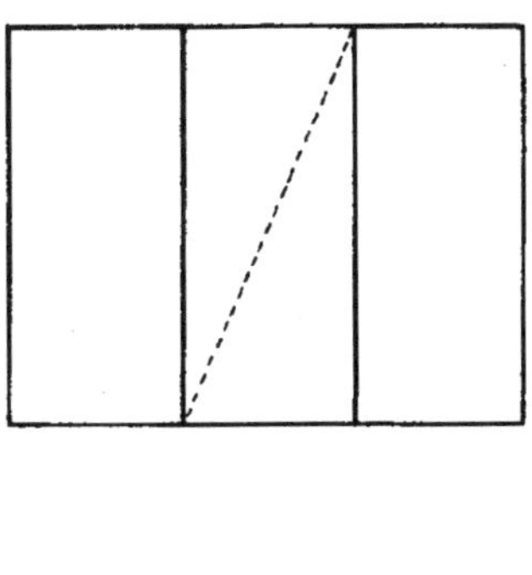

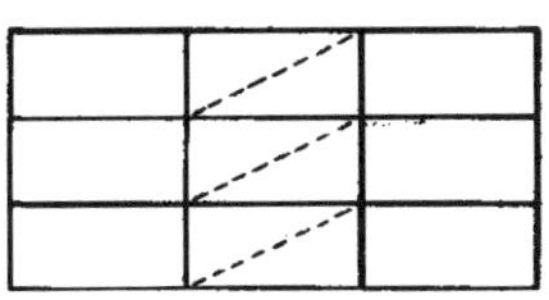

Observe que nos CORTES as peças da esquadria são mais ACENTUADAS do que as paredes.

JANELA DE GIRO

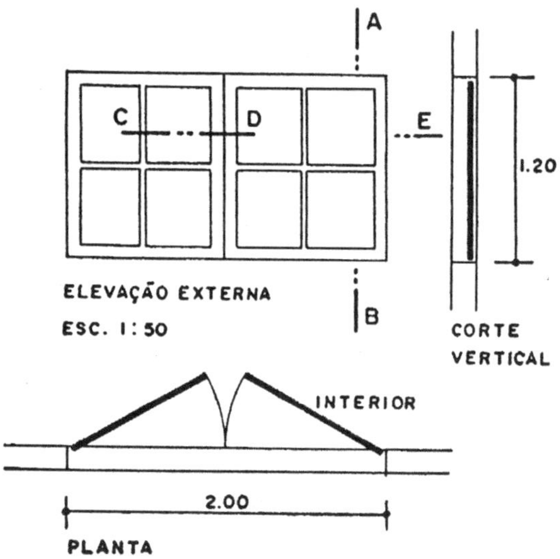

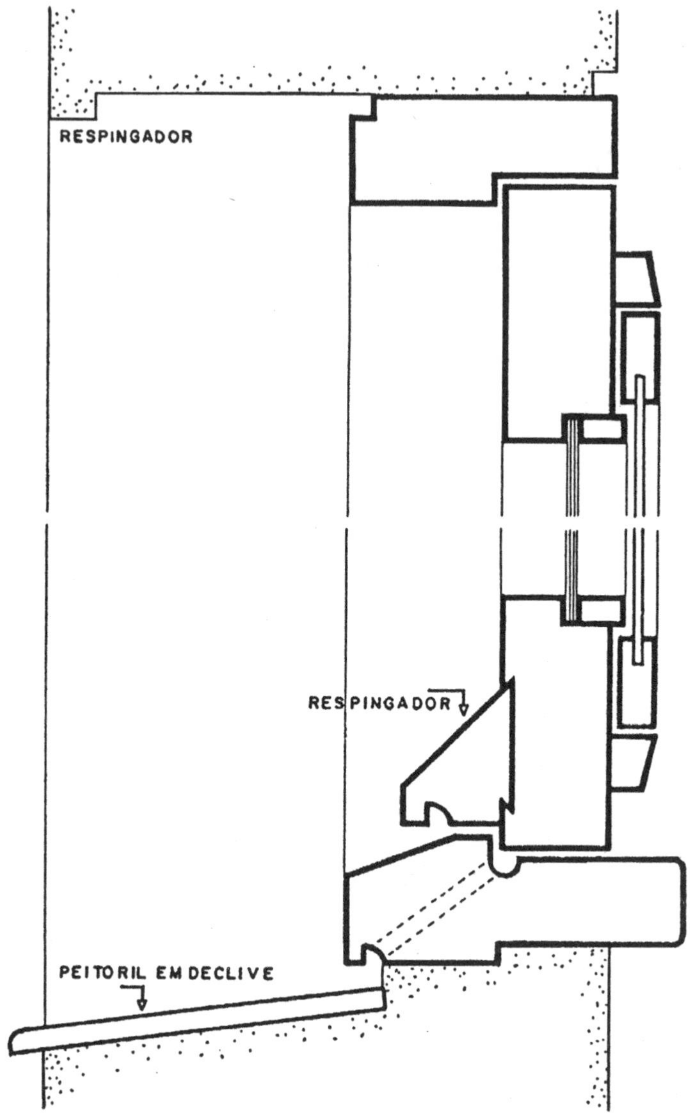

CORTE AB – ESC. 1:2

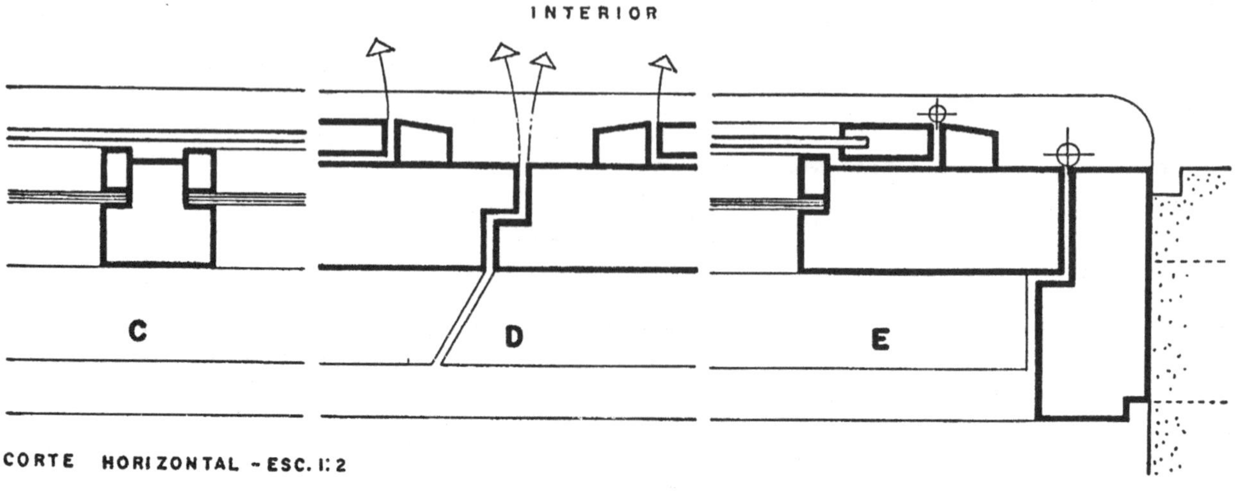

CORTE HORIZONTAL – ESC. 1:2

JANELA BASCULANTE

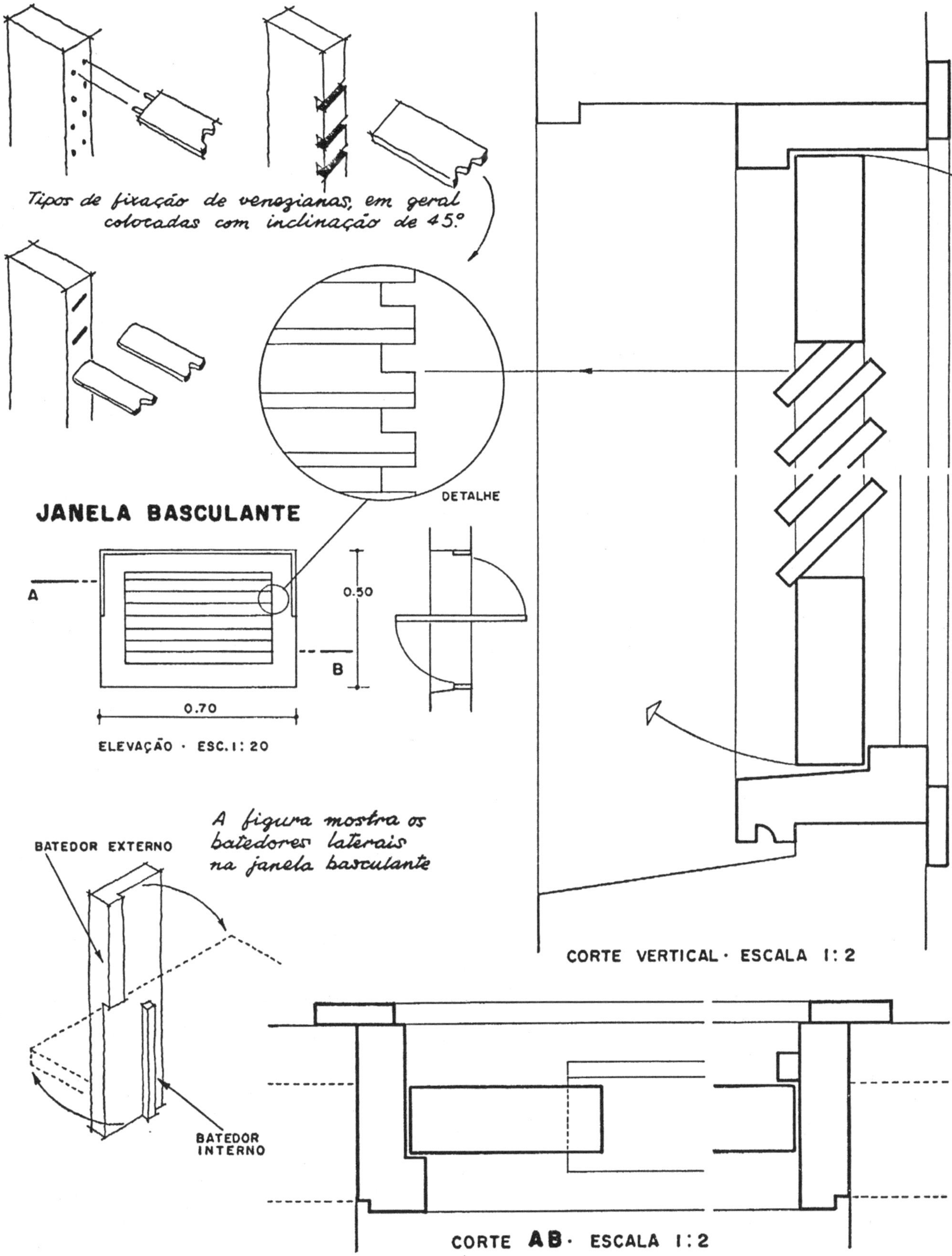

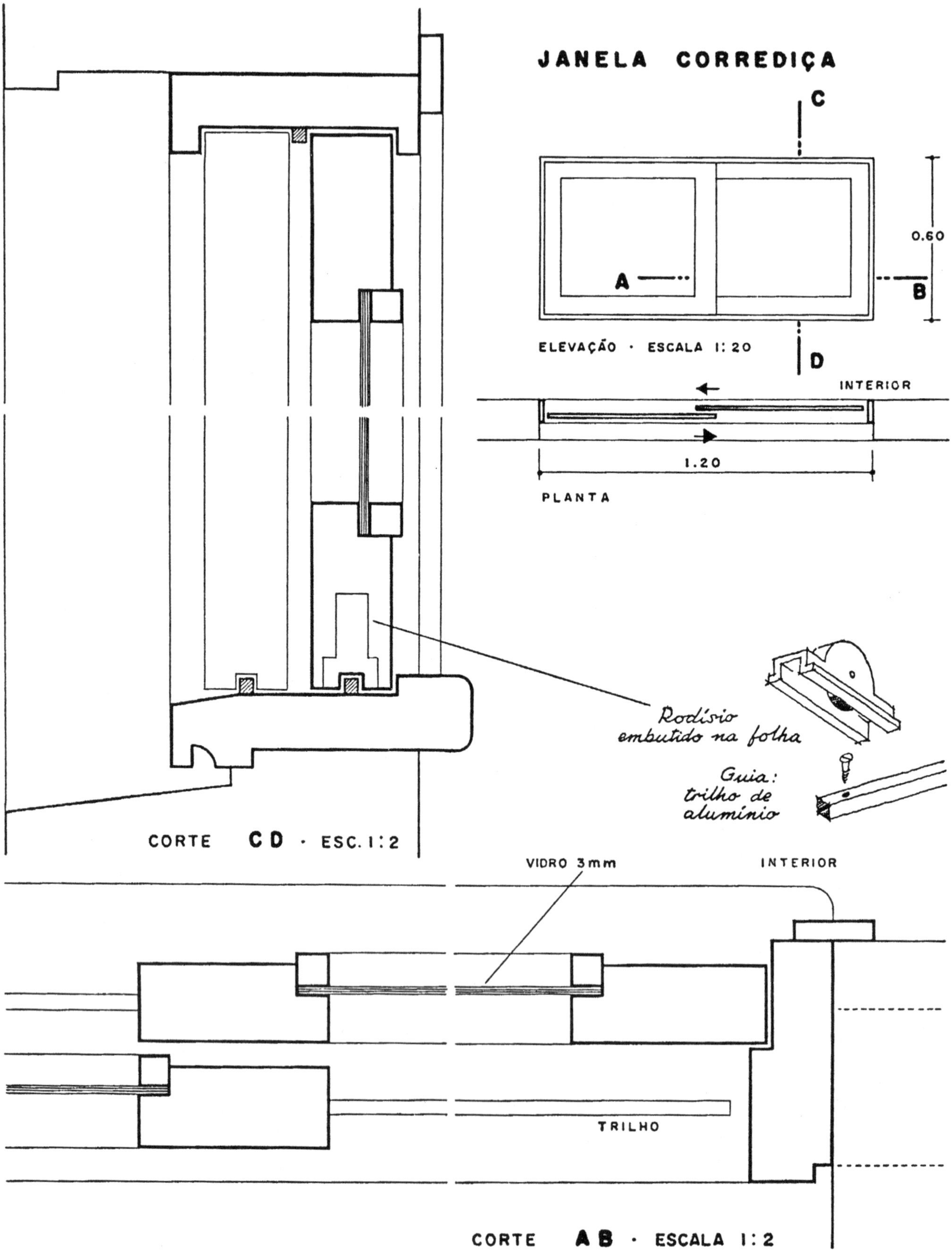
JANELA CORREDIÇA
C
0.60
A
B
ELEVAÇÃO · ESCALA 1:20
D
INTERIOR
1.20
PLANTA
Rodísio embutido na folha
Guia: trilho de alumínio
CORTE CD · ESC. 1:2
VIDRO 3mm
INTERIOR
TRILHO
CORTE AB · ESCALA 1:2

OS **FERROS** MAIS USADOS SÃO:

1- Chapas planas

2- Ferros chatos - de seção retangular

3- Ferros quadrados - Símbolo: ◫ 1/4" - Leia: ferro quadrado de um quarto de polegada

4- Ferros redondos
Símbolo: ϕ

- Normais - indicados em polegadas
- Especiais indicados em milímetros
  - Torcidos ou não
  - ϕ 3.4 - Leia: ferro redondo de três ponto quatro (= 3,4 mm de diâmetro)

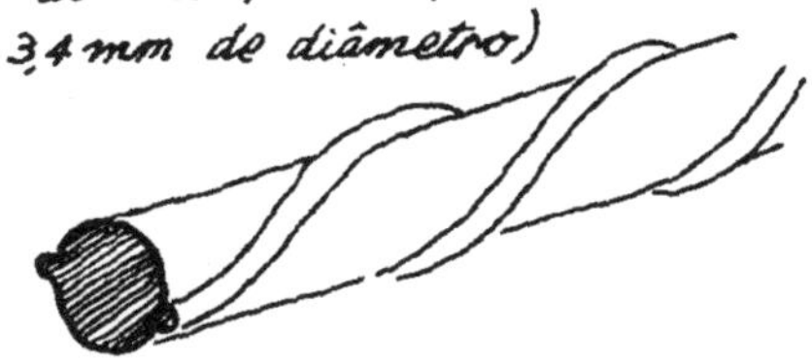

  - Bitolas: 3.4 - 4.2 - 4.6 - 5.0 - 5.5 - 6.0 - 6.4 etc...

5- Vigas - indicadas pela letra do perfil

- I ou duplo tê

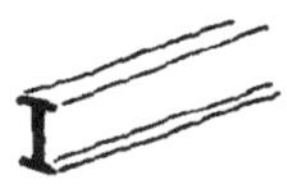

- U
- L ou cantoneira
  - de abas iguais

  - de abas desiguais

- T

OS PERFÍS DE **ALUMÍNIO** OCUPAM DEZENAS DE PÁGINAS DOS CATÁLOGOS E MUITOS SÃO RETIRADOS DA FABRICAÇÃO PARA DAR LUGAR A NOVOS PERFÍS.

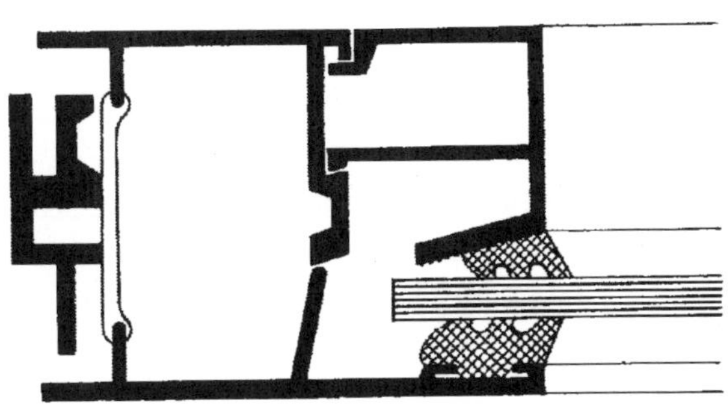

Os arquitetos preferem deixar ao fabricante o detalhamento, limitando-se a indicar a elevação e o movimento das folhas.

CORTE • ESCALA 1:1

OBSERVE A COMPLEXIDADE DOS PERFÍS ACIMA

JANELA BASCULANTE

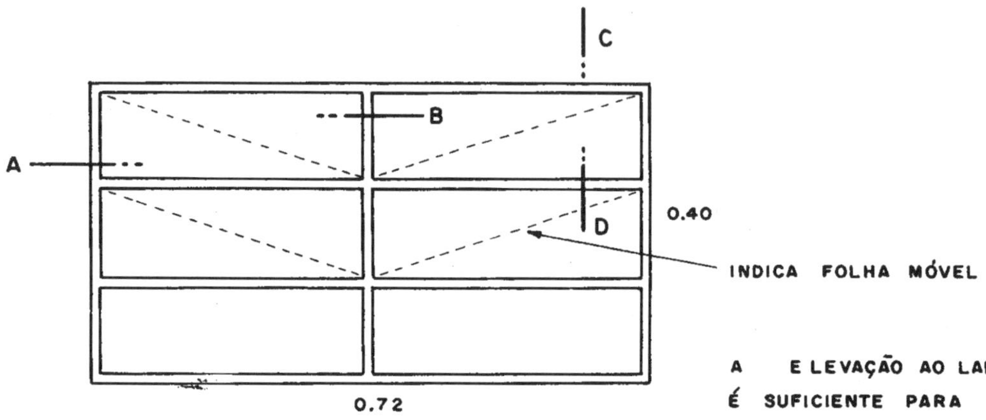

ELEVAÇÃO • ESCALA 1:10

A ELEVAÇÃO AO LADO É SUFICIENTE PARA A FABRICAÇÃO, DESDE QUE SE TRATE DE ESQUADRIA DE TIPO CONVENCIONAL

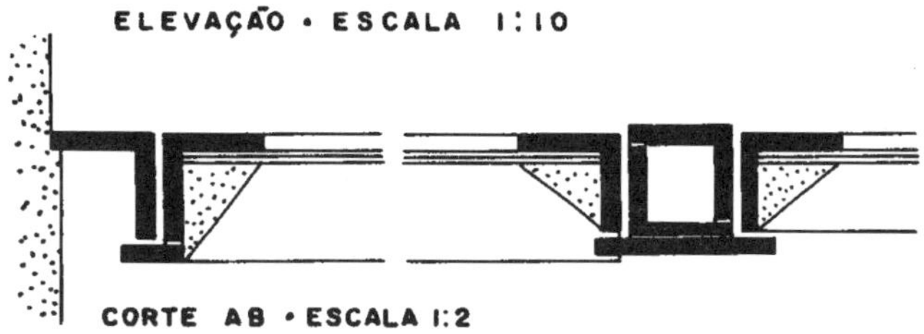

CORTE AB • ESCALA 1:2

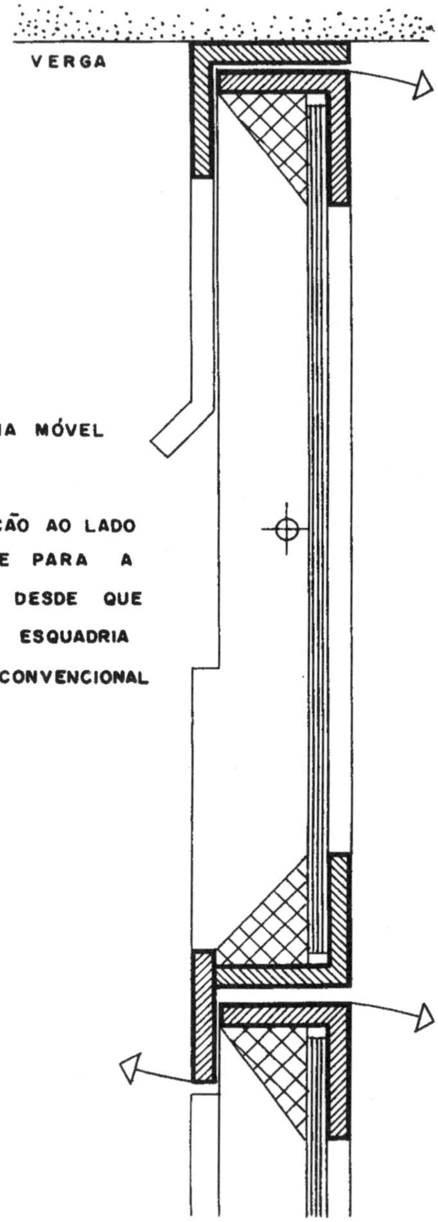

CORTE CD
ESCALA 1:1

Um projeto bem estudado deve detalhar outros elementos como, por exemplo, balcão de cozinha e de banheiro, corrimão, escada, armário, portão, etc.

Um bom detalhe deve indicar, no caso de esquadria de madeira, o seu tipo (sucupira, peroba, jequitibá, cedro, etc.), assim como o acabamento (lixado, pintura a óleo, verniz, cera ou outro acabamento) e as ferragens (dobradiças, roldanas, trincos, maçanetas, fechadura, etc.).

18 Representação em cores

Na representação dos projetos A CONSTRUIR usa-se a COR PRETA em todos os traços.

ISTO NÃO É NORMA, É DISPENSÁVEL E TEM O INCONVENIENTE DE NÃO APARECER BEM NAS CÓPIAS.

Há quem use a cor vermelha em traço contínuo para substituir as linhas interrompidas (arestas não visíveis). Por exemplo: a projeção da coberta na planta baixa seria feita com traço médio, contínuo e de cor vermelha.

Na representação da reforma de uma construção é indispensável diferenciar MUITO BEM o que existe e o que será demolido ou acrescentado. Estas indicações podem ser feitas usando EXCLUSIVAMENTE a cor PRETA:

1ª CONVENÇÃO

PAREDE A CONSTRUIR — PAREDE A CONSERVAR — PAREDE A DEMOLIR

2ª CONVENÇÃO

É MAIS USADA E RESULTA MAIS EFICIENTE NA INDICAÇÃO DE REFORMAS A PINTURA EM CORES: VERMELHO = A CONSTRUIR E AMARELO = A DEMOLIR.

3ª CONVENÇÃO RECOMENDADA

Esta pintura, indicada aqui por pontinhos, deve ser feita contínua e em tom suave, a lápis, no ORIGINAL. As cópias serão pintadas em tons vivos.

RESUMO:
Os projetos de obras envolvendo acréscimo ou demolição costumam utilizar **cores** para assegurar bom entendimento daquilo que vai ser alterado; esta representação convencional é o assunto deste capítulo. Outros usos de cores convencionais são apresentados.

A figura abaixo exemplifica a utilização das cores para a representação de um projeto de reforma. O leitor deverá fazer sua interpretação em cada um dos casos e anotá-la antes de proceder à leitura das respostas que aparecem ao lado do desenho.

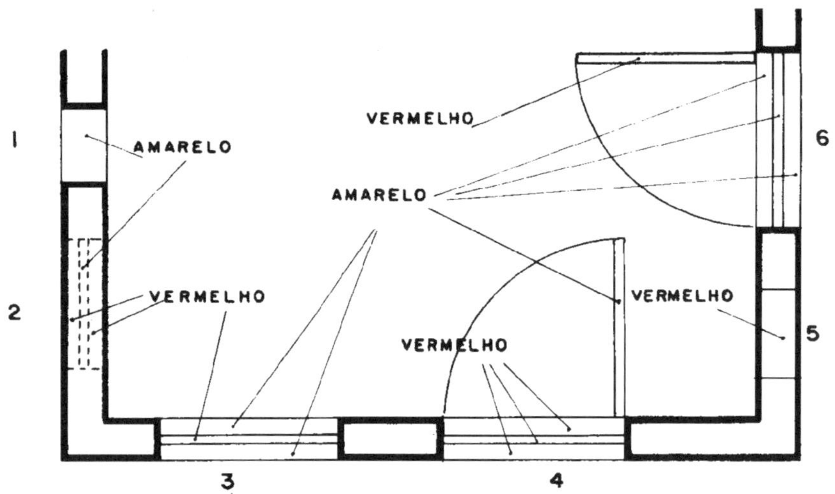

INTERPRETAÇÃO. 1. ABRIR VÃO. 2. JANELA ALTA A REMOVER E FECHAR O VÃO. 3. ABRIR VÃO E COLOCAR JANELA. 4. REMOVER PORTA E FAZER PARAPEITO. COLOCAR JANELA. 5. FECHAR VÃO. 6. REMOVER JANELA, DEMOLIR O PARAPEITO E COLOCAR PORTA. NOTE: ESTAS CONVENÇÕES SÃO USADAS SOMENTE NAS PLANTAS E CORTES.

PLANTA DA REFORMA

Cuidado! FORA DESTA CONVENÇÃO (VERMELHO E AMARELO) QUALQUER OUTRA COR DEVE SER USADA COM INDICAÇÃO DE SEU SIGNIFICADO.

Existem dezenas de materiais que podem ser indicados por meio de cores nos desenhos. Abaixo damos exemplos embora lembrando que as cores variam de livro para livro e que cada firma tem suas convenções próprias.

- VIDRO – VERDE CLARO
- LÍQUIDOS – AZUL CLARO
- MADEIRA – ALARANJADO
- ALVENARIA DE TIJOLOS – VERMELHO
- CONCRETO – CINZA
- TERRENO – TRACEJADO

MARROM

19 Projeto de residência com dois pavimentos

O projeto que ilustra este capítulo é uma feliz solução para habitação unifamiliar em terreno pequeno. Os desenhos formam aquilo que é exigido para apresentação e aprovação de um projeto junto aos serviços públicos; entretanto deixamos de apresentar as especificações, os detalhes e a indicação dos pontos elétricos.

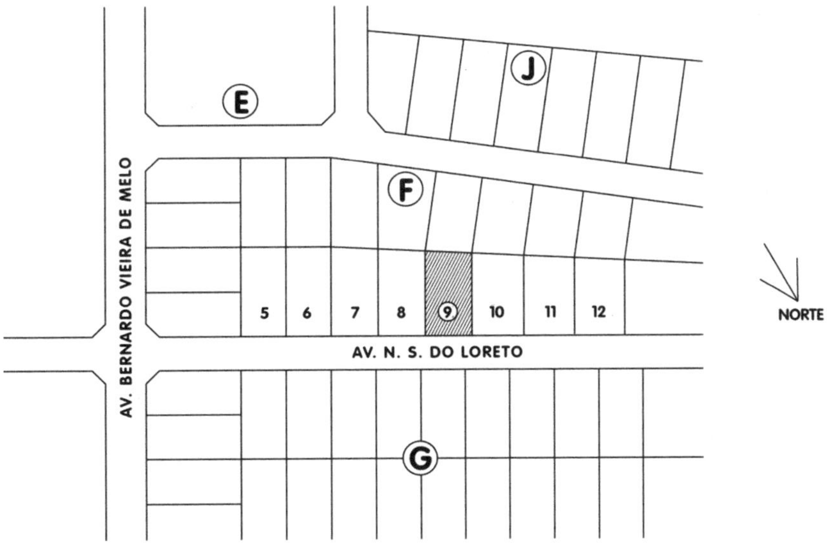

PLANTA DE SITUAÇÃO
ESCALA 1/2000

RESUMO:
O projeto que ilustra este capítulo é uma feliz solução para habitação unifamiliar em terreno pequeno. Os desenhos formam aquilo que é exigido para apresentação e aprovação de um projeto junto aos serviços públicos, entretanto deixamos de apresentar as especificações, os detalhes e a indicação dos pontos elétricos.

<table>
<tr><td rowspan="2"></td><td colspan="2">MAURICIO DO PASSO CASTRO - ARQUITETO
RUA JOAQUIM NABUCO, 619 GRAÇAS - RECIFE</td></tr>
<tr><td colspan="2">PROJETO: RESIDÊNCIA
LOCAL LOTE 9, QUADRA F
LOTEAMENTO N.S. DO LORETO. PIEDADE - JABOATÃO - PE
PROPRIETÁRIO Z.B.R.</td></tr>
<tr><td>ESCALA</td><td rowspan="3">PLANTAS E ETC.</td><td rowspan="3">PRANCHA</td></tr>
<tr><td>DESENHO</td></tr>
<tr><td>DATA JANEIRO/74</td></tr>
<tr><td colspan="3">ÁREAS</td></tr>
</table>

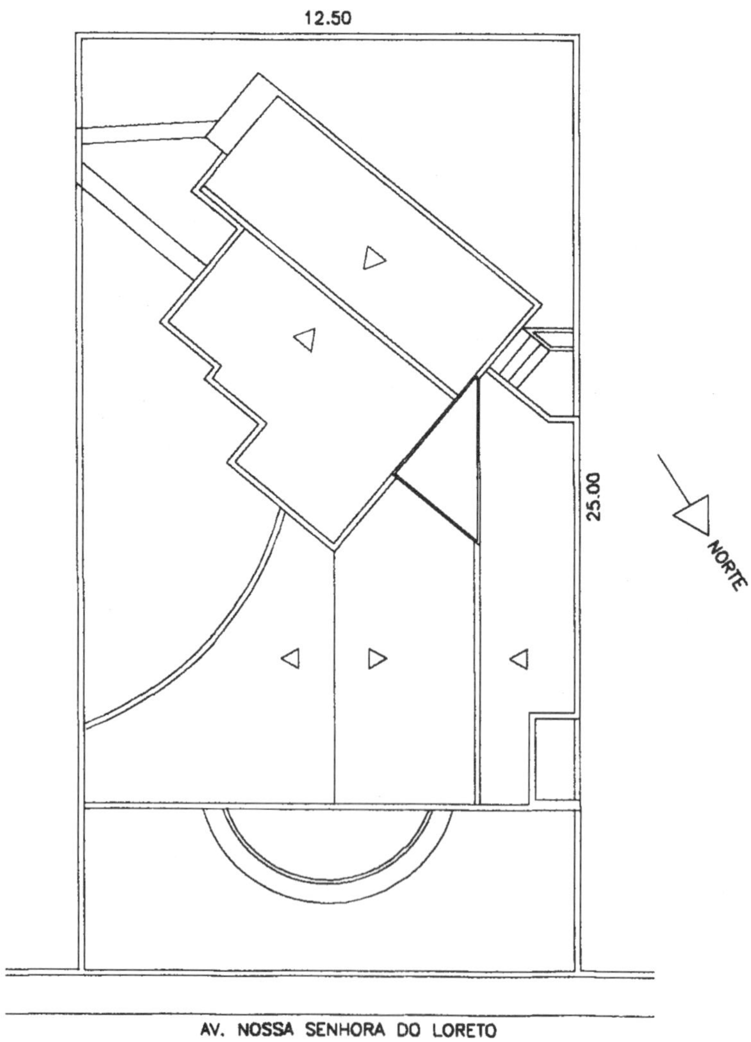

PLANTA LOCAÇÃO E COBERTA
ESCALA 1/200

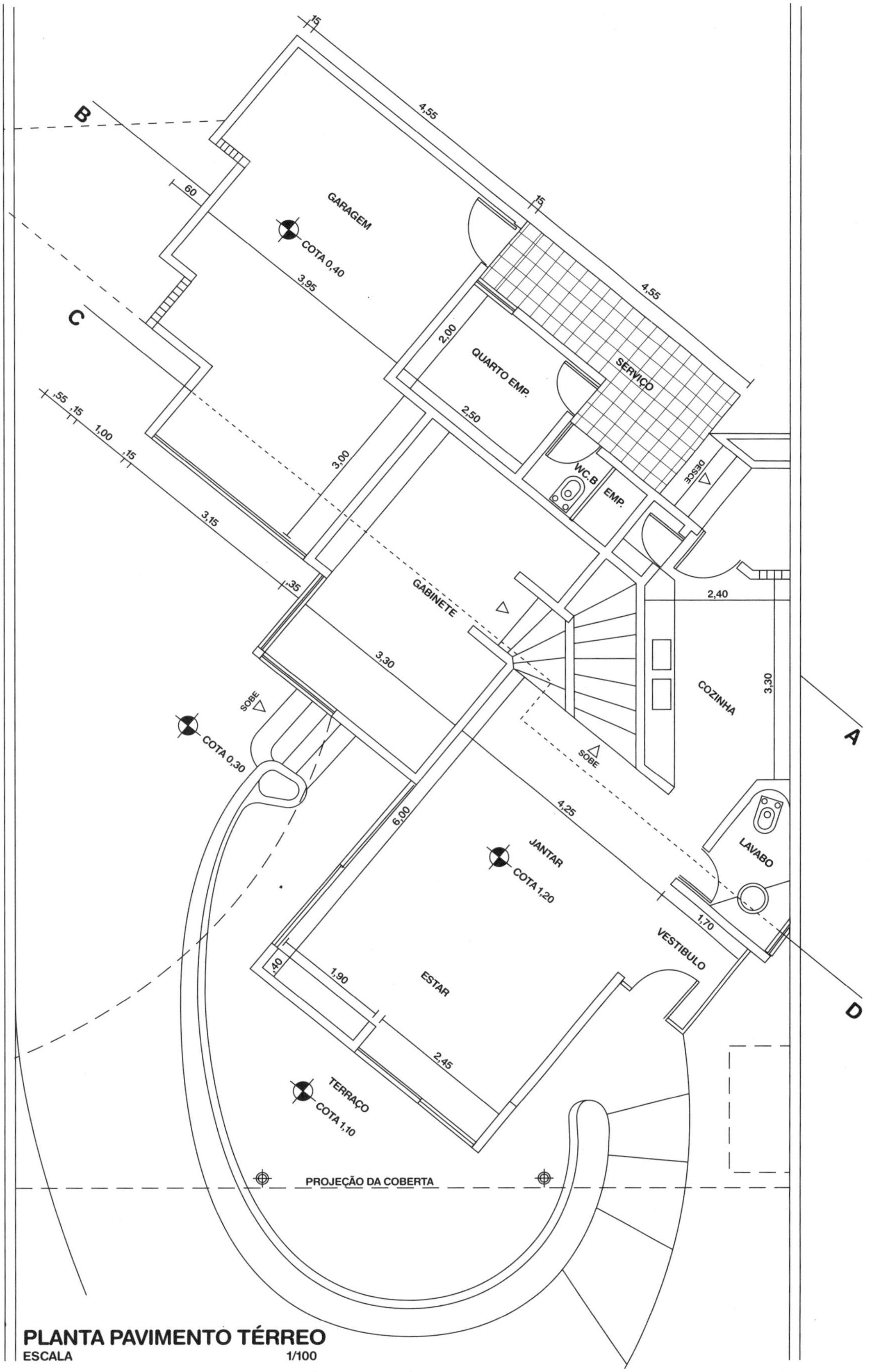

PLANTA PAVIMENTO TÉRREO
ESCALA 1/100

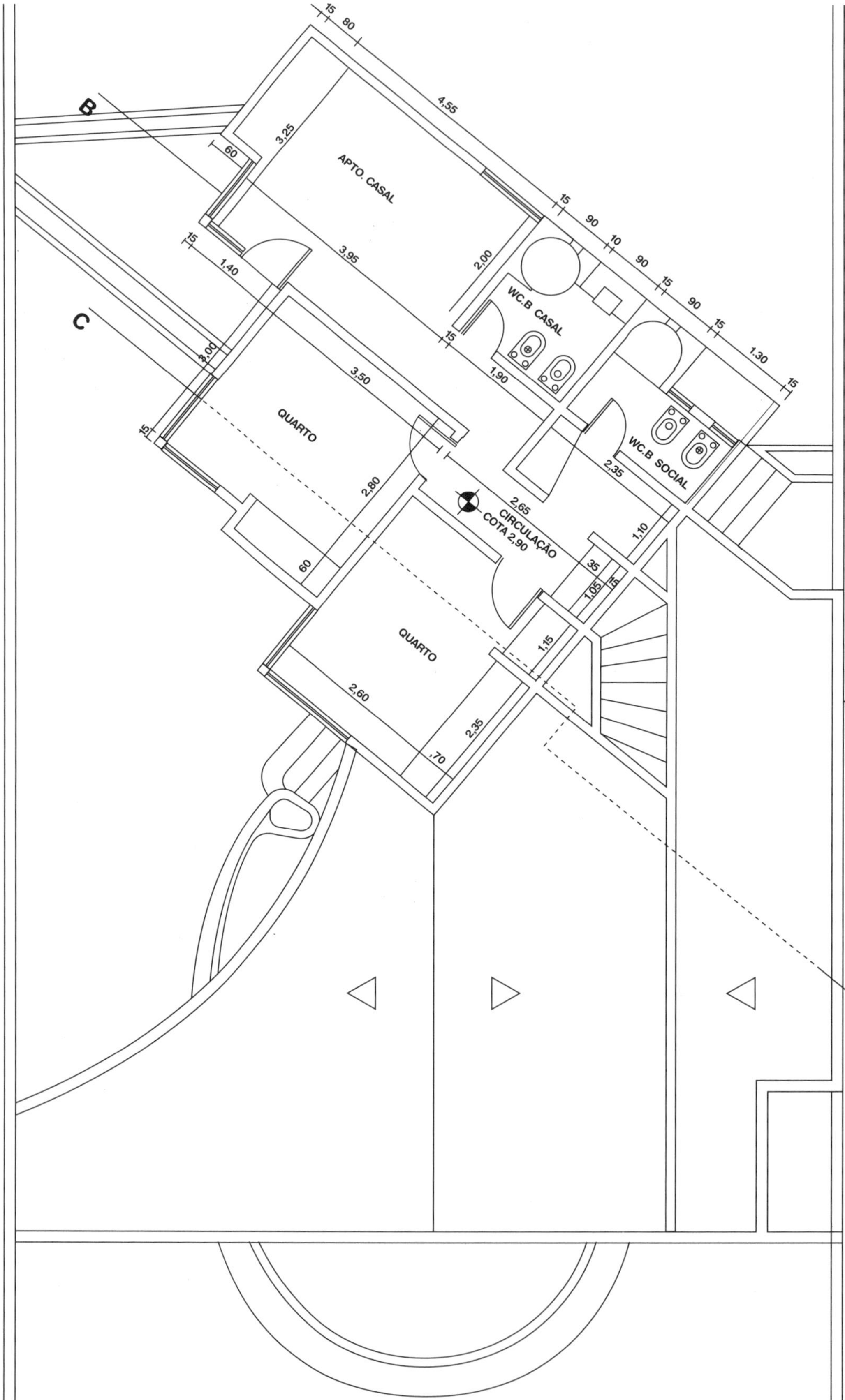

PLANTA PAVIMENTO SUPERIOR
ESCALA 1/100

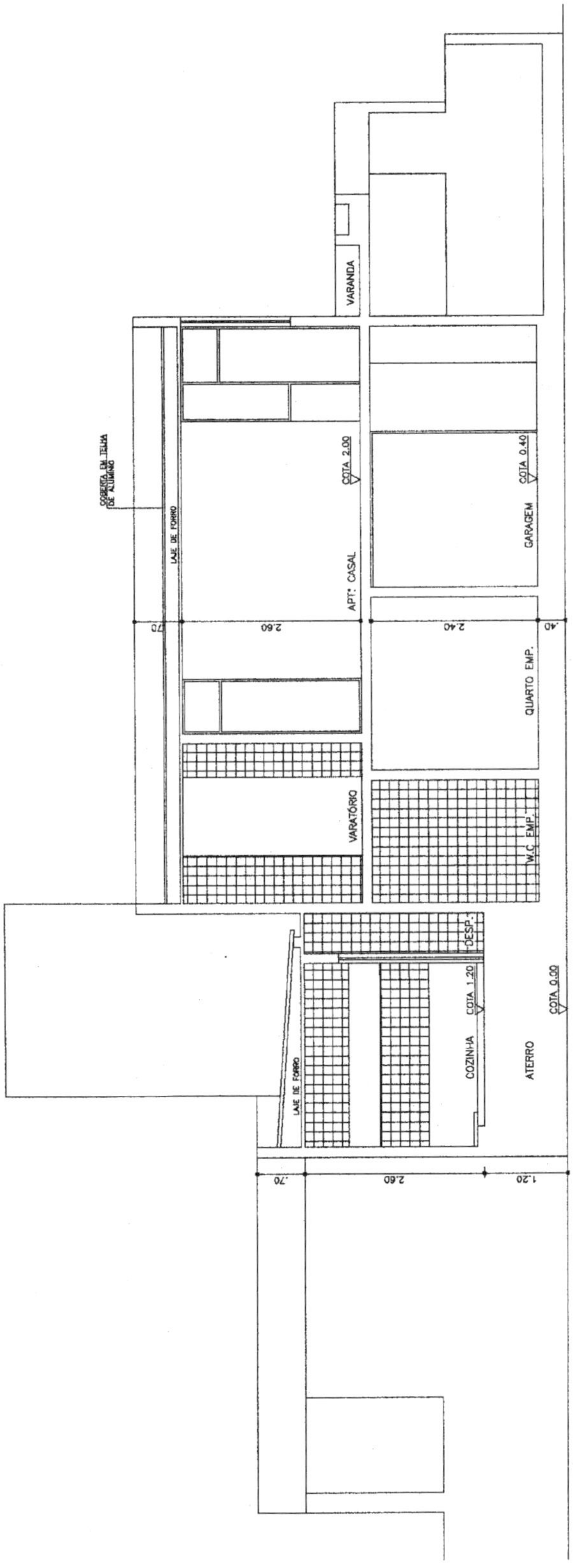

CORTE AB
ESCALA 1/100

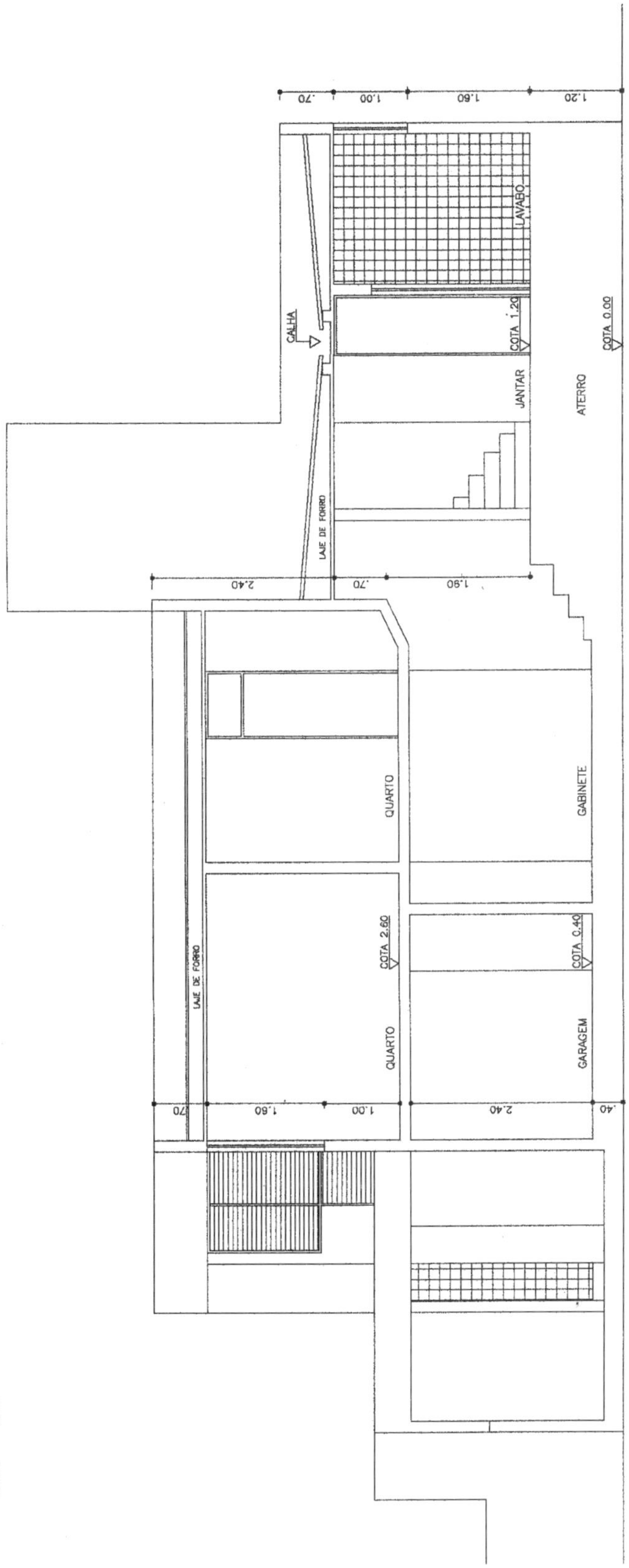

CORTE CD
ESCALA 1/100

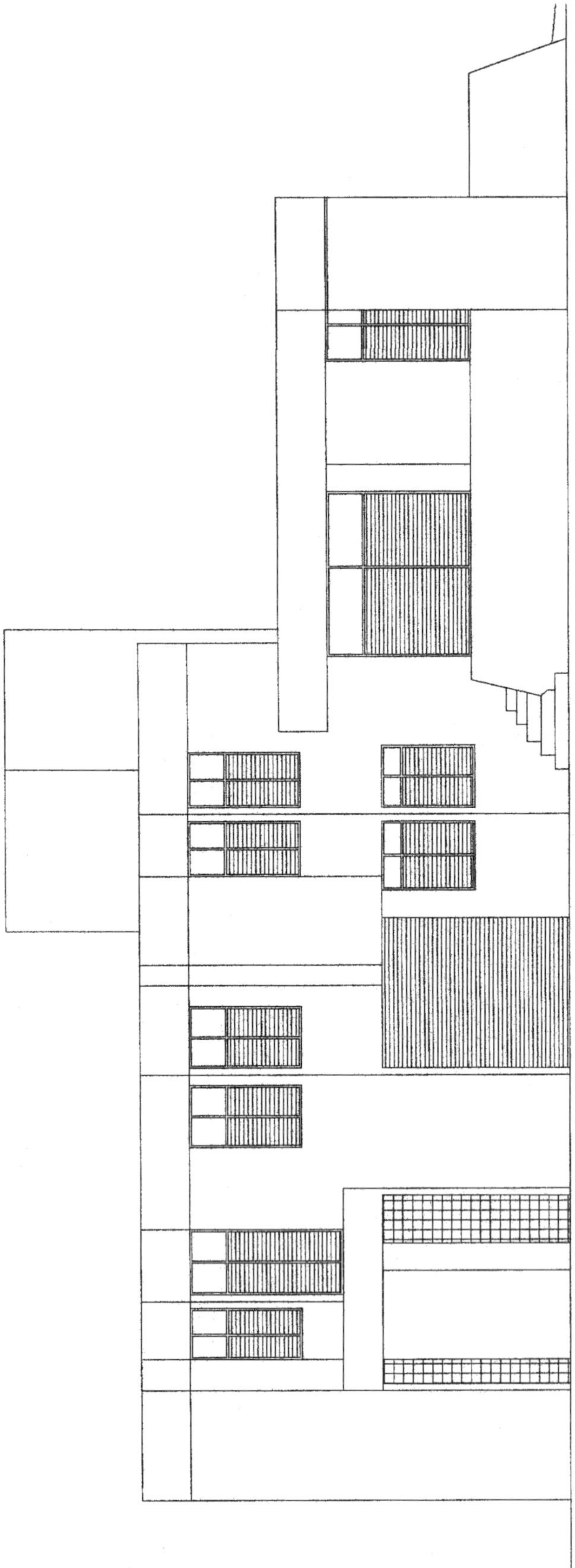

FACHADA LESTE
ESCALA 1/100

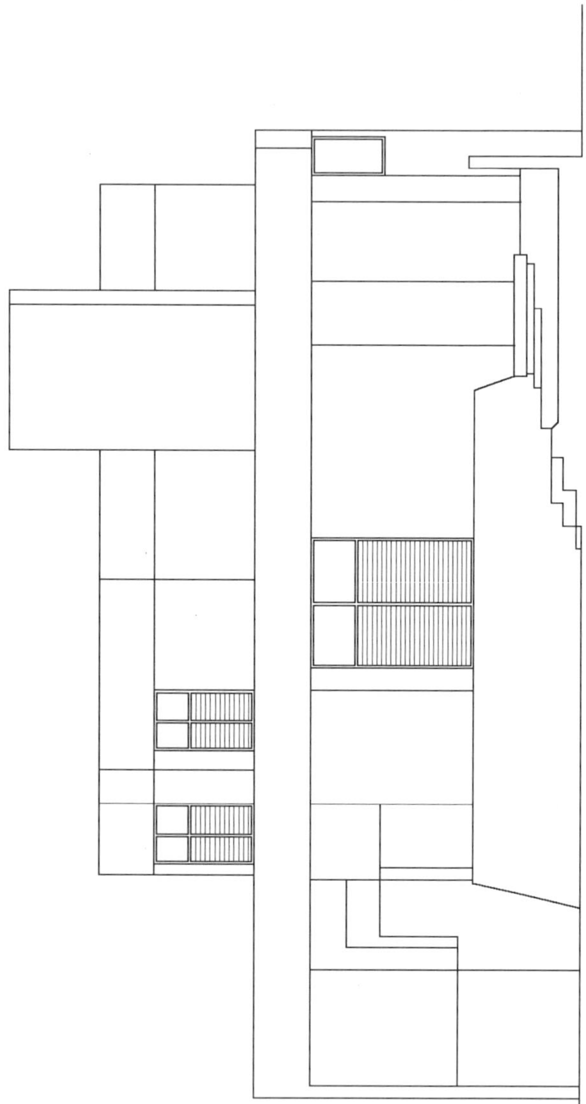

FACHADA NORTE
ESCALA 1/100

20 Projeto de um edifício de apartamentos

Os desenhos a seguir são aqueles que se apresentam aos órgãos públicos para a aprovação do projeto arquitetônico. Eles foram feitos em gráfica computacional por Patrícia Siqueira a partir dos estudos feitos pelo Arquiteto Gildo A. Montenegro.

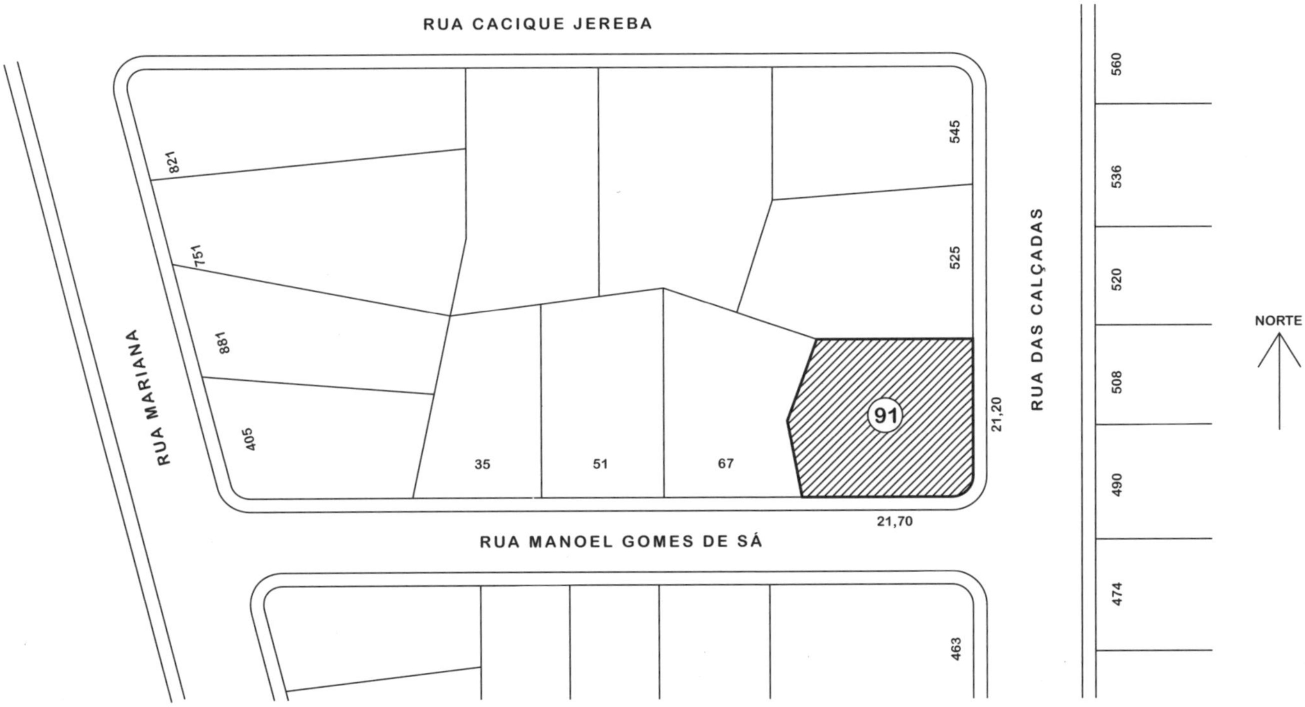

PLANTA DE SITUAÇÃO
ESCALA 1/1000

RESUMO
Os desenhos a seguir são aqueles que se apresentam aos órgãos públicos para a aprovação do projeto arquitetônico.

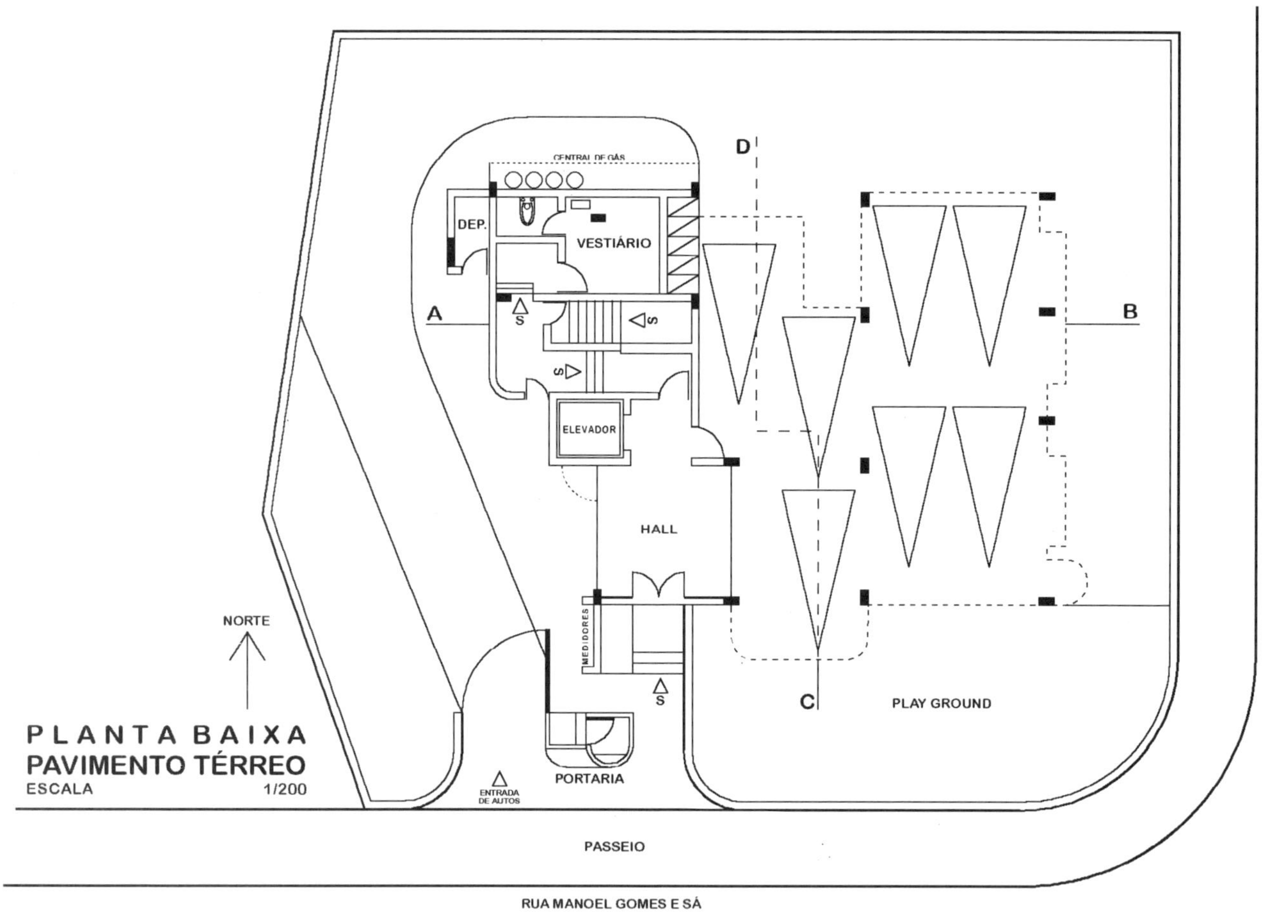

PLANTA BAIXA
PAVIMENTO TÉRREO
ESCALA 1/200

As perspectivas, em geral, não são apresentadas para aprovação junto às repartições; costumam, porém, integrar os projetos levados a concursos públicos e constituem um apelo muito efetivo junto ao proprietário, ao construtor e aos compradores, especialmente quando coloridas. O desenho abaixo foi feito pelo arquiteto Ernesto Vilaça.

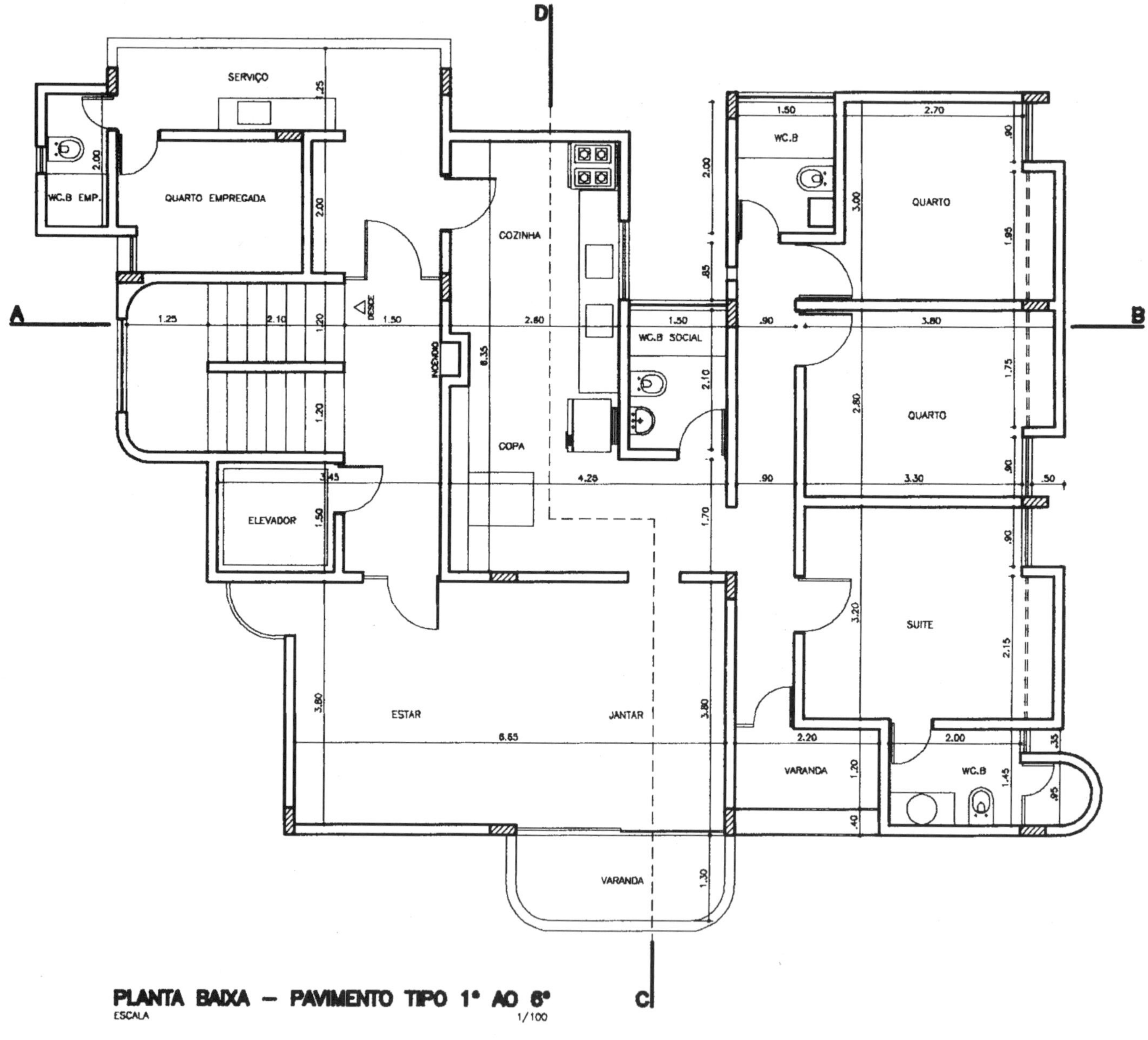

PLANTA BAIXA – PAVIMENTO TIPO 1° AO 6°
ESCALA 1/100

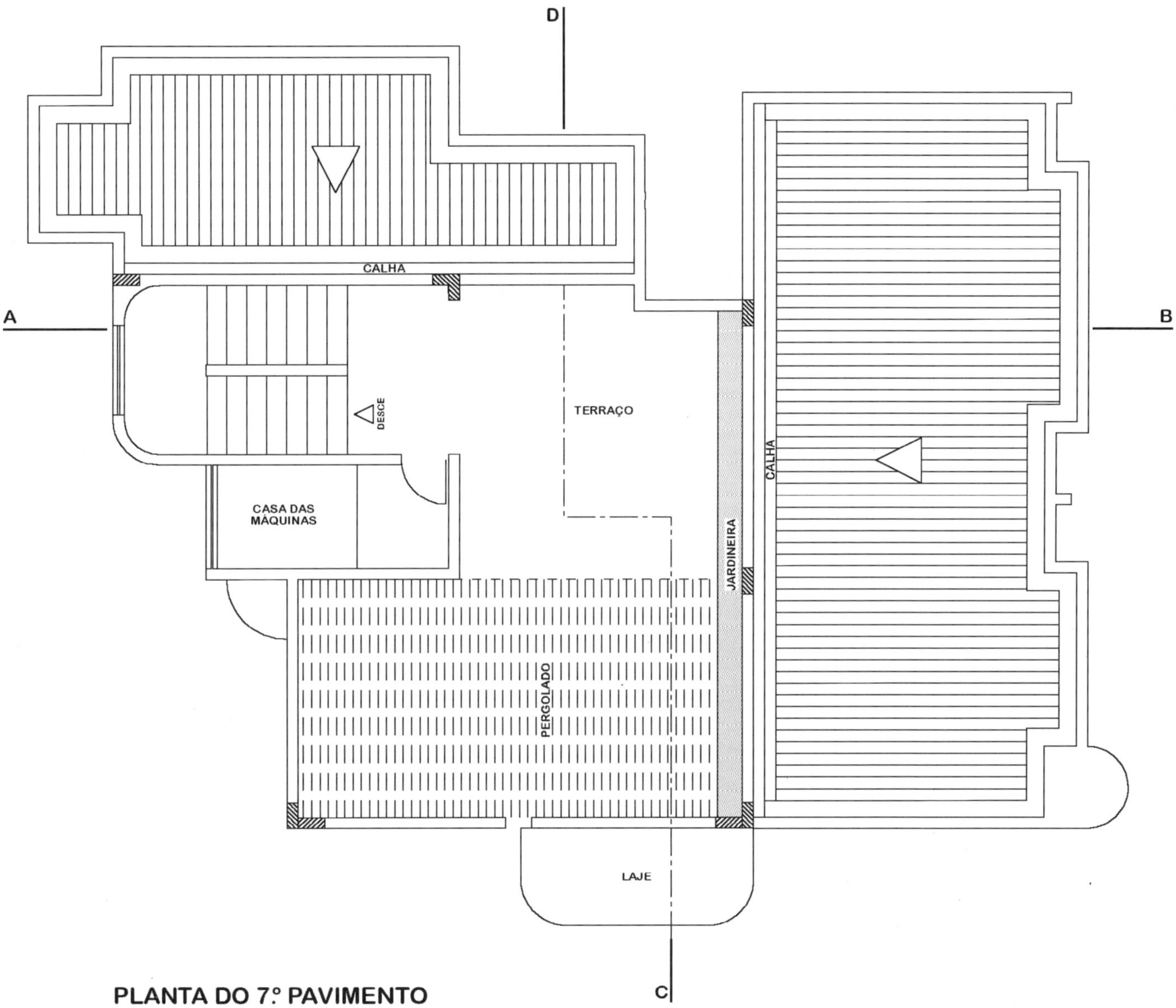

PLANTA DO 7º PAVIMENTO
ESCALA 1/100

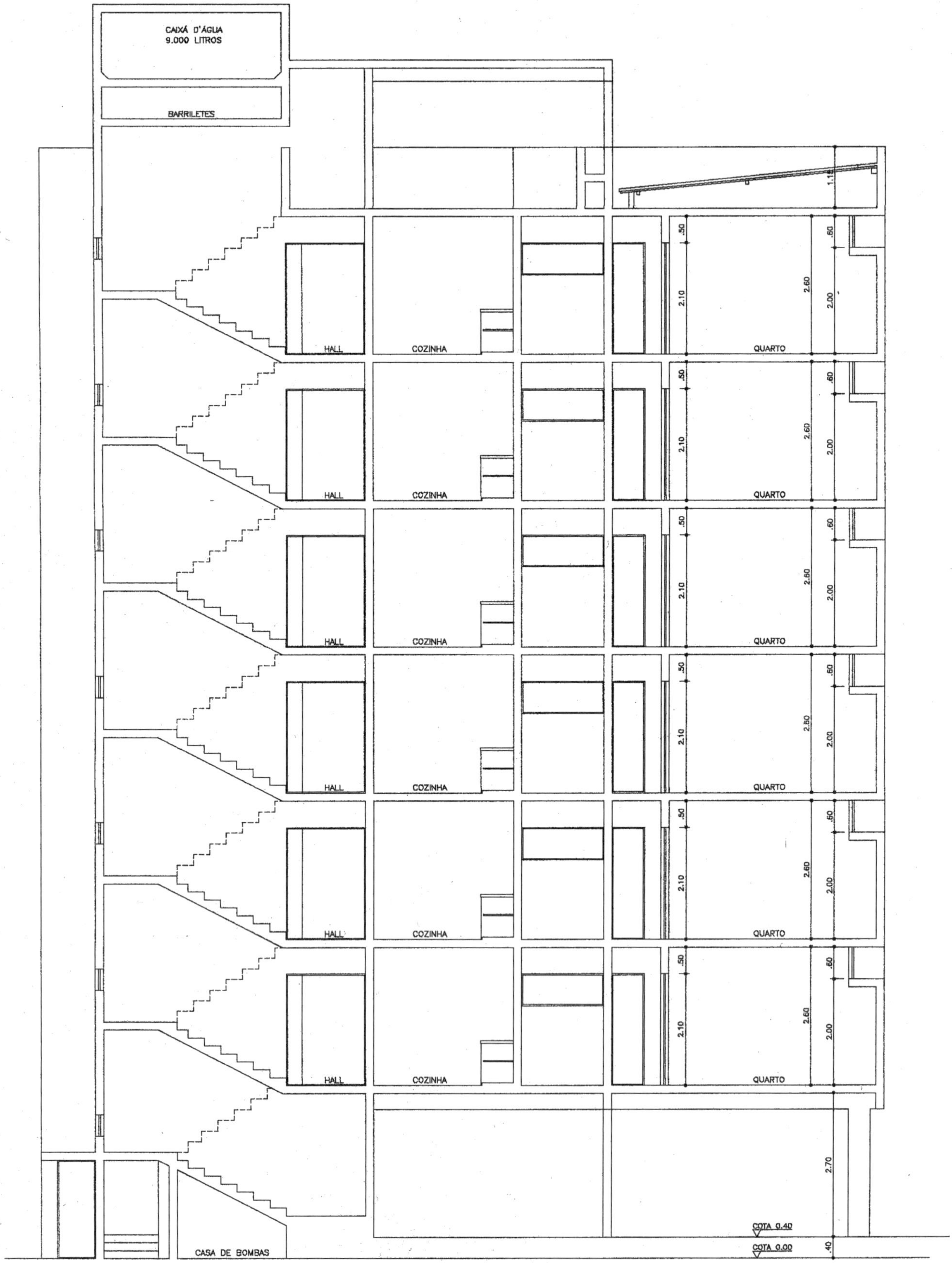

CORTE AB
ESCALA 1/100

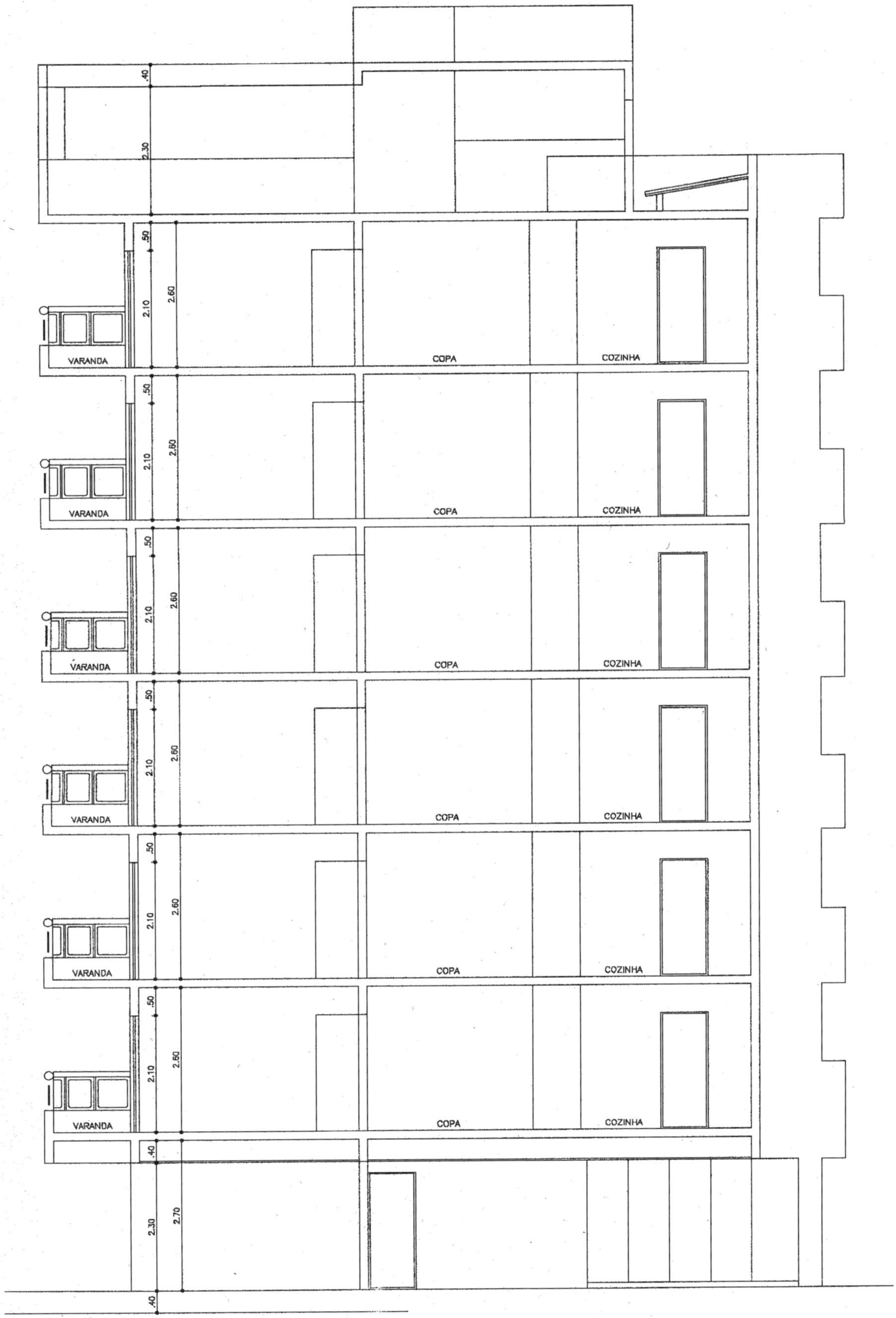

CORTE CD
ESCALA 1/100

FACHADA SUL
ESCALA 1/100

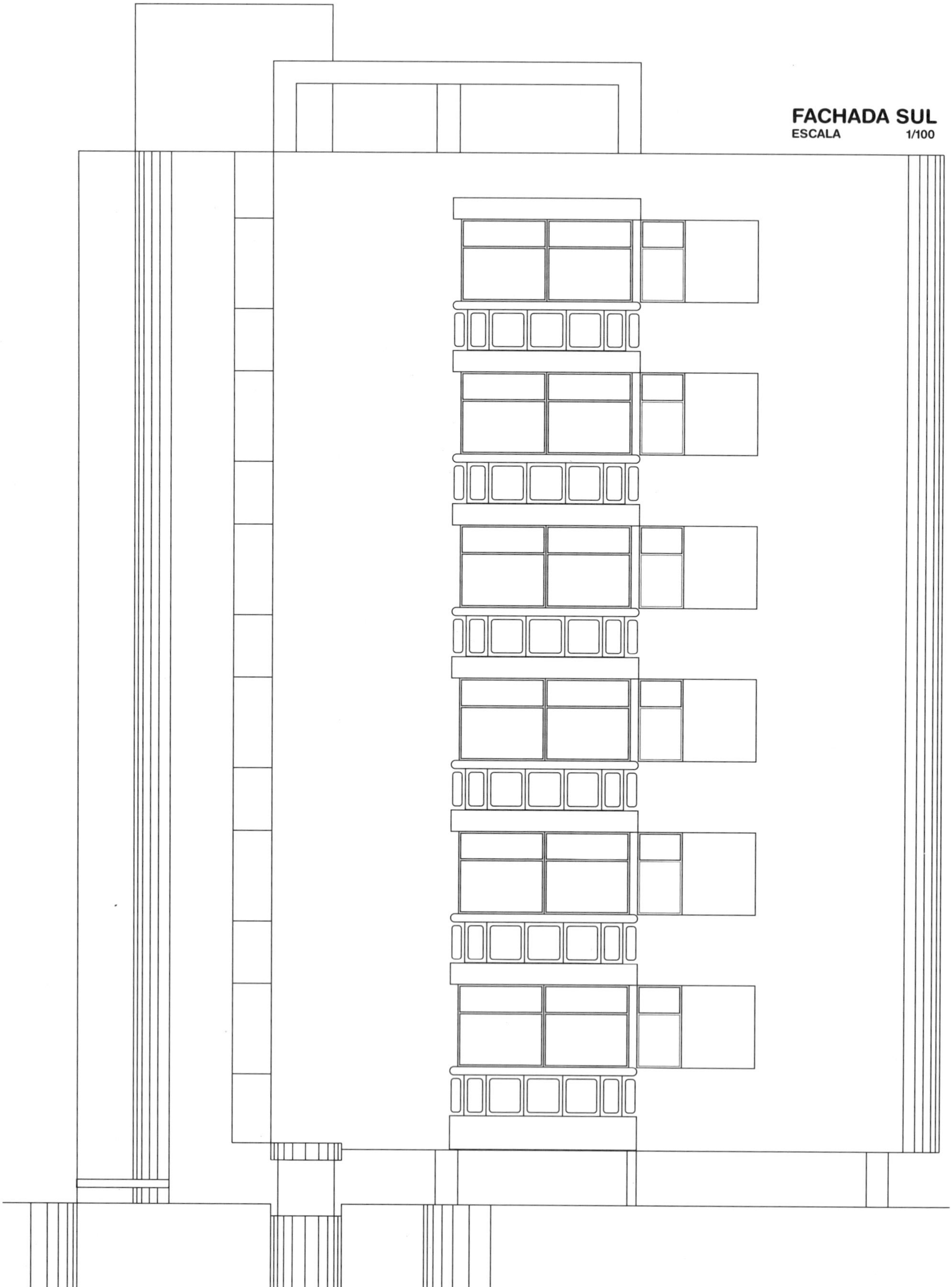

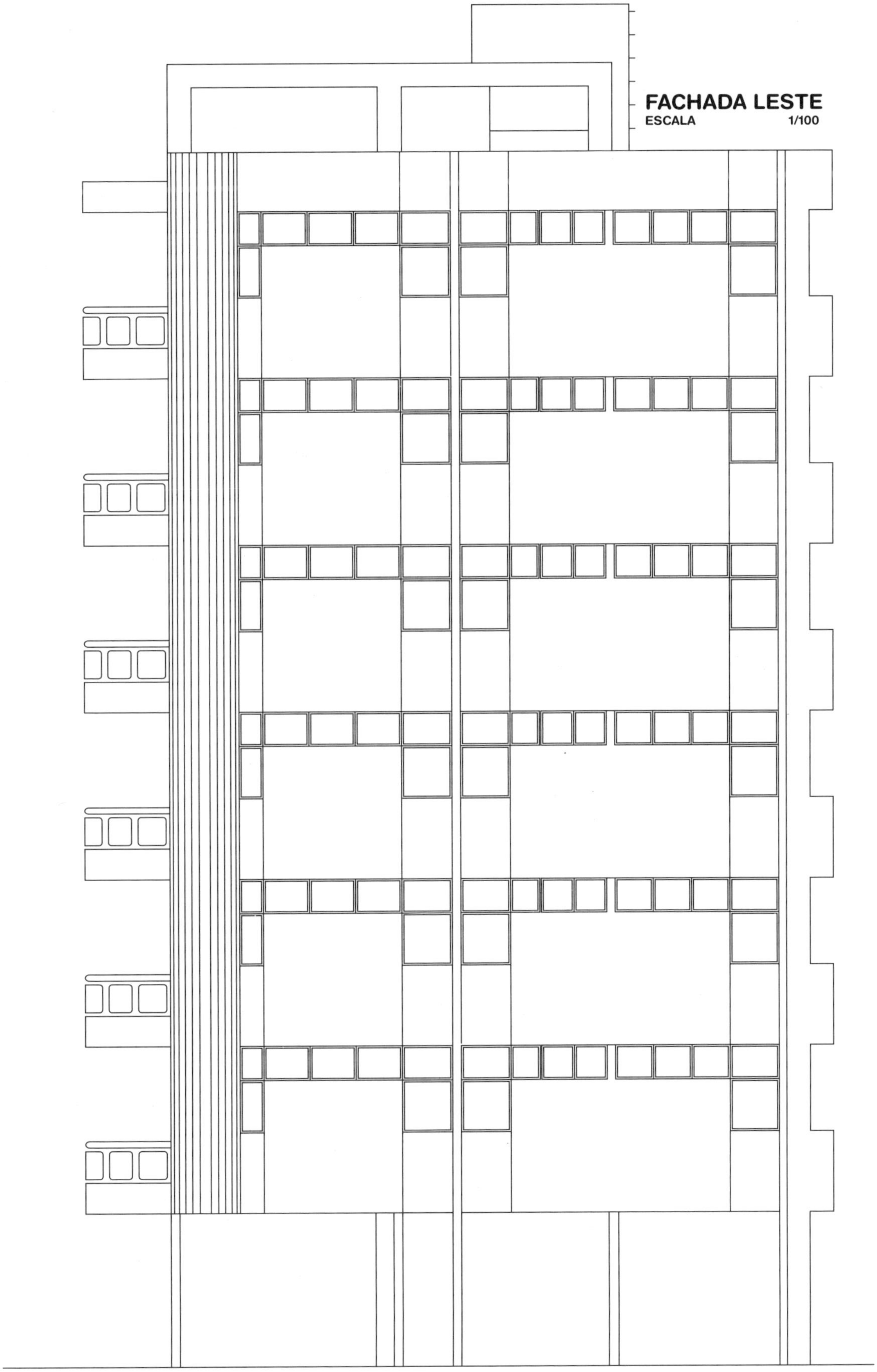

FACHADA LESTE
ESCALA 1/100

21 Arquitetura e computador

A gráfica computacional – traduzida erradamente como computador gráfico (um instrumento que ainda não existe!) – apareceu como idéia na década de 50 e foi concretizada em 1963 quando Ivan Sutherland mostrou o uso de computadores em projetos arquitetônicos. Em seguida, não somente as máquinas (*hardwares*) se desenvolveram como foram criados programas (*softwares*) para áreas como projetos de eletricidade, iluminação, planejamento econômico e espacial, acústica, comportamento térmico, etc. Logo a gráfica computacional entrou nos currículos universitários (1975) e nos escritórios de arquitetura e de engenharia.

Houve tentativas de usar o computador para fazer projetos arquitetônicos e os resultados foram dois: o projeto saía muito rapidamente da impressora, mas ... da pior qualidade!

No momento há grande diversidade de programas e os arquitetos se dividem em dois grupos: os que utilizam as máquinas e os que ainda não experimentaram. Estas pessoas imaginam que utilizar o computador é mais difícil do que aprender o uso do tradicional normógrafo manual, o que é falso; apesar de sua fama, o computador é aprendido sobretudo com a prática e qualquer exigência de raciocínio abstrato ou filosófico é mito absolutamente sem base. Tanto é assim que as crianças aprendem a utilizá-lo... brincando! Desconhece-se qualquer impedimento legal para o adulto fazer o mesmo.

Em 1990, B. Lawson identificou 4 categorias de uso do computador em arquitetura:

1. Organização e Administração.
2. Processamento de informações: coleta de dados, análise de exigências, resumos, relação de materiais, orçamento, etc.
3. Análise de soluções: comparação entre vários projetos ou avaliação de um item específico.
4. Geração de soluções: não existe ainda algo que satisfaça o usuário menos exigente, como foi dito acima.

Entre os programas de desenho ajudado por computador o mais conhecido é o CAD, que corresponde ao 'fusquinha' entre os automóveis. **Em tese**, os tais programas aumentam a produtividade, liberando o tempo do projetista para aplicação em maior criatividade e melhor projeto; na prática, isto raramente ocorre. Há casos em que o projetista apenas aprendeu a apertar botões, sendo incapaz de sair da jaula ou janela do programa.

Vantagens do computador

Além das já citadas, há outras:

- Ele substitui um monte de instrumentos: lápis, canetas, régua graduada, compasso, esquadros, régua-tê, prancheta, etc.
- É mais rápido e preciso.
- Dá a visão global do projeto, inexistente nos desenhos manuais fragmentados de plantas, cortes, fachadas e perspectiva.
- Abre a possibilidade da animação gráfica: o observador circulando dentro ou fora do edifício.
- Permite o estudo de alternativas de acabamentos internos e externos (simulação).
- Possibilita grande compatibilidade entre projeto arquitetônico e projetos complementares.
- Traz facilidade de reprodução e transmissão dos desenhos do projeto.

RESUMO:
O surgimento da gráfica computacional e seu rápido desenvolvimento. O medo do computador entre os adultos. Usos do computador em Arquitetura. Vantagens e pontos fracos da máquina. A necessidade de debates sobre mudanças no ensino e na maneira de fazer projetos. Aperfeiçoamentos que podem ser feitos nos programas.

Pontos fracos

Eventual perda de habilidade manual do desenhista iniciante, podendo acarretar redução de sua percepção artística. Isto se tem verificado com pessoas que utilizam o computador no início de sua formação profissional, ainda que raros professores o reconheçam; talvez motivados pelo endeusamento corrente da máquina, que é, de alguma forma, uma novidade tecnológica com enormes possibilidades.

O professor Cláudio César Pinto Soares, da UFRJ, é uma destas 'ovelhas negras' que aceita a tecnologia mas levanta restrições e chega ao ponto de não dar aulas de CAD ou de qualquer outro programa por estar consciente de que o aluno apenas deseja decorar quais teclas apertar, em vez de entender antes os conceitos fundamentais da gráfica computacional.

É fato reconhecido, mas pouco falado, que os computadores são máquinas superdimensionadas: algo como usar um jato para ir do centro ao subúrbio; além disto, os programas são complicados e incompatíveis entre si. Ou seja, quem adere a um programa fica monopolizado por um determinado produto e marca comercial que é atualizado com freqüência.

Já é tempo de universidades, órgãos e associações de classe, ABNT, fabricantes, fiscalizadores e usuários discutirem entre si os problemas a fim de definir quais mudanças (inclusive pedagógicas) devem ser adotadas no ensino de projeto. Do contrário ficaremos todos à mercê de programas e de piratas, utilizando o computador como uma prancheta eletrônica, embora sabendo que ele pode ir muito além disto.

Existem programas capazes de analisar as sobrecargas na construção com uma parede de tijolos ou com blocos de gesso (como se comportaria a estrutura em cada caso?), o consumo de água e de eletricidade, o sub ou superdimensionamento de janelas, a ventilação cruzada, a orientação dos espaços em função da insolação, etc.

Tais programas são estritamente técnicos e quantitativos; seria de desejar que fossem adaptados para usuários não especialistas. Por exemplo: programas que mostrassem uma viga trincando em face de excessivo carregamento; uma estrutura que desmorona na tela sob efeito de recalque diferencial ou outro motivo; o usuário impedido de ler um jornal em sala mal iluminada, etc.

Enquanto espera tais aperfeiçoamentos, o leitor poderá comparar os desenhos do Capítulo 12, feitos com utilização dos instrumentos tradicionais de desenho, com os dos Capítulos 19 e 20, produzidos com os recursos da gráfica computacional.

Este Capítulo foi escrito graças a subsídios fornecidos pela Professora Gisele Carvalho, da UFPE, e pelo Professor Cláudio César Pinto Soares, da UFRJ.

22 Museu do Desenho

PAPEL PARA FORRAR PRANCHETA

O tampo da prancheta deve ser forrado com papel liso (já se fabricou um papel especial para isto) ou com plástico **não brilhante** de cor verde ou creme em **tonalidade clara**. O plástico branco fosco pode ser usado, embora apresente o inconveniente de sujar com facilidade. O papel ou o plástico deve ser bem estirado, sem deixar bolhas ou ondas, sendo grampeado na *face inferior* do tampo e nunca nas bordas laterais ou na face superior.

Alguém já sugeriu que o tampo da prancheta fosse feito de material translúcido: vidro fosco ou acrílico leitoso. Vantagem: a iluminação - ou parte dela - seria feita por baixo, sem criar *sombras* sobre o desenho.

E' essencial que sejam de boa qualidade.

Compassos

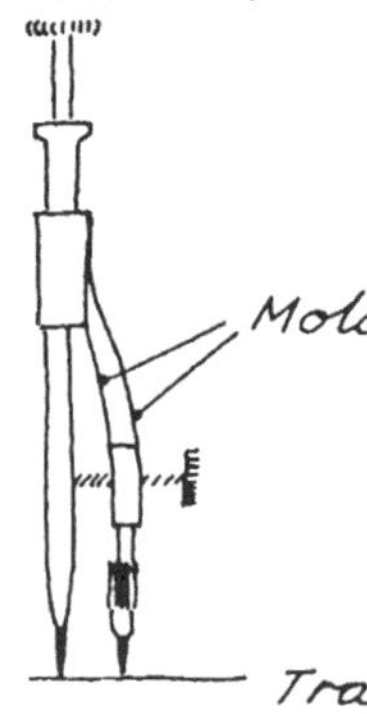

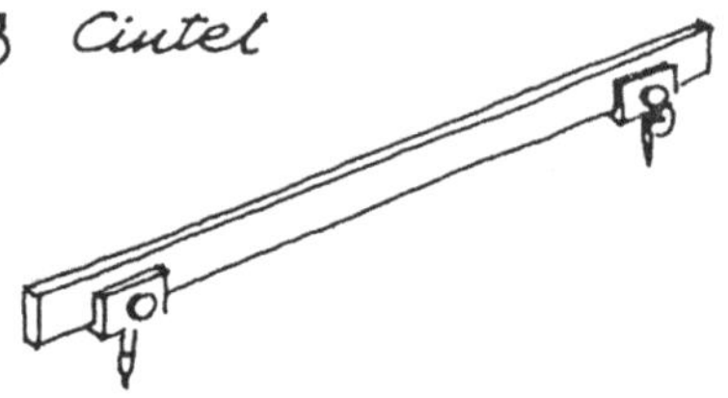

O extensor aumenta o raio.

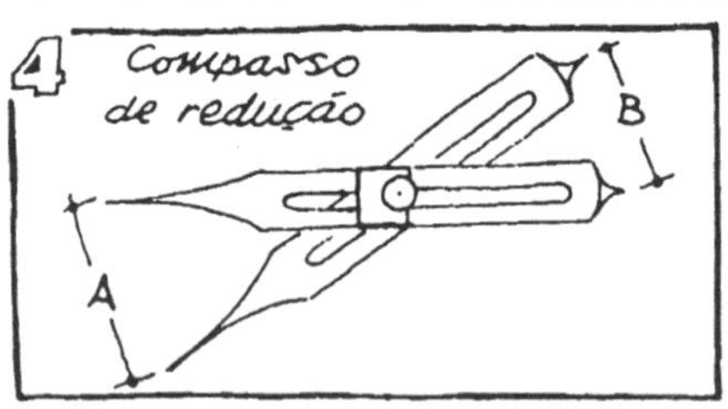

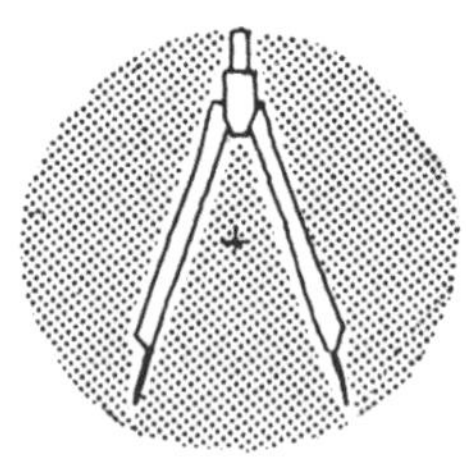

3 - O cintel é formado por duas peças que se prendem sob pressão em uma haste de madeira ou metal. A distância entre as duas peças - ponta seca e lápis - é igual ao raio. Algumas lojas vendem o cintel com haste cromada; verifique, neste caso, que a haste não seja curta pois ela não pode ser aumentada, como ocorre com as peças isoladas que aceitam qualquer haste.

4 - O compasso de redução não serve para traçar circunferências! Ele tem por finalidade passar - depois de ajustado o eixo móvel - as medidas da proporção A para B (redução igual a A/B) ou de B para A, portanto ampliação igual a B/A.

5 - O compasso de pontas secas não possui lápis. Portanto, não risca e serve para transportar medidas de um local para outro. Não tem aplicação no desenho arquitetônico, porém é bastante útil no desenho de máquinas.

RESUMO:
Com o passar do tempo os instrumentos de desenho mudam; surgem novos, enquanto outros se tornam peças de museu. É o caso de compassos, papel para prancheta, tecnígrafo, normógrafo de chapa perfurada, curva universal, tira-linhas, caneta Graphos e outros.

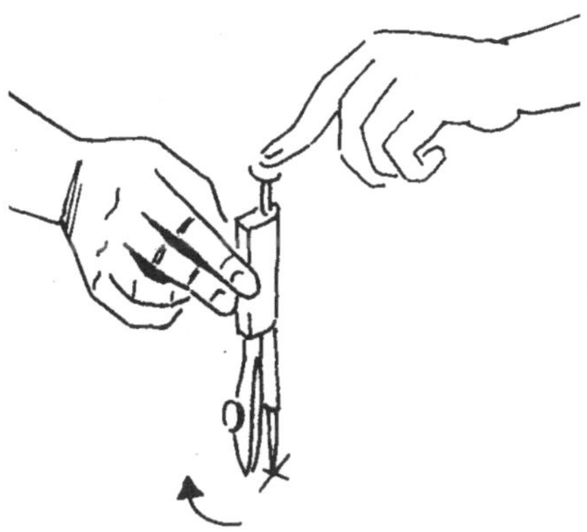

O compasso balaustrino é o instrumento de desenho que possui a maior quantidade de nomes. Aqui está uma relação deles: compasso de círculos mínimos, compasso-bomba, compasso bailarina, compasso de balaústre e até o esquisito 'esbilro'. Antes de usá-lo, defina o centro e, com a ponta seca, dê uma leve espetada no papel para evitar que a agulha venha a escorregar do centro.

O compasso balaustrino pode ser usado com as duas mãos: o indicador esquerdo mantém o eixo (balaústre) na vertical e a mão direita faz a rotação do instrumento.

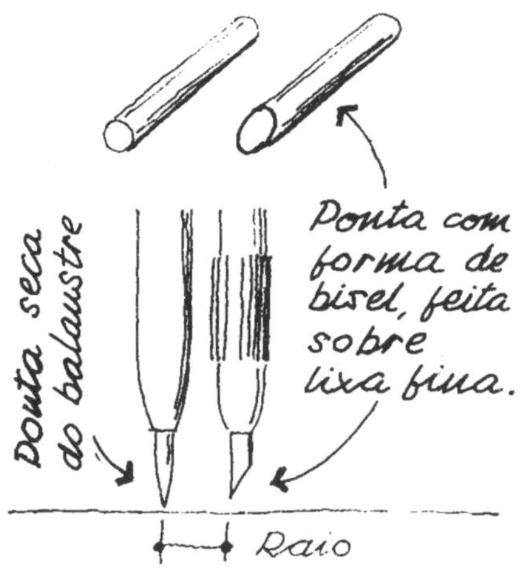

Normalmente o compasso, de qualquer tipo, é usado com grafite de **ponta cônica.** Em casos excepcionais, quando o raio a traçar é muito pequeno, pode-se usar a ponta em BISEL. Ela tem o inconveniente de gastar-se mais facilmente do que a ponta cônica.

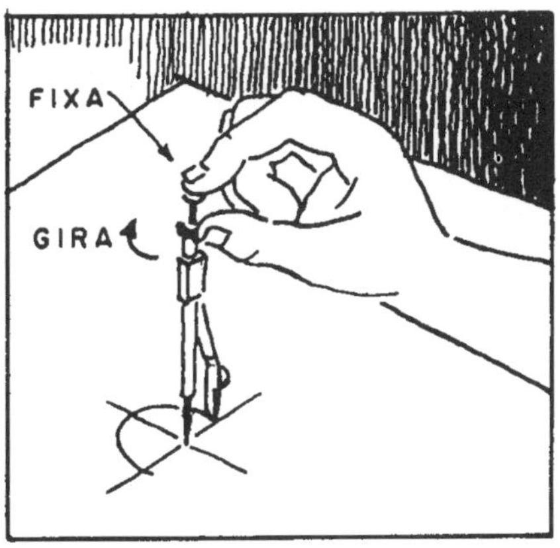

Uma pessoa habilidosa e bem treinada pode usar o balaustrino com uma só mão, como mostra a figura ao lado. Quando estiver desenhando a tinta tenha facilmente disponível um pedaço de pano de algodão. O pano já usado e não muito fino é o que apresenta melhores resultados, pois é mais absorvente. Tamanho: mais ou menos igual a um lenço. Finalidade: limpar os restos de tinta nos instrumentos, de modo que eles estejam sempre prontos para uso imediato.

O Tira-linhas

é um complemento do compasso e é útil ao fazermos um desenho com traços de cores variadas.

Os tipos básicos são dois:

1• Normal *2• Bico de pato*

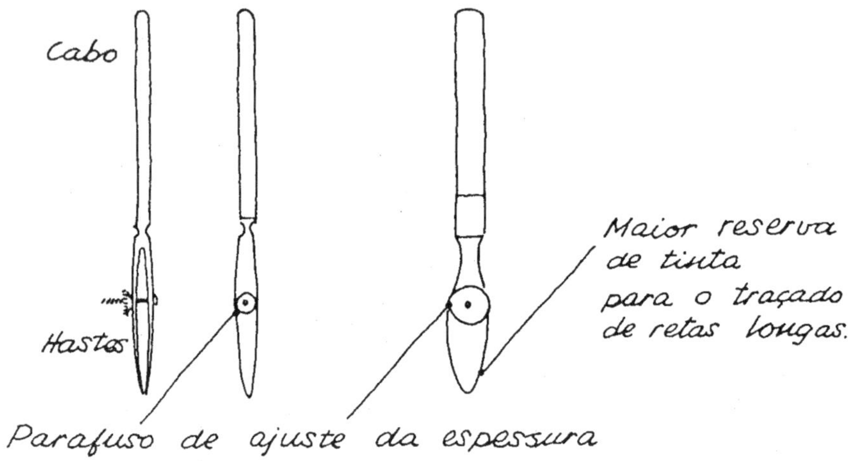

Tira-linhas

Ajuste o parafuso de pressão deixando

...depois coloque o instrumento fora do desenho e tendo a ponta para baixo.

Limpe a parte externa com pano ou papel absorvente. Ajuste a espessura

Abastecendo:

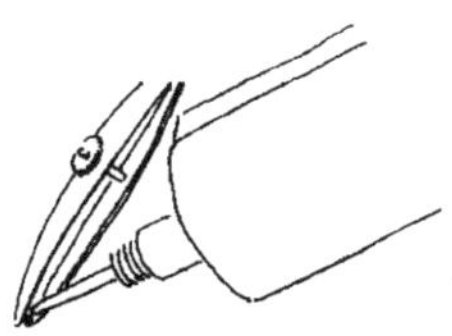

*A maneira de segurar e a de movimentar o tira--linhas é a mesma apresentada para o lápis, ...com exceção daquele **giro**.*

*Se a tinta acaba antes de completado o traço --**sem movimentar o parafuso de pressão** (regulagem) - limpar as hastes internamente com papel vegetal e tornar a abastecer.*

Guarde o tira-linhas limpo e com as hastes abertas para evitar que as molas percam sua força.

Defeitos a evitar:

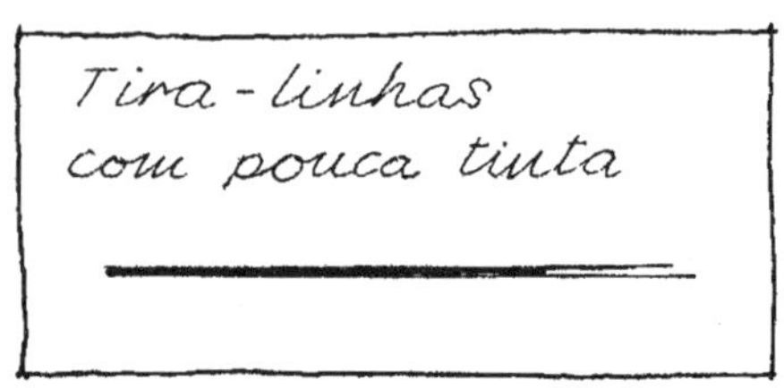

TECNÍGRAFO

O tecnígrafo é um instrumento que incorpora régua-tê, esquadros, régua graduada e transferidor. Embora muito prático, era pouco utilizado nos escritórios talvez por seu preço relativamente elevado em termos de custo/ benefício.

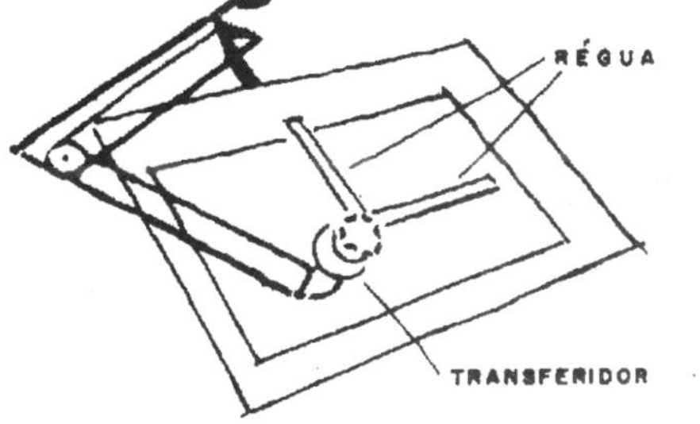

NORMÓGRAFO

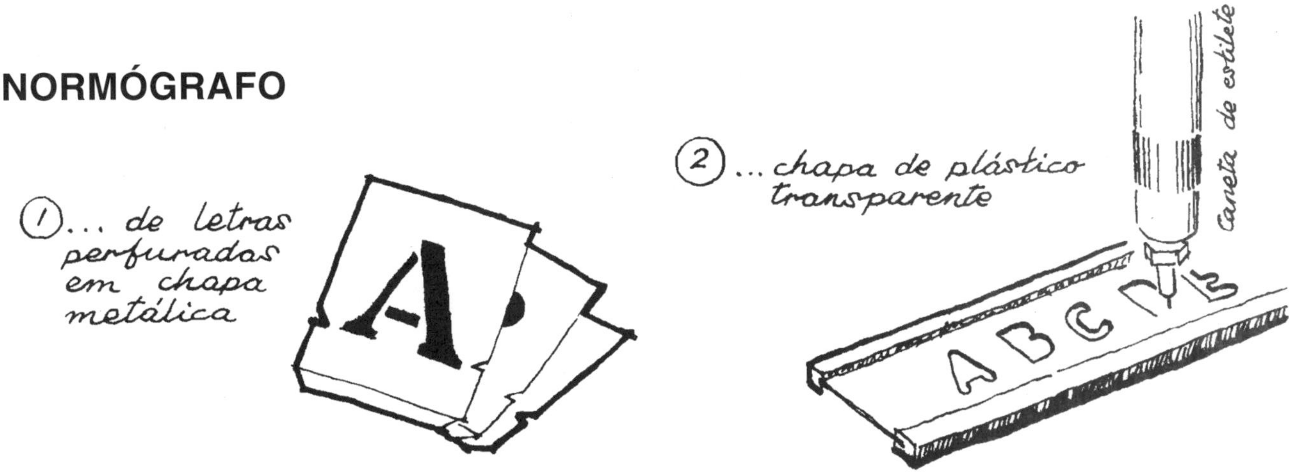

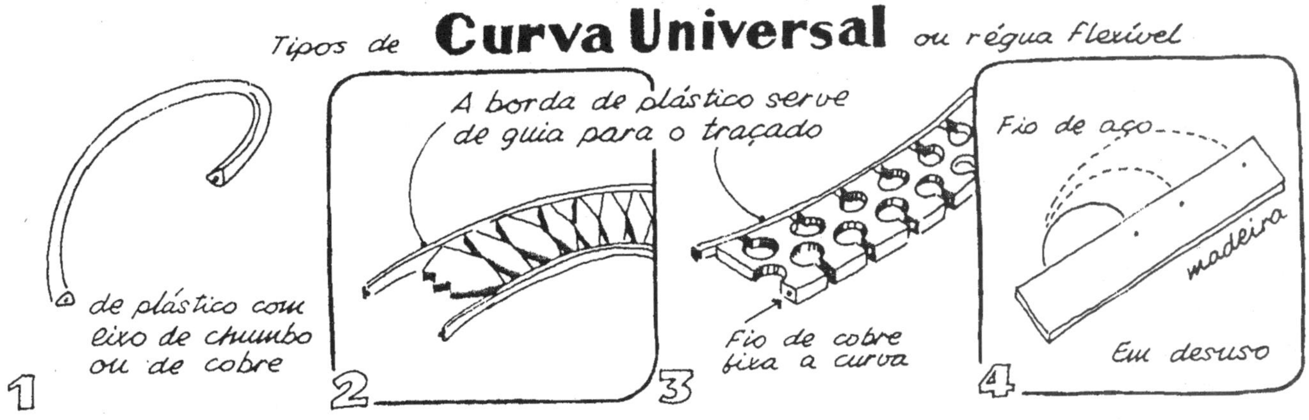

CANETA "GRAPHOS"

(MARCA COMERCIAL SEM PRODUTO SIMILAR)

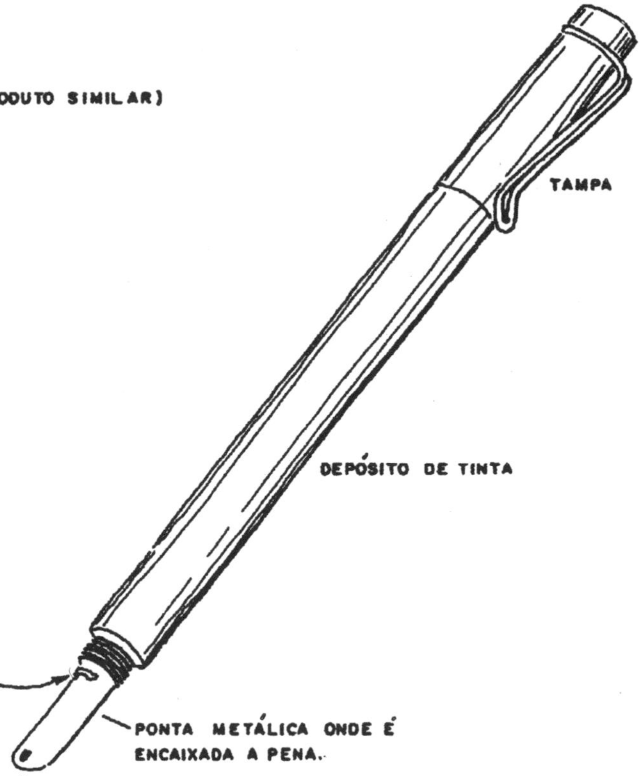

As penas são de aço e de tipos (séries) os mais variados. Acompanhando a caneta o fabricante fornece um catálogo completo de penas.

INDICAÇÃO DA SÉRIE DA PENA E DA ESPESSURA DO TRAÇO

PENA (SÉRIE A)

AS PENAS SÃO VENDIDAS À PARTE. PARA UMA BOA APRESENTAÇÃO PRECISA-SE, PELO MENOS, DE:

- 5 PENAS DA SÉRIE "A" NÚMEROS:
  - 0,13
  - 0,2
  - 0,25 (OU 0,3)
  - 0,4
  - 0,6 OU 0,7
- UMA PENA DA SÉRIE "T" NÚMERO:
  - 0,8

Numeração nesta face

O condutor regula a saída da tinta; é vendido em 3 calibres:

Nº 1 - Pouca tinta; muito raramente é usado.
Nº 2 - Abastecimento médio; usado normalmente.
Nº 3 - Muita tinta; usado para traços grossos.

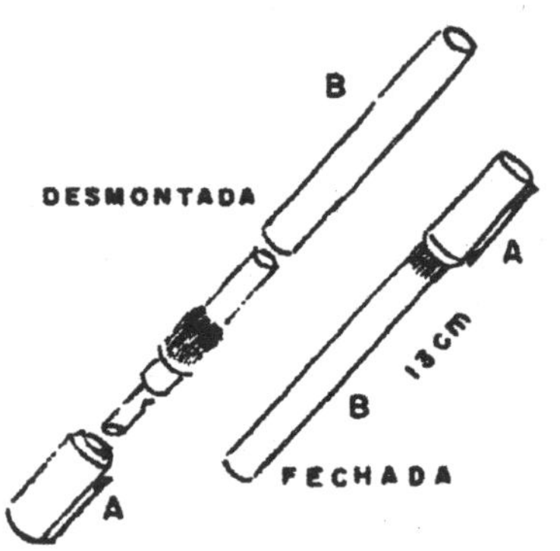

23 Vocabulário técnico

ABÓBADA — Cobertura de seção curva.

ADOBE — Tijolo de barro seco ao ar e não cozido.

ADUELA — Peça da grade ou marco de portas e de janelas.

ALGEROZ — Tubo de descida de águas pluviais, em geral embutido na parede.

ALICERCE — Base que serve de apoio às paredes de uma construção. Embasamento.

ALIZAR — Peça de madeira que cobre a junta entre a esquadria e a parede.

ALPENDRE — Parte saliente e aberta de edifício, tendo cobertura própria.

ANDAIME — Construção provisória de madeira ou de ferro, ao lado das paredes, para uso dos operários.

ANDAR — Pavimento acima do rés do chão.

APARELHO — Acabamento para dar às pedras ou madeiras formas geométricas e aparência adequada. Primeira demão de tinta.

APICOAR — Desbastar com ferramenta uma superfície ou pedra.

ARANDELA — Aparelho de iluminação fixado na parede.

ASNA — Peça de tesoura de telhado. Perna.

AMARRAÇÃO — Disposição dos tijolos.

ASSOALHO — Piso de tábuas. Soalho.

BALANÇO — Elemento com apoio e contrapeso numa extremidade e com a outra livre.

BALAÚSTRE — Elemento vertical que, empregado em série, forma a balaustrada.

BALDRAME — Parte do embasamento entre o alicerce e a parede. Soco.

BANDEIRA — Parte superior dos vãos acima das folhas de porta ou janela.

BASCULANTE — Janela ou peça móvel em torno de eixo horizontal.

BATEDOR — Batente. Rebaixo na aduela onde se encaixam as folhas dos vãos.

BEIRAL — Parte saliente da cobertura.

BISEL — Corte em chanfro na extremidade de uma peça.

BOLEADO — De perfil curvo.

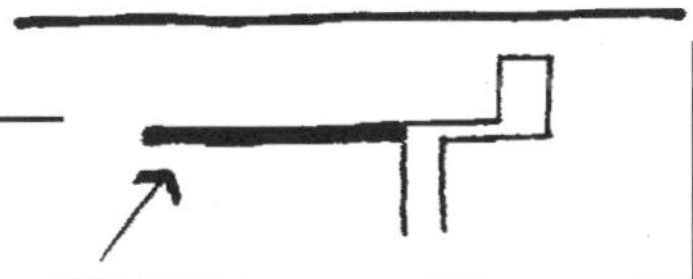

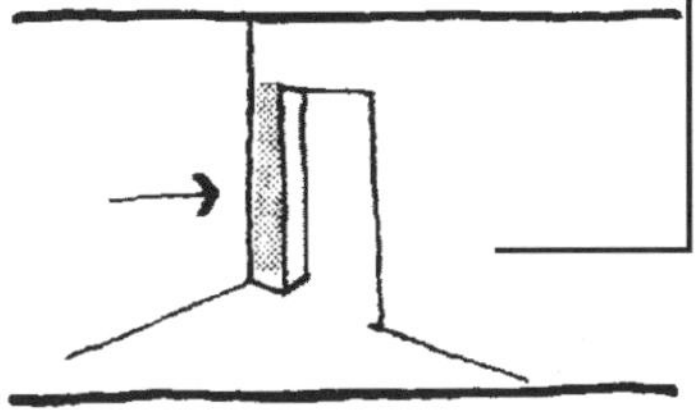

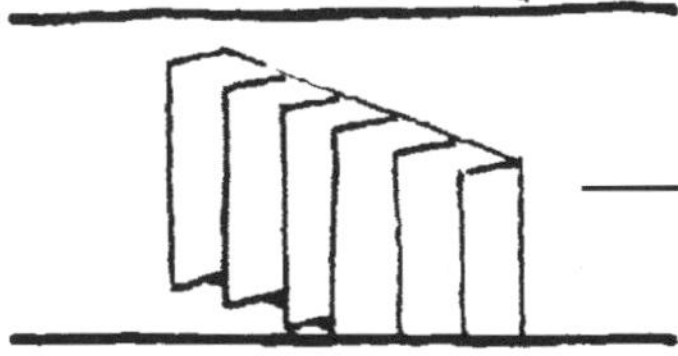

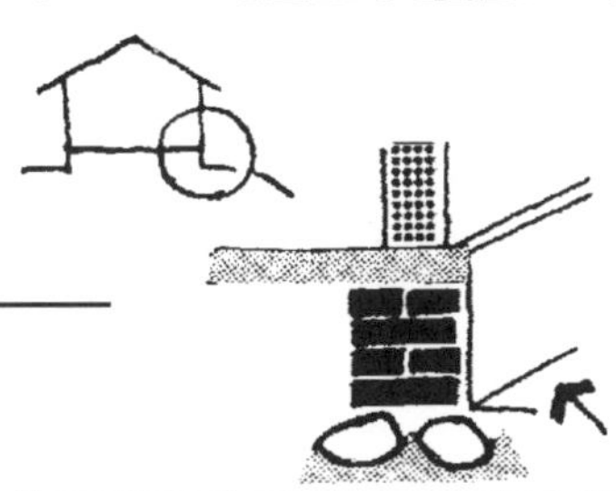

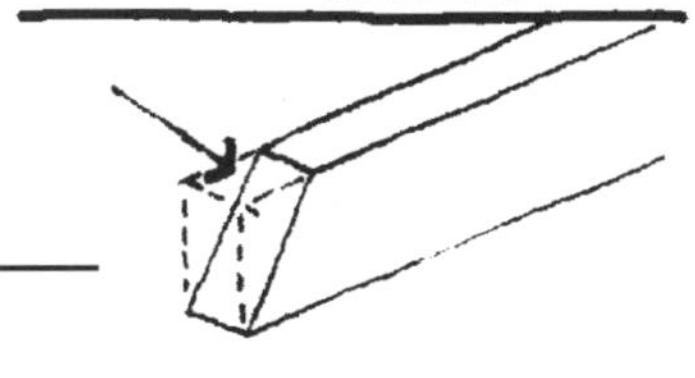

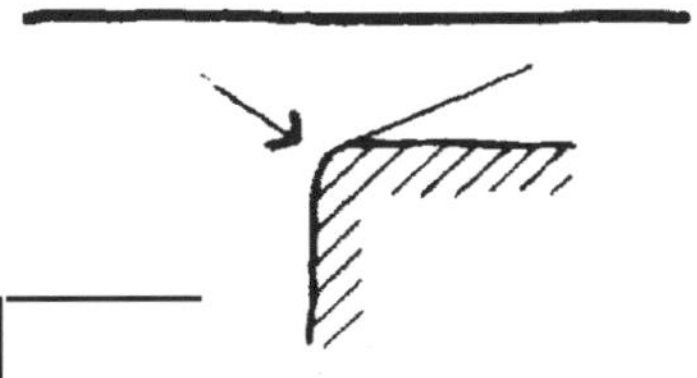

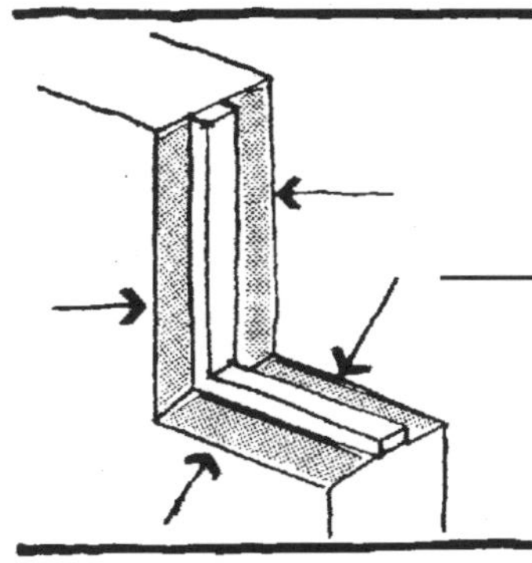

BONECA — Saliência de alvenaria onde é fixado o marco ou grade de portas e de janelas.

BRITA — Pedra quebrada em tamanhos variáveis.

BRISE — Quebra-sol. Lâmina horizontal ou vertical para proteção contra o sol.

CAIBRO — Peça de madeira sobre a qual se pregam as ripas destinadas a suportar as telhas.

CAIXILHO — Quadro de madeira ou metal que serve de estrutura para vidro ou painel de vedação. Esquadria.

CALHA — Conduto de águas pluviais.

CALIÇA — Pó de cal. Resto de demolição.

CANTARIA — Construção de pedras aparelhadas e formando sólidos geométricos de dimensões e faces regulares.

CAPIALÇO — Acabamento nos vãos entre a grade (marco) e o paramento da parede.

CAVA — O mesmo que escavação.

CHANFRO — Pequeno corte para eliminar arestas vivas.

CHAPÉU (de muros) — Coroamento que protege das águas.

CHAPISCO — Primeira camada de revestimento de paredes e de tetos, destinada a dar maior aderência ao revestimento final.

CHEIO — Nome dado a uma parede sem aberturas. Parede cega.

CHUMBADOR — Peça que serve para fixar qualquer coisa numa parede.

CLARABÓIA — Vão na cobertura, em geral protegido com vidros.

COMBOGÓ — Elemento vazado.

COIFA — Cobertura acima do fogão para tiragem da fumaça.

COLUNA — Suporte de seção cilíndrica.

CONCRETO — Aglomerado de cimento, areia, brita e água.

CONCRETO ARMADO — O mesmo acima com ferragem.

CONDUÍTE — Conduto flexível.

CONTRAFORTE — Reforço de muro ou parede. O mesmo que gigante.

CORDÃO — Peça de sustentação do vidro na esquadria. Baguete ou gacheta.
CORRIMÃO — Peça ao longo ou nos lados de área de circulação dando apoio a quem dela se serve.
COSTELA — Tábua colocada a cutelo para sustentação. Guia.
COTA — Verdadeira grandeza de uma dimensão. Altura ou nível.
COUÇOEIRA — Peça vertical de portas e de janelas.
CUMEEIRA — Ângulo diedro onde têm início as águas do telhado. A peça de madeira situada na porção mais elevada da tesoura.
CÚPULA — Abóbada esférica.
CUTELO — Veja 'costela'.
DEMÃO — Camada de pintura.
DOMO — Parte externa de uma cúpula. Peça para iluminação e ventilação, em geral de material transparente.
DUPLEX — Apartamento com dois pisos superpostos.
EDÍCULA — Pequena casa. Dependência para empregados.
EMBASAMENTO — Parte inferior de uma construção e destinada à sua sustentação. Alicerce.
EMBOÇO — Segunda camada com que se reveste uma parede.
EMPENA — Parede em forma de triângulo acima do pé direito.
ENSAMBLAGEM — Ligação de peças de madeira por meio de encaixes.
ESCARIAR — Rebaixar a fim de nivelar a cabeça de prego ou parafuso.
ESCONSO — Torto, não paralelo.
ESPELHO — Face vertical de um degrau. Peça que cobre a fechadura ou interruptor, quando embutidos.
ESPERA — Ferragem ou tijolos salientes para amarrar futuros aumentos da construção.
ESPIGÃO — Encontro saliente e em desnível de duas águas de um telhado. Tacaniça.

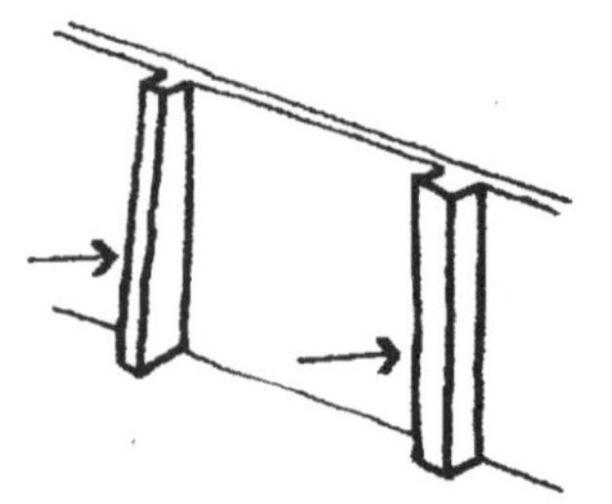

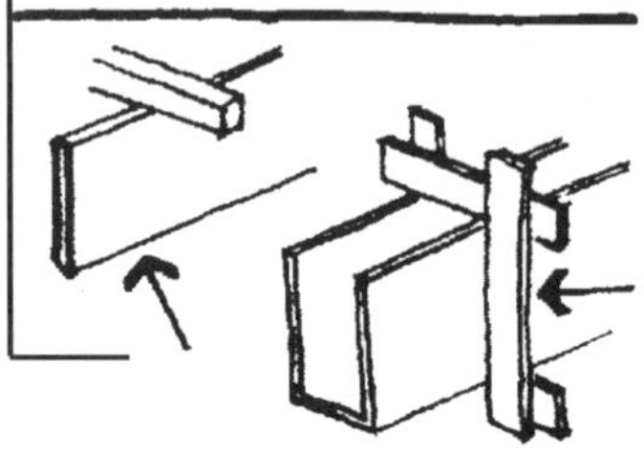

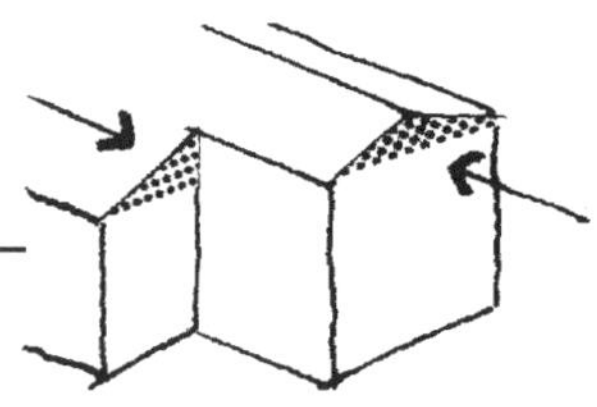

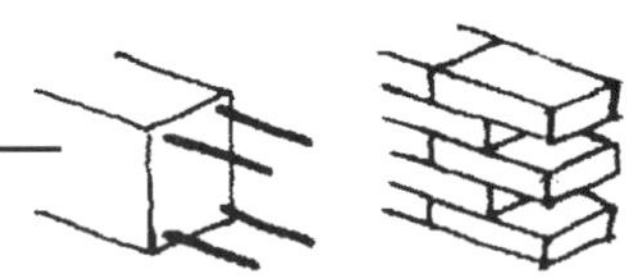

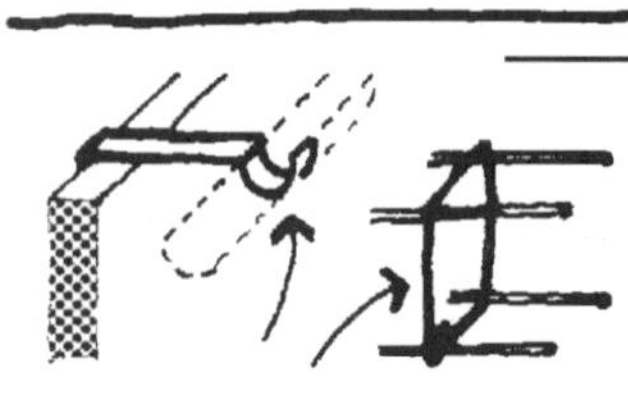

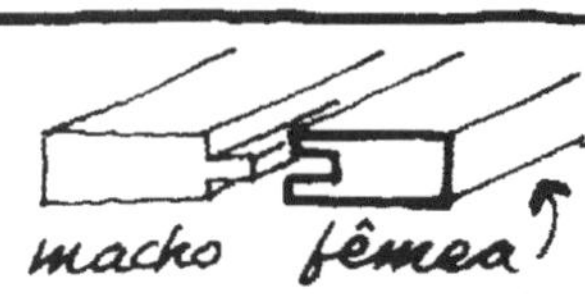

ESQUADRIA — Fechamento dos vãos. É formada por grade ou marco e folhas.
ESTACA — Peça de madeira, concreto ou ferro que se crava no terreno como base para uma construção.
ESTRIBO — Peça de ferro destinada a sustentar um elemento de construção em relação a outro.
ESTRONCA — Escora de madeira.
ESTUQUE — Argamassa muito fina usada para acabamento de paredes e de forros.
Sistema para construção de forros ou paredes usando entrançados de madeira e de arame como suporte.
FÊMEA — Entalhe numa peça para receber o macho.
FLECHA — Distância entre a posição reta e a fletida de uma viga ou peça.
FOLHA — Parte móvel da esquadria.
FOLHEAR — Revestir com lâmina fina, em geral de madeira.
FORRO — Vedação da parte superior dos compartimentos da construção.
FORRO FALSO — Forro que se coloca após a construção de laje ou de coberta e independente dela.
FRECHAL — Viga de madeira colocada sobre uma parede para apoio da tesoura. A terça mais inferior que complementa uma tesoura.
FUNDAÇÃO — Conjunto de obras sobre as quais se apóia uma construção. Base ou alicerce.
GALPÃO — Construção aberta e coberta mas não destinada a habitação.

GÁRGULA — Tubo que despeja as águas pluviais coletadas no telhado.

GELOSIA — Treliça de madeira. Sendo móvel, chama-se 'rótula'.

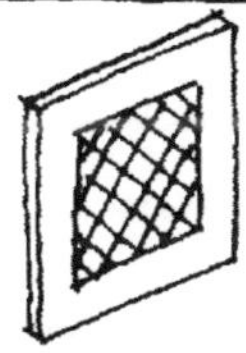

GRADE — Elemento vazado que forma a esquadria. Marco ou aduela.
GUARDA-CORPO — Parapeito. Proteção de um vão.
GUILHOTINA — Janela em que as folhas se movem verticalmente.
JIRAU — Pequeno piso colocado a meia altura.
JUNTA — Espaço ou intervalo entre dois elementos.

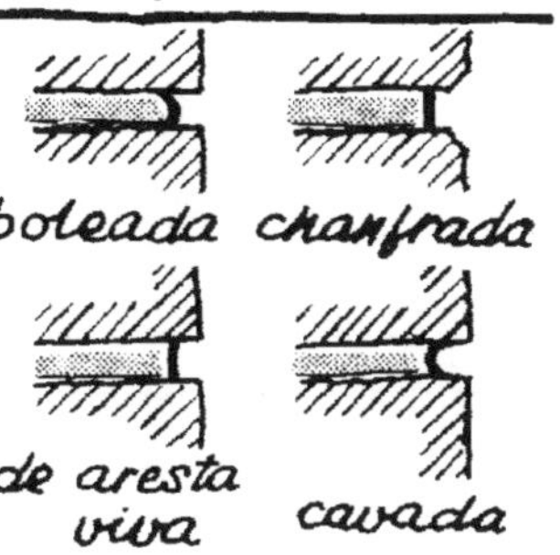

LADRILHO — Peça de forma geométrica e de pouca espessura, de cimento ou barro cozido, em geral destinado a pisos.
LÂMINA —Bloco vertical numa construção de vários pavimentos.
LANTERNIM — Pequena torre destinada a iluminação e ventilação.

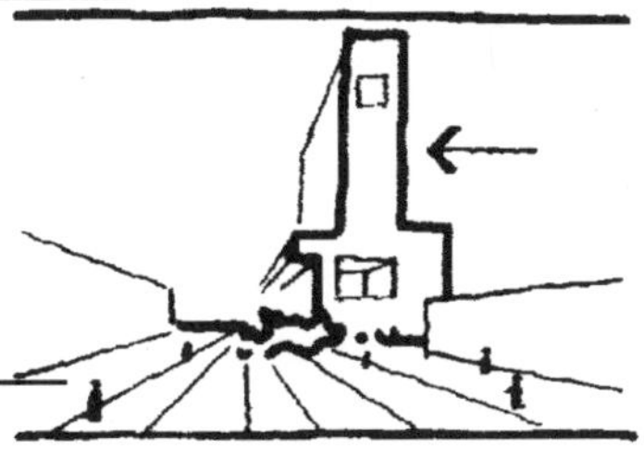

LEQUE — Forma dos degraus na mudança de direção de uma escada.
LEVANTAR — Medir e desenhar um terreno ou construção.
LINHA — Peça inferior de uma tesoura de telhado onde se encaixam as pernas. Tirante.

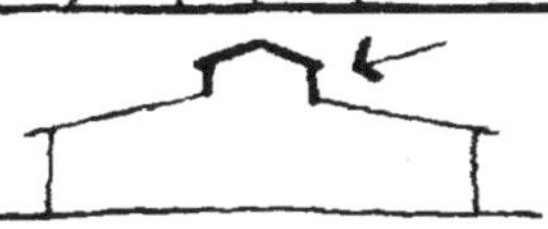

LONGARINA — O mesmo que viga.
MACHO E FÊMEA — Veja 'fêmea'.
MANSARDA — Tipo de telhado.

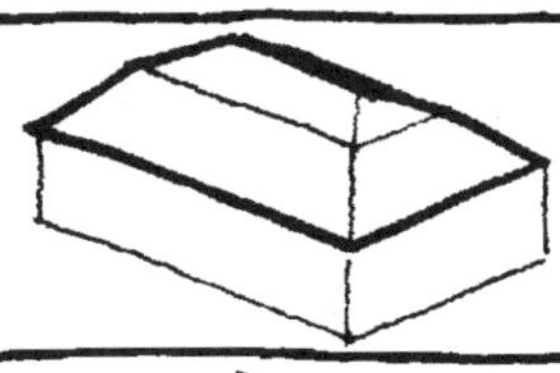

MÃO DE FORÇA ou MÃO FRANCESA Peça inclinada que serve de apoio e reduz o vão do balanço.

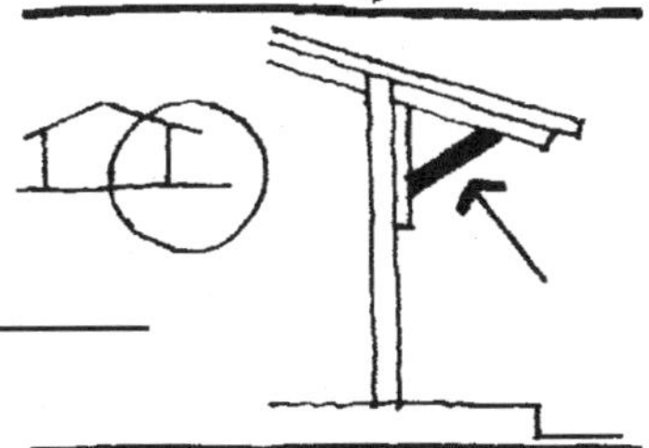

MARCO — Veja 'grade' ou 'aduela'.
MARQUISE — Cobertura em balanço.
MATA-JUNTA — Elemento que cobre o encontro de duas peças.

MÓDULO — Unidade de medida.
MONTA-CARGA — Aparelho para transporte vertical de pequenos objetos.
MONTANTE — Peça vertical de madeira.
MOSAICO — Painel formado por pequenos pedaços de vidro, cerâmica ou partilhas. Tipo de piso: ladrilho. Montagem de fotografias aéreas em levantamentos cartográficos.
MUCHARABI — Conjunto de treliças fechando um balcão.

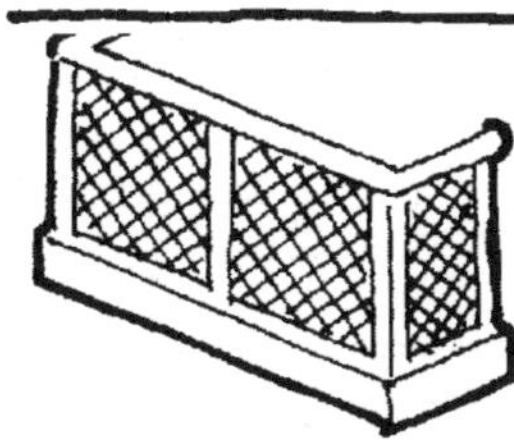

NERVURA — Viga saliente ou não de uma laje. Quando oculta recebe o nome de 'viga chata'.
OMBREIRA — Elemento vertical de uma esquadria que protege os vãos.
ÓCULO — Abertura circular feita numa parede para entrada de luz.
OSSO — Sem revestimento. Medida no osso: antes de feito o revestimento.
PANO — Extensão de parede.
PARAMENTO — Superfície aparente de uma fachada.
PARAPEITO — Veja 'peitoril'.
PARQUÊ — Piso constituído por pedaços de madeira formando desenhos.
PARTIDO — Disposição de um edifício. Por exemplo: partido horizontal.
PASTILHA — Pequena peça usada em revestimentos.
PATAMAR — Trecho horizontal em escada ou rampa para descanso.
PÉ-DIREITO — Distância entre o piso e o forro de um compartimento.
PEITORIL — Elemento de meia altura que protege os vãos. Mureta ou parapeito.
PENDURAL — Peça do conjunto de tesoura de telhado.
PERNA — Idem.
PILAR — Elemento de sustentação tendo seção poligonal.

PILASTRA — Pilar incorporado à parede, porém ressaltando.
PILOTIS — Elemento de sustentação de uma construção no pavimento térreo. Nome que se dá ao pavimento térreo quando aberto.
PINÁSIO — Peça que divide e sustenta os vidros nas folhas de esquadria.
PIQUETE — Pequena estaca fincada no solo para demarcar pontos de um terreno.
PIVOTANTE — Folha móvel em torno de eixo vertical.
PLANTA — Projeção horizontal. Vista superior. Projeção de um corte horizontal numa edificação.
PLATIBANDA — Parede de pouca altura e acima do telhado com a função de encobri-lo.
PONTALETE — Peça curta e vertical que serve de apoio.
PONTO — Sistema de referência usado para indicar inclinação de coberta e baseado na proporção entre a altura e o vão de uma tesoura de duas águas.
POSTIGO — Folha cega de porta ou janela para maior segurança.
REBOCO — Revestimento final de argamassa.

RESPINGADOR — Rebaixo ou saliência para desviar as águas pluviais.
RINCÃO — Ângulo reentrante e em declive formado pelo encontro das águas de um telhado.
RIPA — Peça de madeira fixada com pregos sobre os caibros.
RODAPÉ — Faixa de proteção entre a parte inferior da parede e o piso.
RUFO — Chapa métalica dobrada ou lâmina de concreto para evitar infiltração dágua entre o telhado e a parede.
SACADA — Parte pouco saliente de uma construção.
SAIBRO — Barro ou argila usada em substituição à cal nas argamassas.
SAMBLAGEM — Veja ˋensamblagemˊ.

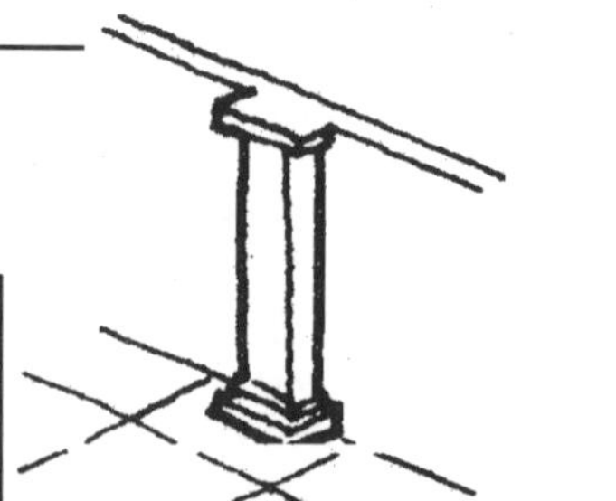

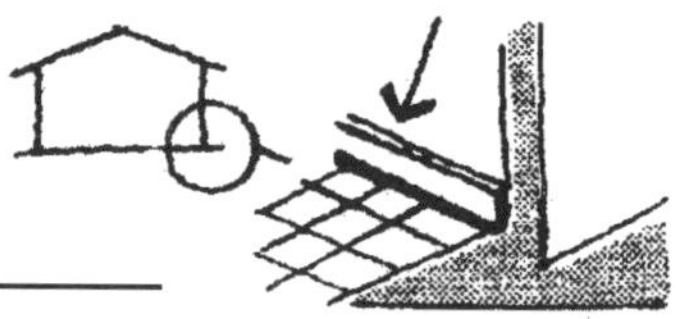

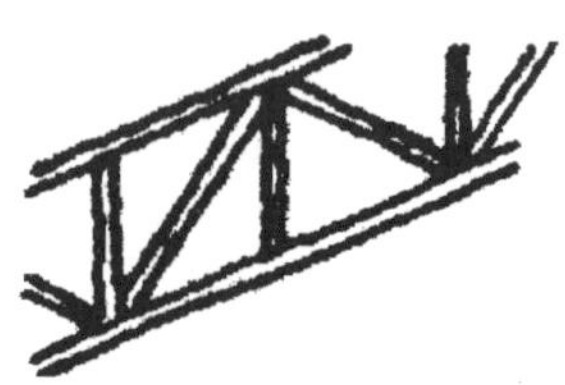

SANCA — Moldura na parte superior da parede, separando-a do teto.
SANEFA — Faixa horizontal de arremate.
SETEIRA — Abertura estreita e vertical.
SOALHO — Veja 'assoalho'.
SOCO — Porção aparente do embasamento. Veja 'baldrame'.
SOLEIRA — Parte inferior da porta.
SÓTÃO — Espaço acanhado entre duas tesouras de telhado e em geral usado como depósito.
TACANIÇA — Veja 'espigão'.
TALVEGUE — Depressão alongada num terreno; garganta.
TAPUME — Divisão feita de tábuas. Tabique.
TELHA — Elemento colocado na superfície externa da coberta para protegê-la de chuva, sol, ventos, etc.

TELHADO — Cobertura onde se usam telhas.
TERÇAS — Peças de madeira onde se pregam os caibros.
TERRAÇO — Cobertura horizontal como apêndice de um edifício. Área descoberta anexa a uma construção.

TESOURA — Viga composta de madeira ou de metal destinada a suportar a coberta.
TIRANTE — Peça de madeira ou de metal destinada a suportar empuxos.
TRAÇO (de argamassa ou mistura) — Proporção entre seus componentes.
TRELIÇA — Armação de madeira ou de metal onde existem aberturas. Viga.
VÃO — Abertura numa parede ou painel. Distância entre os apoios.
VAZIO — Vão ou abertura.
VERGA — Viga que arremata a parte superior de uma abertura.
ZENITAL — No alto, no zênite. Iluminação zenital: a que é feita através de abertura no teto.

"O médico pode enterrar seus mortos, mas ao arquiteto só resta aconselhar seu cliente a plantar trepadeiras."
Frank Lloyd Wright

Sobre o Autor

Foto: Josenilson Santana

Nascido no interior da Paraíba, o Autor quando moleque de engenho já pintava; o sete. Por outros motivos foi exilado para o Recife – Pernambuco e, como gostava de riscar, diplomou-se em Arquitetura, profissão de muito alto/auto risco. Contudo, antes desse acidente, já ensinava Geometria Descritiva, que os alunos achavam um saco e poucos entendiam. Mas o professor entendia os alunos e suas turmas incharam, chegando a 108 alunos no curso de Arquitetura da UFPE.

Um dia o Professor/Autor /Arquiteto foi ao Japão. Deu-se bem com a cultura e a comida de lá mas continuou magro e inculto, apesar de entender bem os ativos nativos. Depois, (re)ativou suas reservas mentais quando passou a estudar o cérebro; o dos outros, na falta do próprio. Aí inspirou-se e pirou.

Os familiares pensam em interná-lo, pois escrever livro no Brasil é coisa de maluco. Eles estão adiando porque o professor paga o mercadinho, toma umas, lava pratos, a burra e o carro ou carroça. E, ao contrário do professor, seus projetos não são assim tão malucos.

Os principais, agora, são: 1. Completar um trabalho sobre FDP (Fundamentos do Projeto Arquitetônico) sem o ranço filosófico (já literalmente cheio, no duplo sentido); 2) Fazer as pessoas pensarem por si mesmas, desenvolvendo seu mundo interior; coisas que ele próprio não conseguiu ainda. Mas isto é outra história.

Luciano Félix

Os livros publicados do Professor Gildo A. Montenegro estão relacionados na 4ª capa deste volume.

Enquanto isto o Autor faz palestras e cursos pelo país afora, participa de congressos e dá consultoria sobre novas tecnologias de aprendizagem. Ele pergunta: se o mundo mudou, as empresas são multinacionais, os negócios são globalizados, o capital é intelectual, o emprego está desaparecendo, o trabalho modificou-se com a competição substituída pela equipe, por que a educação não muda?

E-Mail do Autor <gildomon@uol.com.br>

Rettec, artes gráficas.
Tel. (11) 2063-7000 - fax (11) 2061-8709
E-mail:rettec@rettec.com.br